9788527364436

ISBN converter
8527304436

Sino pasa con el ISBN

Ensaios Lingüísticos

Coleção Debates
Dirigida por J. Guinsburg

Equipe de realização – Tradução: Antônio de Pádua Danesi; Revisão: Shizuka Kuchiki; Produção: Ricardo W. Neves e Sylvia Chamis

louis hjelmslev
ENSAIOS LINGÜÍSTICOS

EDITORA PERSPECTIVA

Título do original francês:
Essais linguistiques

Copyright © Mne. Vibeke Hjelmslev

Debates 159

Direitos em língua portuguesa reservados à
EDITORA PERSPECTIVA S.A.
Avenida Brigadeiro Luís Antônio, 3025
01401 – São Paulo – SP – Brasil
Telefones: 885-8388/885-6878
1991

SUMÁRIO

Prefácio do Comitê de Redação	11
Prefácio do autor	13
1. Uma introdução à lingüística (1937)	15
2. Lingüística estrutural (1948)	29
3. Análise estrutural da linguagem (1948)	37
4. A estratificação da linguagem (1954)	47
5. Língua e fala (1943)	81
6. Notas sobre as oposições suprimíveis (1939)	95
7. A forma de conteúdo da linguagem como um fator social (1953)	103
8. Por uma semântica estrutural (1957)	111
9. A estrutura morfológica (1939)	129
10. A noção de recção (1939)	157
11. Ensaio de uma teoria dos morfemas (1938)	171
12. O verbo e a frase nominal (1948)	185
13. A natureza do pronome (1937)	213
14. Sobre a independência do epíteto (1956)	221
15. Animado e inanimado, pessoal e não-pessoal (1956)	235
Bibliografia das publicações de Louis Hjelmslev	277

PREFÁCIO DO COMITÊ DE REDAÇÃO

Dez anos atrás por ocasião do cinqüentenário de Louis Hjelmslev, no dia 3 de outubro de 1949, o Círculo Lingüístico de Copenhague publicou, sob o título *Recherches Structurales* [Pesquisas Estruturais], 1949, um volume de miscelâneas cujos autores se inspiravam nas idéias hjelmslevianas.

No curso dos dez anos escoados desde então, pôde-se constatar, entre os lingüistas do mundo inteiro, um desejo cada vez mais difundido de iniciar-se nas idéias de Hjelmslev, e, portanto, um interesse sempre crescente por seus trabalhos.

Tal interesse veio chocar-se com um sério obstáculo, a saber, com o fato de que grande parte dos estudos de Hjelmslev apareceram em publicações dificilmente acessíveis.

Eis por que acreditamos poder prestar um serviço ao mundo lingüístico reunindo num volume alguns de seus artigos mais importantes.

Assim, para o futuro, os lingüistas estrangeiros não mais serão obrigados a lançar mão de fotocópias para ler tais artigos.

Os jovens estudantes que acorrem em torno da cadeira de Hjelmslev poderão livrar-se do trabalho de copiar à mão, laboriosamente, como vinham fazendo até aqui. E nós, que fomos suficientemente felizes por possuir alguns exemplares à parte, poderemos deixar de lado essas folhas usadas e tornadas quase ilegíveis à força de serem lidas e relidas.

Os estudos que ora apresentamos foram para o Círculo Lingüístico de Copenhague e seus membros um constante manancial de inspiração. Publicamo-los como uma homenagem e um agradecimento a Hjelmslev, ao ensejo de seu sexagésimo aniversário – 3 de outubro de 1959.

O Comitê de Redação deseja exprimir sua gratidão à oficina impressora, Det Berlingske Bogtrykkeri, e antes de tudo aos editores, Srs. Arthur M. Jensen e Erik Hoder, que tornaram possível a publicação deste volume.

GUNNAR BECH   ANDERS BJERRUM   MARIE BJERRUM
C.A.BODELSEN PAUL DIDERICHSEN ELI FISCHER-JØRGENSEN
JENS HOLT   HARRY PIHLER   HENNING SPANG-HANSSEN
HANS CHR. SØRENSEN KNUD TOGEBY

PREFÁCIO DO AUTOR

Um círculo de amigos – colaboradores, colegas, alunos – teve a encantadora gentileza de oferecer-me a publicação de um volume de artigos científicos provenientes de minha pena, editados anteriormente, mas em grande parte difíceis de encontrar. Profundamente sensível a esse testemunho, que me calou no coração, desejo antes de mais nada exprimir aqui os meus sentimentos de verdadeira gratidão.

A escolha deveria refletir os caracteres e a evolução de meu pensamento em matéria lingüística. Espero, por outro lado, possa ela servir ao mesmo tempo para ressaltar uma parte dos problemas fundamentais que ocupam e agitam o campo atual dos lingüistas.

A escolha dos artigos foi deixada inteiramente ao arbítrio do autor. Nos quadros estipulados, julguei útil escolher primeiro alguns artigos - em número de três - de ordem geral de aptos a apresentar uma orientação mais ampla; em seguida, três outros artigos, que versam, também eles, sobre problemas de lingüística geral, de caráter mais técnico, é verdade, atendo-se, em partes iguais, aos dois planos da língua (conteúdo ou significado e expressão ou significante); seguem-se enfim nove artigos (começado pelos mais gerais), que tratam exclusivamente do plano do conteúdo.

Resolvi, pois, excluir do presente volume:

1º) artigos que tratam exclusivamente do plano da expressão (estudos gráficos e fônicos), mesmo sendo eles de grande generalidade, compreendendo os meus artigos de fonética evolutiva;

2º) artigos que tratam, sobretudo ou exclusivamente, de algum domínio lingüístico, de um único grupo de línguas ou de uma só língua (por exemplo, indo-europeu, eslavo, báltico);

3º) estudos de vulgarização, no sentido mais amplo;

4º) trabalhos biográficos ou que versam sobre a história da lingüística;

5º) análises ou resumos.

O texto dos quinze artigos assim publicados foi em princípio deixado tal e qual; nalguns casos, bastante raros, procedi a ligeiros retoques ou acrescentei (entre colchetes) breves notas de orientação.

LOUIS HJELMSLEV

1. UMA INTRODUÇÃO À LINGÜÍSTICA*
(1937)

Aula inaugural ao ensejo da nomeação para a cadeira de lingüística da Universidade de Copenhague

Magistris et amicis

Ao assumir o honroso encargo que me foi confiado pela Universidade de Copenhague, sinto-me tomado de reverente admiração e respeito pelas realizações feitas no passado por meus predecessores no campo da lingüística comparada, bem como de orgulho e felicidade por ter sido escolhido para desempenhá-lo conforme o melhor da minha capacidade. Sentimentos naturais, esses, como natural é permitir sejam eles breve e modestamente expressos nesta primeira oportunidade.

Se alguma importância podemos atribuir a marcos históricos, é este, sem dúvida, o momento certo para evocar o passado. Co-

* *An Introduction to Linguistics*, nº 27 da bibliografia. Tradução do dinamarquês feita por Ingeborg Nixon.

memora-se este ano o qüinquagésimo aniversário desta cadeira, que ora recebe um novo ocupante. Na realidade, tanto Ludvig F. A. Wimmer quanto Vilhelm Thomsen se ocuparam de lingüística comparada a partir de 1870, embora apenas em 1887 tenha esta cadeira se tornado uma cátedra permanente, ocupada que foi durante mais de vinte e cinco anos por Vilhelm Thomsen, e depois dele, também durante cerca de vinte e cinco anos, por Holger Pedersen. Um lingüista dinamarquês não poderia deixar de notar que essa cadeira foi fundada no centenário do primeiro lingüista dinamarquês de reputação internacional, Rasmus Rask, que nasceu em 1787. Pura coincidência, mas é natural e perdoável admiti-la como simbólica. O elo que une Rasmus Rask a Vilhelm Thomsen, e este Holger Pedersen e ao dia de hoje, não é produto de mera coincidência, mas de determinação, esforço, trabalho árduo e empenho intelectual. Nem é por coincidência que Ludvig Wimmer e Vilhelm Thomsen se incluíam entre os lingüistas dinamarqueses que em 1887 renderam tributo às realizações de Rasmus Rask no campo dos estudos biográficos, e que Holger Pedersen era quem em 1932 apresentava uma avaliação da obra de Rask na edição de seus escritos selecionados, publicados para comemorar o centenário de sua morte.

No entanto, a lingüística dinamarquesa e sua preciosa tradição estão longe de limitar-se à cadeira de lingüística comparada; embora o ocupante possa ser visto como *primus inter pares* no nosso mundo lingüístico, essa cadeira não constitui de modo algum algo de especial, muito menos de isolado. De acordo com sua natureza, a lingüística é objeto de estudo não só dos lingüistas profissionais, senão também dos filólogos, em cuja obra o estudo da linguagem não se apresenta como um fim em si mesmo, porém como um meio de investigar a civilização humana[1]. E isso é tão auspicioso quão necessário. A ciência da linguagem não pode

1. [Tal é o significado atribuído ao termo *philology* (correspondente ao português *filologia*) ao longo do presente volume, em contraste com *linguistics* ou ciência da linguagem (português, *lingüística*). Como se sabe, algumas confusões têm surgido com bastante freqüência graças a uma tradição terminológica muito difundida em inglês (na maioria das vezes abandonada no inglês americano atual, e também, pouco tempo atrás, no inglês britânico, pelo menos entre os profissionais), na qual o termo *philology* é tomado no sentido de incluir aquilo que é aqui chamado de *linguistics*, e por vezes até mesmo como sinônimo de *linguistics*. A despeito das várias conotações que envolvem particularmente a palavra inglesa *linguist* (freqüentemente tomada no sentido de *poliglot*), o uso atual do inglês profissional tende a distinguir entre *philologist* e *linguist*, da mesma maneira que entre *philology* e *linguistics*; de nossa parte, seguiremos este uso recente. – Cf., *inter alia*, L. BLOOMFIELD, *Language*, 1933-35, p. 512, nota à seção 2.1.]

nem deve ser exercida sem um contato com o estudo de outras esferas da vida intelectual do homem, do mesmo modo que a vida intelectual do homem e a história da civilização não podem ser proveitosamente estudadas sem um conhecimento de filologia. Uma lingüística sem filologia é tão inadmissível quanto uma filologia sem lingüística.

Sempre houve uma aguda consciência desse fato por parte da lingüística dinamarquesa. No caso de Rasmus Rask, especialmente em sua juventude, um entusiástico interesse pela história, na forma então conhecida como antiquarianismo, foi a motivação para os seus estudos lingüísticos. Sua absorção na antiguidade perdida dos povos do norte levou-o a procurar na esfera lingüística a fonte a partir da qual o mundo setentrional tomou seu ser. Compreendeu ele que tal pesquisa poderia desenredar os fios que formavam o sistema de línguas daqueles povos, e a partir de então seu principal trabalho, e interesse, além da filologia escandinava, qua jamais abandonou, passou a ser puramente lingüístico. Num tempo em que a inspiração romântica de Rask já se havia tornado remota, Vilhelm Thomsen deu continuidade ao assunto preferido de sua época. Ele próprio declarou, um tanto paradoxalmente, que seu principal interesse residia lá onde termina a lingüística e começa a história. Foi o seu interesse pela história e civilização das nações do norte que o conduziu às magistrais e insuperáveis investigações acerca das conexões entre as palavras estrangeiras dos povos do Báltico, à brilhante decifração das inscrições de Orkhon, que forneceram a verdadeira base para o estudo das línguas turcas, e a outras descobertas igualmente notáveis. Sua obra revestiu-se também de natureza lingüística, encerrando uma significação nova e decisiva para a lingüística em particular. O mesmo se pode dizer de Holger Pedersen cuja principal realização é a exploração puramente lingüística das línguas indo-européias, abrangendo um campo sobremodo vasto e levado a cabo com extrema erudição e penetrante discernimento; em seu estudo das línguas da Ásia Menor, a princípio concentrando-se numa época bem remota, ao qual continua a se dedicar com admirável e não menor energia[2], continuou ele as investigações sobre a etnologia original dos países do Mediterrâneo, das quais também Vilhelm Thomsen participou com a habitual competência.

Assim, da época de Rask aos nossos dias, uma instituição e educação filológicas, que quase sempre enfatizam os aspectos

---

2. [Holger Pedersen morreu em 1953.]

históricos e literários em detrimento do formal e lingüístico, têm levado os especialistas dinamarqueses a desenvolver estudos puramente lingüísticos, nos quais a linguagem constitui a única preocupação e se torna um fim em si mesma. A maioria desses especialistas foram obrigados a permanecer filólogos até resolver dedicar-se ao ensino, combinando nessa atividade a lingüística com os estudos literários regionais. Entretanto, muitos deles se tornaram lingüistas puros em suas pesquisas, e raramente algum deles perdeu de vista a lingüística. Johan Nicolai Madvig, filólogo dinamarquês – um clássico nos dois sentidos da palavra –, cujo principal trabalho consistiu na crítica textual e na interpretação histórica e literária num campo regional específico, escreveu um grande número de tratados, profundos e penetrantes, a propósito da natureza e estrutura do discurso humano, revelando um poder de previsão que antecipou os resultados que somente mais tarde e através de outros meios deveriam tornar-se patrimônio comum da lingüística geral. Em nosso tempo, Otto Jespersen, cujo magistério universitário inclui a filologia inglesa, tratou extensa e independentemente de todos os aspectos da lingüística geral, desde a fonética e a gramática até a semântica, em obras que constituem marcos da lingüística internacional. Num livro vigoroso sobre Rasmus Rask, também ele reconheceu sua dívida para com a esclarecedora luz da lingüística dinamarquesa.

Essa preferência pelo aspecto lingüístico da filologia é uma das características da tradição derivada de Rasmus Rask. Existem talvez poucos centros de ensino onde a lingüística pura seja tão intensamente estudada por filólogos quanto em Copenhague. A linguagem é um estudo absorvente, pois, a despeito de sua natureza complicada, permite uma abordagem geral e comparativa mais fácil que a possibilitada por outros setores do conhecimento humano. Isso a eleva acima do nível estritamente regional, situando-a num contexto mais amplo; além disso, a fonética e a gramática revelam uma estrutura que favorece o plano e o método, de modo que o ponto de vista comparativo e geral se torna algo mais que uma avaliação subjetiva, aproximando-se portanto do pensamento exato. É isso que faz da lingüística a mais racional das matérias humanísticas em geral. Rask sobressaiu-se como um realista e racionalista em pleno período romântico e sob a permanente influência do Romantismo; identicamente, todos os lingüistas dinamarqueses de valor que se lhe seguiram foram do tipo realista e racionalista.

É nesse sentido que a tradição lingüística dinamarquesa existe. Por outro lado, não há na Dinamarca uma só escola de lingüística, ao menos no sentido em que o termo "escola" é empregado, sobretudo em lugares onde o ensino é visto como uma profissão ou um negócio. A tradição nunca se mostrou onerosa. Não encontramos estudiosos dinamarqueses que guardem ciosamente doutrinas herdadas de antigos mestres e as transmitam intatas a seus discípulos. O estudo dos métodos e resultados dos predecessores nunca constituiu uma educação dependente entre os estudiosos dinamarqueses, mas sempre um aprendizado independente. Todo especialista dinamarquês em lingüística traz, na base de suas qualificações pessoais, um ponto de vista independente, uma abordagem especial e por vezes métodos também especiais. Da mesma maneira, não se poderia apontar um só lingüista dinamarquês que tenha aceitado cegamente uma escola estrangeira e adotado sem críticas as suas doutrinas. Um amplo contato com as diversas tendências de sua especialidade, tanto em casa quanto no estrangeiro, sempre foi considerado imprescindível na Dinamarca, e a inspiração tem sido extensivamente eliminada de todos os quartéis, como é natural e essencial num país pequeno; mas as doutrinas de mestres dinamarqueses ou estrangeiros nunca foram pregadas pelos mestres da lingüística dinamarquesa sem antes ter sido testadas e experimentadas por uma personalidade independente.

Aos nomes já mencionados cumpre acrescentar o de Karl Verner, cuja originalidade de métodos proporcionou uma nova base à lingüística indo-européia, ou o de Herman Möller, cuja ousada visão estendeu enormemente a concepção contemporânea das relações entre várias línguas: quantos conhecem o trabalho desses estudiosos sabem que estes e outros retratos, que juntos formam a história da lingüística dinamarquesa, não constituem em absoluto uma galeria de retratos de família, mas um conjunto de personalidades independentes e destacadas que quase não se relacionam umas com as outras e que, por caminhos diferentes e separados, não apenas estenderam o campo da lingüística internacional através de suas brilhantes descobertas, como ainda lhe deram novos ângulos de visão, novos instrumentos e novos objetivos. Essa rica variedade caracteriza também a atividade lingüística dinamarquesa de hoje, infundindo-lhe viço e vigor. Realmente, é esta a característica essencial da tradição dinamarquesa: é uma tradição que não é tradicional.

Há indubitavelmente uma conexão entre essa característica e o fato de um número notável de lingüistas dinamarqueses terem estado à frente de sua época. A partir de um estudo no seu campo particular, inteiramente independente e desvinculado do que se fazia em seu tempo, alheios à tendência da época, esses lingüistas anteviram e anteciparam abordagens e resultados que estudiosos deveriam redescobrir apenas para reencontrá-los na obra de seus antecessores. À parte as realizações dos séculos pregressos, podemos lembrar que, já em 1821, quando o fato de a língua estar em constante mudança praticamente ainda não fora descoberto – ou pelo menos apenas começava a emergir, mercê da *Deutsche Grammatik*, de Jacob Grimm, então publicada –, Jacob Hornemann Bredsdorff publicava um ensaio que fornecia não só um claro relato de suas descobertas, como também uma análise fonética das mudanças lingüísticas e uma discussão das causas possíveis; somente cinqüenta anos mais tarde é que o problema, o método e a solução por ele apresentados seriam levados a debate nas controvérsias lingüísticas – onde naturalmente não se mencionou o nome de Bredsdorff, fato que levou Vilhelm Thomsen a republicar, em 1886, sua esquecida obra. Ora, cabe lembrar que tanto Johan Nicolai Madvig, em seus escritos lingüísticos, e Israel Levin, em seu trabalho sobre a gramática dinamarquesa, ambos de meados do século passado, quanto H. G. Wiwel, com seu *Synspunkter for dansk sproglaere*, da passagem do século, emitiram pontos de vista que enfatizavam de modo especial a necessidade de operar uma distinção entre estado de língua e mudança lingüística, e de avaliar a linguagem de maneira imanente, através da própria linguagem; todavia, só neste século, com a brilhante teoria lingüística do franco-suíço Ferdinand de Saussure, é que tais idéias, lenta mas firmemente, foram fixar sua marca em nossa concepção da natureza da linguagem.

Essas características – liberdade, independência e imparcialidade – deram à lingüística dinamarquesa seu caráter especial, proporcionando-lhe um solo fértil para uma produção valiosa e abrangente. Tal fato foi notado pelos estudiosos estrangeiros. O lingüista francês Antoine Meillet, recentemente falecido, disse certa vez que, se a contribuição lingüística de um povo se pudesse medir em proporção ao tamanho da população, a Dinamarca ocuparia um lugar importantíssimo entre as nações. No Congresso Internacional de Lingüística realizado em Copenhague no ano passado, o príncipe N. Trubetzkoy, russo de nascimento mas atualmente trabalhando na Áustria[3], falando em nome de nossos visitantes estrangeiros, declarou o seguinte:

> É notável que um país pequeno como a Dinamarca possua tantos lingüistas eminentes. Mais notável ainda, porém, é a atitude desses estudio-

3. [Trubetzkoy morreu em 1938.]

sos e o espírito que os anima. Em geral, atribui-se aos habitantes de um país pequeno um horizonte intelectual limitado, e muitas vezes tal impressão é correta. Não é esse, contudo, o caso dos lingüistas dinamarqueses. Ao contrário: a amplitude de visão é sua principal característica. Em alguns deles tal fato se expressa pela investigação das mais remotas e diferentes línguas; em outros, pelo estudo dos problemas da lingüística geral; outros, enfim, combinam ambas as coisas.

Acrescentou o príncipe Trubetzkoy que o mesmo não se poderia aplicar a nenhuma outra geração, mas unicamente aos lingüistas dinamarqueses do passado e do presente.

Ousaríamos afirmar que esse atento e bem-informado estudioso estrangeiro apontou uma importante peculiaridade da atitude dos lingüistas dinamarqueses. E nenhum exemplo pode ilustrar melhor essa assertiva do que o de Rasmus Rask, cuja originalidade e descomprometida independência formariam os alicerces da sua grandeza. Rask não pertence apenas a um determinado período. Qualquer tentativa de enquadrá-lo numa corrente de desenvolvimento causalmente determinada iria romper a corrente. Rask não admite classificação. Está, como oportunamente afirmou Holger Pedersen numa de suas conferências, "além e acima do curso dos desenvolvimentos". Só, sem predecessores ou guias, criou ele seus próprios métodos e realizações graças à riqueza de sua personalidade de estudioso, tornando-se assim o precursor e pioneiro, com conseqüências futuras praticamente incalculáveis, não apenas da pesquisa acerca das relações entre as línguas indo-européias, campo em que chegou a ser considerado fundador, mas também da teoria da lingüística geral, onde ainda hoje, com toda a certeza, suas opiniões e realizações não são utilizadas em proporção à sua importância. Opiniões abrangentes e interesses – era ele um historiador e sistematizador da lingüística, não menos que lingüista puro e comentarista literário de inclinações historicistas –, juntamente com a amplitude de seu raio de ação, que freqüentemente chegou a incluir todas as línguas existentes, são as qualidades do caráter de Rasmus Rask que se converteram em luminoso exemplo para todos os estudos lingüísticos dinamarqueses subseqüentes.

Contudo, originalidade e versatilidade podem revelar-se características perigosas se, como em Rask, não estiverem subordinadas a uma exigência de realismo e de um método definido, ou seja, de racionalismo. Todos os lingüistas dinamarqueses, a partir de sua época, foram discípulos de Rask nessa feliz fusão de independência, realismo e racionalismo – três palavras que identificam a tradição lingüística dinamarquesa.

Em seu discurso por ocasião do festejo anual da Universidade de Copenhague, em 1908, Vilhelm Thomsen referiu-se a observações semelhantes feitas por estudiosos estrangeiros e sublinhou o fato, realmente muito curioso, de que a Dinamarca é um dos países que contam com maior número de estudantes de filologia oriental, concluindo com estas palavras:

> Esperemos, pois, que a tradição do passado nunca pereça e que haja sempre estudiosos – no campo que mencionei como em outros – para levar a cabo a tarefa que teve na Dinamarca, durante séculos, tantos e tão ilustres representantes, continuando-a para o benefício do saber e a honra de nosso país.

Na qualidade de alguém cuja tarefa é transmitir à geração vindoura o saber tradicional, posso dizer, hoje, que estou plenamente cônscio de meu dever e responsabilidade. Mais que as auspiciosas realizações e os esplêndidos métodos que nos foram legados, a herança fundamental que nos foi confiada é a determinação e a obrigação de estabelecer novas metas e novos meios para alcançá-las, sob a diretriz do realismo intelectual.

Está em harmonia com essa tradição, senhoras e senhores, que eu me ponha neste momento a apresentar uma introdução à lingüística. Logicamente, tal introdução não deve ser considerada simples prólogo ou prelúdio aos estudos lingüísticos em geral, mas uma introdução à própria lingüística, que inclui tanto um exame do desenvolvimento histórico da lingüística quanto uma exposição metódica do sistema lingüístico. Destarte, estaremos mais uma vez em contato com os valores permanentes criados pelos séculos passados, e juntos iremos fazer o possível para nos desincumbir da tarefa confiada à nossa geração, o que esperamos fazer visando não apenas a uma mera continuação, mas sobretudo a uma renovação.

As conferências intituladas "Introdução à lingüística" constituem por si sós uma tradição, criadas que foram por Vilhelm Thomsen. Não existe nenhuma contradição no fato de as conferências sobre lingüística geral serem dadas por um especialista em lingüística comparada. A expressão "lingüística comparada", em alemão *vergleichende Grammatik*, foi criada por Friedrich von Schlegel e adotada por Franz Bopp para designar o método mais tarde considerado por Bopp e Rask o único possível em matéria de lingüística. Rask serviu-se de outro termo, a saber, "etimologia".

É por comparação, e tão-somente por comparação, que as conexões, ou relações, entre as línguas podem ser traçadas, seja qual for a natureza dessas relações.

Tratam-se talvez de semelhanças na forma externa da lingüística, que indicam, contanto que não resultem de empréstimos feitos por uma língua a outra, a unidade original das línguas examinadas (por exemplo, os numerais de 2 a 10, que, com a devida observância das leis sonoras, se encontram sob a mesma forma externa em todas as línguas indo-européias, ou a palavra "mãe", que reaparece no latim, *māter*, no grego, *mētēr*, no sânscrito, *mātā*, no eslavo antigo, *mati*, etc.), ou seja, uma relação lingüística genética que constitui as famílias lingüísticas.

Ora, há semelhanças que por si sós não sugerem uma origem comum, sendo antes o resultado de contingências ou de tendências comuns à natureza da língua e, portanto, do homem, contingências e tendências essas que podem, sem qualquer conexão genética, manifestar-se em campos inteiramente diversos, podendo caracterizar a tal ponto duas línguas, que se tende a classificá-las como sendo do mesmo tipo; a esse tipo de relação Hugo Schuchardt chamou, elementarmente, relação lingüística, que constitui os chamados tipos lingüísticos. Exemplificando: o húngaro e as línguas caucasianas, embora não estejam geneticamente relacionadas, estão elementarmente relacionadas, entre outras razões por possuírem um número muito grande de casos mas nenhuma preposição real, ao passo que no chinês e no inglês moderno, pelo contrário, que também não estão geneticamente relacionados, o que ocorreu foi exatamente o oposto, vale dizer: os casos foram reduzidos ao mínimo, compensando-se tal perda com o uso pródigo de preposições ou palavras que subentendam a função prepositiva.

Há, por fim, as semelhanças que não resultam nem de uma origem comum nem de um empréstimo de formas externas nem de uma relação elementar, mas de uma influência mútua dentro da mesma cultura, de uma relação lingüística fruto da convergência de tipos originalmente diversos. Tal fato constitui aquilo que veio a chamar-se *associations de langues*[4]. Assim, o húngaro, que

---

4. [O Primeiro Congresso Internacional de Lingüistas (Haia, 1928) incluiu uma moção feita na Alemanha por N. Trubetzkoy (*Actes du premier Congrès International des Linguistes*, p. 18), segundo a qual essa espécie particular de grupos (*Sprachgruppen*) deveria chamar-se *Sprachbunde*, que literalmente significa "feixe de línguas"; parece, porém, que o termo alemão correto pretendido era *Sprachbünde* (ver o artigo de ROMAN JAKOBSON, "Über die phonologischen Sprachbünde, *in Travaux du Cercle Linguistique de Prague* IV, p. 234); conseqüentemente, a tradução francesa oficial que foi adotada é *associations* (ver, por exemplo, ROMAN JAKOBSON nas *Actes du Quatrième Congrès International des Linguistes*, p. 50; é verdade que, de acordo com uma teoria de Jakobson, as *associations* são por ele conside-

geralmente está relacionado com as línguas européias ocidentais vizinhas, pertence à mesma *association* pela circunstância de apresentar, como elas, uma distinção entre o artigo definido e a forma sem artigo, distinção conhecida pela maioria das línguas da Europa Ocidental.

Para se provar a existência de relações lingüísticas – sejam elas genéticas, elementares ou secundárias – entre famílias lingüísticas, tipos lingüísticos ou *associations de langues*, ou de divergências, afinidades ou convergências, há necessidade de proceder-se a uma comparação. Uma lingüística sem comparação é inconcebível, e a expressão "lingüística comparada" é, em verdade, tautológica. Quando a lingüística moderna foi fundada, e quando se fundaram esta e outras cadeiras estrangeiras semelhantes, a denominação foi, não há dúvida, pretendida com o fito de representar um manifesto: doravante, deveria a lingüística ser sempre comparativa. Tal manifesto opunha-se deliberadamente à filologia regionalmente delimitada; na Dinamarca, entretanto, essa oposição foi eliminada desde o princípio em decorrência das razões já mencionadas.

Enquanto não se descobriu, no início do século XIX, o fato da mudança lingüística, todo conhecimento lingüístico constituía um estudo da linguagem como um estado (*état de langue*), uma sincronia. Face ao desprezo dos antigos pelos demais povos, tidos como "bárbaros", tal estudo era normalmente limitado, assim na Antiguidade como na tradição que a sucedeu, a um estado de língua único, isto é, àquilo que se denomina idiossincronia. Houve, na realidade, várias tentativas no sentido de formar uma teoria geral dos estados de língua, uma pansincronia, seja na Antiguidade e na escolástica medieval, seja em épocas mais recentes. Contudo, embora tais tentativas não devam ser subestimadas, como se tem feito, revestiram-se elas da mesma natureza da "filosofia lingüística", quer dizer, formaram uma mistura de gramática e de lógica, constituindo uma apressada generalização a partir de um ou dois estados de língua particulares, escolhidos ao acaso como sendo provavelmente típicos.

Na principal corrente de estudos do século XIX, o sincrônico e a opinião geral viram-se relegados a um segundo plano. Descobriu-se que existem dois tipos de relações lingüísticas – de um lado a genética, de outro a lingüística elementar e a lingüística

radas um caso especial de famílias genéticas, opinião largamente partilhada por outros lingüistas, mas não por mim). Que eu saiba, não existe nenhum termo inglês correspondente geralmente adotado; assim, utilizou-se aqui o termo francês a fim de traduzir o dinamarquês *sprogforbund*.]

secundária – e que esses dois tipos se contradizem entre si. À parte algumas notáveis exceções – lingüistas que ainda sustentam a luta pelo pansincronismo, dentre os quais poderia citar-se o dinamarquês Frederik Lange, cujos estudos de gramáticas gerais[5] foram da mais alta qualidade –, os estudiosos em geral concluíram, dessa contradição, que uma das relações era falsa, sendo a noção dessa relação uma noção não-científica. Como, na relação genética, a semelhança externa decorrente de uma origem comum era realidade óbvia, a atenção foi concentrada apenas nela; *ela*, em todo caso, não poderia decorrer de uma simples coincidência, enquanto as relações elementar e secundária, do ponto de vista da relação genética, devem necessariamente surgir por pura casualidade. Atribuiu-se regularidade apenas à genética. O método científico foi aplicado tão-somente à mudança lingüística, tornando-se uma diacronia; a linguagem como estado e sistema foi rejeitada. A lingüística comparada fez-se idêntica à lingüística genética, ou genealogia lingüística.

Todavia, a lingüística comparada nunca deixou de ser *geral*, e a opinião geral tem-se revelado sempre como a ideal. Para começar, os fenômenos indo-europeus achavam-se realmente generalizados: acreditava-se que a língua indo-européia reconstruída fosse idêntica à lingua-ur da humanidade. Posteriormente, a singularidade dos fenômenos indo-europeus foi reconhecida, e não se pode negar que a lingüística comparada se tornou, até certo ponto, regional. Era este, porém – e dada a natureza das coisas só poderia sê-lo –, um estado transitório. Uma teoria geral da mudança lingüística, uma pandiacronia, estava prestes a surgir. A tendência paralela é muito mais perceptível no universo lingüístico do francês falado do que na esfera do alemão falado. Numerosas mudanças lingüísticas foram reunidas sob aspectos amplos e, de certa forma, gerais por Robert Gauthiot, através da comparação das famílias lingüísticas indo-européias e outras, com especial relevo para a unidade fonética da palavra, e por Maurice Grammont, através de sua descoberta das leis gerais da dissimulação, assimilação e fenômenos correlativos, bem como de sua demonstração das amplas tendências ao desenvolvimento nas áreas lingüísticas mais comuns. Aqui na Dinamarca, Holger Pedersen, vigorosamente e com autoridade, defendeu a necessidade

---

5. [FREDERIK LANGE, *De casuum universis causis et rationibus*, Copenhague, 1836; *Brudstykke af en almindelig Grammatik*, Indbydelsesskrift til den offentlige Examen i Vordingborg Skole, Copenhague, 1838; *Almindelig Grammatik*, Copenhague, 1840.]

de uma sistematização abrangente das mudanças sonoras encontradas em todas as línguas conhecidas.

O estudo da linguagem como simples estado, como uma instituição social normativa em si própria, seria teoricamente viável sob a forma de um objeto geral, a pansincronia, uma contrapartida da pandiacronia. Mas entre o principal corpo de estudiosos tal possibilidade foi considerada inadmissível, e as tentativas nesse sentido foram condenadas como não-científicas. Diante disso, a atitude acima afigurava-se suficientemente legítima, visto como a tarefa foi parcialmente deixada a cargo dos amadores, e parcialmente de colaboradores científicos independentes, rebeldes por natureza, que em seu zelo tendiam muitas vezes a alargar o abismo existente entre a teoria do estado e a teoria da mudança, entre sincronia e diacronia, ao invés de procurar aproximá-las. A pansincronia teve existência isolada, e nenhuma influência teve na avaliação gramatical das línguas individuais. A sincronia – nos setores onde era de utilidade prática, como na gramática escolar – permaneceu como uma idiossincronia, ou sincronia regional, servilmente subordinada à filosofia lingüística legada pelos antigos.

Só uns poucos espíritos se aperceberam da necessidade de confrontar ambos os pontos de vista e colocá-los em pé de igualdade. Ferdinand de Saussure demonstrou o conflito entre diacronia e sincronia em termos claros, sustentando que o lugar próprio da sincronia era ao lado da diacronia, ou antes, acima dela, porquanto uma mudança lingüística só pode ser adequadamente reconhecida mediante a comparação de dois estados de língua sucessivos, supondo-se sempre que eles tenham sido corretamente descritos; e publicou uma advertência urgente contra a confusão entre diacronia e sincronia, resultante da diacronia facciosa, que temerariamente estudava apenas as mudanças, sem dar primeiro a devida atenção aos estados.

Perigosa advertência, pois em conseqüência dela a antinomia acabou por converter-se num cisma: de uma parte, os fenômenos diacrônicos, as mudanças lingüísticas, determinadas de maneira amplamente regional e dependentes de fatores e de tendências sociais entre a população falante; de outra parte, a sincronia geral; dois pares de opostos: diacronia e sincronia, pontos de vista regional e geral.

Pois somente a sincronia pode, sem dificuldade, ser tratada como um aspecto geral. Uma teoria geral dos estados lingüísticos, dos sistemas lingüísticos, é uma possibilidade óbvia e tentadora. Mas a diacronia é dificultada por considerações especiais. Mesmo que certas mudanças lingüísticas possam ser explicadas por leis gerais, a maioria delas se acha confinada numa única área e permanece singular.

Quanto à diacronia, os fatores regionais e gerais só poderão ser combinados e equilibrados caso se possa estabelecer uma conexão entre sincronia e diacronia. Se se puder demonstrar que as mudanças lingüísticas são devidas, não meramente a tendências limitadas a uma dada população, mas também a uma predisposição à mudança no sistema da própria língua, de modo que um estado lingüístico de um dado tipo seja predestinado à mudança num determinado modo apenas quando as condições necessárias estejam presentes, então a lingüística comparada terá conseguido estabelecer uma explanação lingüística geral, onde as mudanças lingüísticas decorrem de estados de língua e o especial resulta do geral. Atualmente, a lingüística vem-se aproximando – e provavelmente há de atingi-la – de uma síntese desse tipo. As conferências ora iniciadas pretendem ser ao menos uma preparação para tal. Se eu, como novo ocupante desta cadeira, tiver a boa fortuna de participar de uma revolução na ciência cujos interesses me foram confiados, minha justificação consistirá no empenho de realizar uma síntese.

2. LINGÜÍSTICA ESTRUTURAL*
(1948)

Entende-se por *lingüística estrutural* um conjunto de pesquisas que repousam em uma *hipótese* segundo a qual é cientificamente legítimo descrever a linguagem como sendo *essencialmente* uma *entidade autônoma de dependências internas* ou, numa palavra, uma *estrutura*.

Cumpre primeiramente insistir no caráter *hipotético* dessa proposição inicial. Com efeito, o enunciado ora formulado não possui o caráter de um dogma ou de um julgamento apriorístico. Trata-se de uma simples hipótese de trabalho, considerada útil na busca de uma verificação pela dupla razão de a possibilidade dessa hipótese ter sido até aqui, as mais das vezes, negligenciada, e de certos fatos, suficientemente numerosos e fáceis de observar, induzirem a crer que ela poderia justificar-se. Por mais que se deseje qualificá-la de *doutrina*, é uma doutrina que não se

* *Linguistique structurale*, nº 130 da bibliografia ("Editorial" das *Acta Linguistica*). Aqui reproduzido com alguns cortes.

mantém senão a título de *hipótese*. Por mais que se queira qualificá-la de *axioma*, lembremos que a lógica nos ensina que todo axioma pode ser reduzido a uma definição ou a uma hipótese.

Trata-se pois de uma hipótese, suscetível de um controle de verificação. Ora, uma hipótese só é verificada pela pesquisa. A pesquisa tem por finalidade estabelecer todas as proposições que for possível e útil enunciar e manter acerca do objeto examinado, e o controle consiste em verificar se essas proposições estão ou não em contradição com a hipótese inicial. Segue-se que o trabalho a realizar, em se tratando de lingüística estrutural, não é nem especulativo nem subjetivo, mas tem forçosamente o caráter positivo e objetivo de uma investigação.

Isenta de todo dogmatismo, a lingüística estrutural, por conseguinte, abstém-se igualmente de qualquer especulação metafísica, bem como das apreciações subjetivas de uma estética vaga e estéril. A lingüística estrutural substituirá a "filosofia da linguagem" de outrora por uma pesquisa positiva e científica.

Acrescentemos desde já que a pesquisa assim considerada não está por isso limitada ao detalhe ou ao particular. Pelo contrário, dirige-se ao geral. A hipótese inicial, como se poderá observar, não se pronuncia sobre a "natureza" do "objeto" estudado. Evita perder-se numa metafísica ou numa filosofia do *Ding an sich*. Dirige-se unicamente ao método. É verdade que o método "cientificamente legítimo" se resume, em última análise, ao método *empiricamente adequado*. Desse modo, a hipótese inicial faz profissão do empirismo; mas para uma hipótese técnica é útil escolher uma fórmula que não leve à obrigação epistemológica de definir o empirismo, tarefa que ultrapassa largamente os limites de nossa disciplina e é de alçada da teoria do conhecimento[1]. É, pois, somente o *método* que está em causa, e o que a pesquisa é chamada a controlar é a possibilidade do método preconizado pela hipótese.

Desses fatos podemos agora extrair algumas diretivas que devem ser observadas por um órgão consagrado à lingüística estrutural:

---

1. Acreditamos, por outro lado, que o trabalho da teoria do conhecimento não será feito de forma isolada e que esta teoria deverá tirar proveito das experiências feitas pelas ciências particulares. Cremos, com efeito, que as experiências feitas em lingüística teórica podem contribuir para a solução do problema geral que acabamos de fazer aflorar. Expressamos noutro local nossa opinião pessoal a este respeito (p. 155, com remissão; *Omkring sprogteoriens grundlaeggelse*, Copenhague, 1943, pp. 11 e ss.).

Esse órgão está a serviço de uma hipótese e de uma pesquisa voltadas para um princípio.

Exclui o dogmatismo apriorístico, que se subtrai ao controle científico e não se funda em fatos bem expostos. Exclui outrossim os fatos que não se prestam a ilustrar, de maneira positiva ou negativa, a utilidade do método estrutural. Portanto, exclui também as generalidades nitidamente filosóficas e as especialidades estudadas por si mesma. Sua tarefa será a de descortinar o geral no particular e o particular no geral.

Expliquemo-nos a seguir a respeito do objeto que o método preconizado visa descrever. O termo *linguagem* é aqui tomado no sentido técnico que usualmente lhe é atribuído na literatura científica de língua francesa e que foi precisado e codificado no *Cours de linguistique générale*, de F. de Saussure: a linguagem é a totalidade constituída pela língua e pela fala. Portanto, ao falar aqui de *linguagem*, falamos da linguagem humana em geral, e ao mesmo tempo de cada uma das línguas, consideradas em sua relação com a fala que serve para manifestá-la. A hipótese enuncia que qualquer que seja a língua considerada, isto é, qualquer que seja o conjunto de língua e fala, a linguagem *in abstracto* ou a espécie total, apresenta ela os caracteres que acabamos de indicar.

Finalmente, cumpre insistir em cada um dos componentes que entram na fórmula escolhida. De início, a hipótese pretende conceber a linguagem *essencialmente* como uma *entidade*. Neste ponto opõe-se ela a toda hipótese que pretenda conceber a linguagem essencialmente como um conglomerado ou conjunto fortuito de elementos heterogêneos, obtido através de uma simples adição desses elementos. Quer dizer: nega o direito de considerar um estado de língua como sendo apenas o produto mecânico de forças cegas (ou leis diacrônicas de natureza singular) e que não seria constituída por certos princípios inerentes (ou leis sincrônicas de natureza geral). Nega igualmente o direito de considerar um estado de língua como um simples momento passageiro de uma evolução, transição fugaz e flutuação incessante. Por outro lado, a hipótese não nega as contingências (tais como o encontro do sistema lingüístico com o mecanismo psicofisiológico do homem, ou a existência dessa e não daquela palavra); também não nega a variação (por exemplo, as variantes fonéticas e semânticas); nega tão-só que as contingências e a variação constituam a essência de seu objeto. A lingüística estrutural não parte de grandezas fortuitamente encontradas e arbitrariamente isoladas que depois se adicionassem para obter o objeto integral que nada mais seria do que a soma de suas partes. Toma por base, pelo contrário, o conjunto cujas partes estuda, levando sempre em conta a entidade de que emanam. Propõe esse ponto de vista hipoteticamente, a título de ensaio, ajuntando tal método aos que até aqui foram tentados em matéria de lingüística.

Em seguida a entidade é concebida como sendo *essencialmente autônoma*. Nesta altura nossa hipótese opõe-se a qualquer outra que considere a linguagem como sendo essencialmente função de uma outra coisa. Nega o direito de atribuir à linguagem uma função meramente biológica, psicológica, fisiológica ou sociológica. Não nega que a linguagem desempenhe esses papéis, o que seria absurdo, mas apenas que esse fato esgote a essência de seu ser. A lingüística estrutural não aborda a linguagem de fora, mas de dentro. Aí ela permanece, tendo sempre em conta as suas relações exteriores. À lingüística biológica, psicológica, fisiológica ou sociológica propõe ela acrescentar, a título de ensaio, uma lingüística, ou lingüística *imanente*.

Enfim, a hipótese requer que se considere essa entidade autônoma como sendo constituída *essencialmente de dependências internas*. Sustenta que a análise dessa entidade permite separar constantemente partes que se condicionam reciprocamente, onde cada uma depende de algumas outras, não sendo concebível nem definível sem essas outras partes[2]. Ela leva seu objeto a uma rede de dependências, considerando os fatos lingüísticos em função um do outro. Aqui ela se opõe a toda hipótese que enuncia ou pressupõe a existência de "fatos" que precedam logicamente as relações que os unem. Nega a existência científica de uma substância absoluta, ou de uma realidade independente das relações. Requer que se definam as grandezas pelas relações, e não inversamente. Ao "realismo ingênuo" que predomina na vida cotidiana e que até aqui predominou na lingüística, propõe a lingüística estrutural acrescentar, a título de ensaio, uma concepção *funcional* que veja nas funções (no sentido lógico-matemático do termo), quer dizer, nas dependências, o verdadeiro objeto da investigação científica.

A hipótese de que partimos implica que, no interior da linguagem, é a *língua* e não a *fala* que constitui o objeto *específico* da lingüística estrutural.

Com objeto *específico* queremos dizer o objeto visado, o objeto que se propõe separar. O objeto *estudado*, aquele do qual se

---

2. Ver as citações de LALANDE e CLAPARÈDE, *Acta Linguistica*, I, p. 6, com nota.

parte a fim de separar o objeto visado, é necessariamente mais amplo e deve compreender essa manifestação da língua que é a fala. A lingüística estrutural estuda a linguagem para dela separar a parte essencial, que é, segundo a hipótese, uma entidade autônoma de dependências internas. Essa parte essencial da linguagem é a língua; só a língua corresponde a essa definição. Eis por que a língua constitui o objeto específico de nossa disciplina, interessando-lhe a fala apenas pelo fato de entrar na linguagem, da qual a língua igualmente participa. É nesse sentido que a lingüística estrutural pode inspirar-se na frase final do *Cours*, de F. de Saussure: "A lingüística tem como único e verdadeiro objeto a língua considerada em si mesma e por si mesma".

Conseqüentemente, nosso órgão se coloca a serviço de uma disciplina que considera a fala subordinada à língua. Não aceitará investigações sobre a fala senão na medida em que se fundamentem na estrutura da língua e visem diretamente elucidar esta última.

Se a fala é a manifestação da língua, uma língua é por sua vez a manifestação da classe tipológica à qual pertence, e, em última análise, desta classe de classes que é *a* língua. Ainda aqui, o manifestado prevalece sobre aquilo que o manifesta, e *a espécie língua* é o verdadeiro e principal objeto da lingüística estrutural. Uma língua particular está subordinada ao tipo, e o tipo à espécie. É, pois, desejável que as investigações relativas a qualquer língua particular se fundamentem na estrutura do tipo ou da espécie língua e visam diretamente elucidar esta última.

Essa hierarquia tipológica, que promove línguas particulares à espécie língua, teoricamente só se detém no momento em que se atinge o princípio geral da estrutura semiológica. O pensamento de F. de Saussure, assim como as investigações mais recentes da logística, permitiram reconhecer que a língua lingüística nada mais é do que uma manifestação possível "da língua" no sentido mais amplo, que compreende qualquer sistema de signos organizado como uma estrutura de transformação.

Impõe-se, entretanto, uma reserva de ordem prática. É *a língua lingüística* que constitui o domínio de nossa revista. Não se sabe em que medida essa restrição imposta pela tradição corresponde a uma realidade; é possível, mas não necessário *a priori*, que a língua lingüística constitua um tipo específico na hierarquia semiológica; por outro lado, é certo que cabe à lingüística estrutural o dever de responder a essa questão. Portanto, a lingüística estrutural não dispensa as línguas não-lingüísticas. Deve-se assinalar principalmente que é através do estudo das línguas não-lingüísticas, e da comparação destas com as línguas lingüísticas, que se descobrirá a *differentia specifica* da língua lingüística. Por meio de tal estudo se verá se as demarcações da lingüística tradicional são arbitrárias ou motivadas. Por outro lado, elas permanecem tais quais até segunda ordem, e a lingüística estrutural não poderá ultrapassar os limites da língua lingüística senão na medida em que o julgue necessário para elucidar esta última. Assim, nosso órgão se consagra à língua lingüística e admitirá investigações sobre as línguas não-lingüísticas somente na medida em que essas investigações contribuam diretamente para o estudo lingüístico propriamente dito.

A lingüística estrutural, representando a fase mais nova e atual da lingüística moderna, organiza-se sempre em suas próprias bases e reclama os direitos de disciplina autônoma. De um determinado ponto de vista, será ela independente dos outros pontos de vista possíveis ou necessários em matéria lingüística. Visando objetivos que não foram anteriormente considerados, pensa ela constituir-se o mais solidamente possível, fazendo tábula rasa de tudo quanto a precedeu. Constitui um novo ponto de partida. Encontra-se em seus primórdios, e é lógico supor que antes dos primórdios nada exista.

Nesta verdade duas modificações se impõem.

Uma primeira modificação diz respeito aos fatos. A lingüística estrutural opera sobre os mesmos fatos examinados pela lingüística de outrora; deve ela não apenas interessar-se pelos sistemas estabelecidos pela gramática clássica, escolástica e escolar e pelos sistemas estabelecidos pelos foneticistas dos séculos passados; há mais: os materiais de que ela se serve, para construir suas teorias e trazer ao nosso conhecimento da linguagem os novos fatos a que seus próprios métodos permitem chegar, são idênticos aos que foram utilizados pelos demais ramos da lingüística. É interpretando esses materiais que ela obtém seus resultados. Se o objeto específico é outro, o objeto estudado permanece o mesmo. A lingüística estrutural trabalha com uma herança transmitida do passado, preciosa e indispensável, que lhe impõe uma obrigação evidente para com seus predecessores.

Outra modificação refere-se à história, ou, melhor ainda, à pré-história dos pontos de vista adquiridos. A lingüística estrutural não se faz com todas as peças. Tem suas origens, e é obrigada a reconhecê-las. Nasceu de uma situação de fato; surgiu de um conflito entre diversos pontos de vista mais passageiros, mais exclusivos; historicamente, cabe-lhe ultrapassar e conciliar, numa síntese superior, as dificuldades desse conflito. Portanto, o histórico das investigações interessa-nos como uma preparaçao do trabalho a empreender e para marcar a continuidade tão bem quanto a antítese. Será estudada com a dupla finalidade de compreender e combater.

3. ANÁLISE ESTRUTURAL DA LINGUAGEM
(1948)

Sob muitos aspectos, pode-se considerar Ferdinand de Saussure o fundador da moderna ciência da linguagem. Foi ele, também, o primeiro a encarecer uma abordagem estrutural da linguagem, *i.e.*, uma descrição científica da linguagem em termos de relações entre unidades, quaisquer que sejam as propriedades que essas unidades apresentem, porquanto elas não são relevantes para as relações nem deduzíveis dessas relações. Assim sendo, Saussure teria compreendido que os sons de uma língua falada, ou os caracteres de uma língua escrita, podem ser descritos, não primariamente, em termos de fonética ou de grafia, mas tão-só em termos de relações mútuas, e as unidades do conteúdo lingüístico (as unidades do significado) devem também ser descritas primariamente, não em termos de semântica, mas tão-só em termos de relações mútuas. Segundo Saussure, seria errôneo considerar a lingüística mero agregado de descrições físicas, fisiológi-

* *Structural Analysis of Language*, nº 128 da bibliografia.

cas e acústicas dos sons do discurso, de investigações acerca dos significados das palavras e, podemos acrescentar, de interpretações psicológicas desses sons e significados. Ao contrário, as unidades reais da linguagem não são os sons, ou os caracteres escritos, ou os significados: são, antes, as relações que esses sons, caracteres e significados representam. O importante não são os sons, os caracteres ou os significados enquanto tais, mas suas relações mútuas no interior da cadeia do discurso, e esse sistema interior é que caracteriza uma língua em oposição a outras línguas, ao passo que a representação por sons, caracteres e significados é irrelevante para o sistema, de vez que pode ser mudada sem afetá-lo. Portanto, caberia acrescentar que a posição de Saussure, que significou nada menos que uma revolução na lingüística convencional, preocupada unicamente com os sons e os significados, está em perfeita conformidade com o uso diário e abrange tudo o que o homem da rua supõe que a língua deva ser. Não passa de lugar-comum afirmar, por exemplo, que o dinamarquês falado, o dinamarquês escrito, o dinamarquês telegrafado pelo código Morse e o dinamarquês sinalizado conforme o código internacional de sinalização com bandeiras das marinhas de guerra sejam, em todos esses casos, uma só e mesma língua e não, essencialmente, quatro línguas diferentes. As unidades que a compõem diferem de um desses casos para outro, porém a estrutura das relações entre essas unidades permanece a mesma, e é isso o que nos permite identificar a linguagem; por conseguinte, essa estrutura deve ser o principal objeto e a principal preocupação da lingüística, embora as manifestações ou representações dessa estrutura sejam na realidade irrelevantes para a linguagem no sentido mais estrito do termo. Não podemos deixar de observar, entretanto, que Saussure não pretendeu separar totalmente a fonética e a semântica; quis, antes, subordiná-las, atribuindo-lhes o modesto papel de ciências auxiliares. Os sons e os significados seriam substituídos por valores lingüísticos definidos pelas posições relativas das unidades no interior do sistema. Saussure comparou tais valores com os valores econômicos: assim como uma moeda, uma cédula e um cheque podem ser representações ou manifestações diferentes de um só e mesmo valor, permanecendo esse valor – digamos uma libra ou um *shilling* – o mesmo, qualquer que seja a sua manifestação, assim as unidades da expressão lingüística permanecem as mesmas quaisquer que sejam os sons que as representem, e as unidades de conteúdo lingüístico permanecem as mesmas quaisquer que sejam os significados que as representem. A comparação predileta de Saussure era a do sistema de linguagem com o jogo de xadrez: uma peça de xadrez se define exclusivamente por suas relações com outras peças e por suas posições relativas no tabuleiro; a forma exterior das peças e a substância de que são feitas (marfim, madeira ou o que quer que seja) é irrelevante para o jogo. Uma peça, seja por exemplo um cavalo, que de ordinário tem a forma de uma cabeça de cavalo, poderia ser substituída por qualquer outra, desde que se convencionasse adotá-la para o mesmo propósito; se, durante o jogo, um cavalo cair acidentalmente ao chão e se quebrar, podemos tomar qualquer objeto de tamanho adequado e atribuir-lhe o valor de um cavalo. De maneira análoga, um som pode ser substituído por outro som, por uma letra ou por quaisquer signos convencionais, e em todos os casos o sistema permanece o mesmo. A meu ver, poderíamos acrescentar, como decorrência das afirmações de Saussure, que durante a evolução histórica de uma língua os sons podem passar por mudanças que são importantes para o sistema e por mudanças que não o são; chegaríamos assim a uma distinção fundamental entre mudanças da estrutura da língua, de um lado, e meras mudanças sonoras que não afetam o sistema, de outro. Uma mera mudança sonora seria comparável ao peão do xadrez, que, ao atingir a extremidade oposta do tabuleiro, adquire, de acordo com as regras do jogo, o valor de uma rainha, passando a desempenhar suas funções; nesse caso, o valor da rainha é assumido por uma peça cuja forma exterior é inteiramente diversa; no entanto, apesar dessa diferença exterior, uma rainha permanece como tal no interior do sistema.

Saussure chegou a essa conclusão, a princípio, graças a uma consideração do sistema de vogais do indo-europeu. Já em 1879, a análise desse sistema, empreendida por Saussure em sua famosa *Memória*, lhe revelaria que em alguns casos as chamadas vogais longas podiam ser convenientemente reduzidas a combinações de uma vogal simples com uma unidade particular simbolizada por Saussure por *A. A vantagem de tal análise sobre outra de tipo clássico consiste em fornecer uma solução mais simples, pois, sendo as vogais longas, enquanto tais, separadas do sistema, a conseqüência é uma notável analogia entre séries apofônicas até então tidas como radicalmente diferentes. Interpretando-se, por exemplo, τίθημι : θωμός : θετός como *$dhe A$: *$dho A$: *$dh A$, essa série apofônica se revela fundamentalmente como a mesma de δέρκομαι δέδορκα ἔδρακον, que é igual a *$derk_1$: *$dork_1$: *drk_1. Então, *eA está para *oA, assim como *er está para *or, sendo que *A desempenha na série apofônica o mesmo papel que o *r de *drk_1. Essa análise foi feita apenas por razões internas, com o fito de possibilitar um discernimento mais profundo do sistema fundamental; não foi baseada em qualquer evidência porventura disponível nas línguas comparadas; foi, antes, uma operação interna no interior do sistema indo-europeu. Evidência direta da existência de *A foi mais tarde fornecida pelo Hitita, mas só depois da morte de Saussure[1]. A unidade *A foi interpretada, do ponto de vista fonético, como laríngea. Todavia, é digno de nota que o próprio Saussure nunca se teria aventurado a uma interpretação fonética dessa ordem. Saussure não considerava *A um som, e teve todo o cuidado em não defini-lo por qualquer propriedade fonética, visto que esta é irrelevante para o seu argumento; sua preocupação limitava-se ao *sistema*, e, nesse sistema, *A era definido por suas relações com as demais unidades desse sistema e por sua faculdade de assumir posições definidas no interior da sílaba. Isso é expressamente declarado pelo próprio Saussure, no famoso ponto em que ele introduziu o termo *phonème* para designar uma unidade que, sem ser um som, pode sem embargo ser representada ou manifestada por um som[2].

As conseqüências teóricas desse ponto de vista foram compendiadas por Saussure em seu *Cours de linguistique générale*. É nele que encontramos uma exposição dos fundamentos teóricos resumidos no início deste ensaio. Porém, é necessário ter em mente que a teoria de Saussure, tal como foi exposta em suas conferências, em ocasiões diversas e com certos intervalos, não é inteiramente homogênea. As descobertas de Saussure significaram uma concepção totalmente nova no campo do estudo da linguagem, e não há dúvida de que o próprio Saussure teve de lutar contra as idéias convencionais; suas conferências sobre lingüística geral são os resultados de seu empenho no sentido de conseguir um ponto de apoio no novo campo por ele descoberto, e não uma afirmação definitiva de suas opiniões. Existem discrepâncias en-

---

1. Cp. HANS HENDRIKSEN, *Untersuchungen über die bedeutung des hethitischen für die laryngaltheorie*, Copenhague, 1941 (= *Det Kgl. Danske Videnskabernes Selskab, Historisk-filologiske Meddelelser*, XXVIII, 2), particularmente p. 19.

2. Cf. *Bulletin du Cercle Linguistique de Copenhague*, VII, pp. 9-10, e *Mélanges linguistiques offerts à M. Holger Pedersen*, Aarhus, 1937 (= *Acta Jutlandica*, IX, I), pp. 39-40. – O termo *phonème* foi introduzido por Saussure independentemente de N. Kruszewski, e no mesmo ano (ver J. BAUDOUIN, *Versuch einer theorie phonetischer alternationen*, Estrasburgo, 1895, pp. 4-7). O sentido em que foi usado por ele (*op. cit.*, p. 7, nota de rodapé) e mais tarde por BAUDOUIN DE COURTENAY (*op. cit.*, p. 9) é inteiramente diverso do de Saussure. A tradição do Círculo Lingüístico de Praga retorna aos autores poloneses acima mencionados.

tre algumas das afirmações contidas nesse livro. Saussure faz as distinções fundamentais entre forma e substância, entre língua no sentido mais estrito do termo (francês, *langue*) e fala (francês, *parole*), que aliás inclui a escrita, como declarou expressamente[3]. Saussure afirma em termos explícitos que a língua, *langue*, é forma, e não substância, o que naturalmente está em conformidade com sua perspectiva geral. Mas a distinção não é feita de modo suficientemente nítido em todas as partes do livro; na realidade, o termo *langue* possui mais de um sentido. Num ensaio anterior[4], procurei deslindar, quanto possível, as várias camadas ou estratos que se podem observar nas reflexões de Saussure, assim como desvendar o que, para mim, constitui a idéia realmente nova e aproveitável de seu trabalho. Essa idéia vem a ser, se não me engano, a concepção da língua como uma estrutura puramente relacional, como um padrão, como oposta ao uso (fonético, semântico, etc.) onde esse padrão esteja eventualmente manifesto[5].

É óbvio, por outro lado, que – se for correta minha interpretação da teoria de Saussure – tal teoria dificilmente teria sido compreendida pela maior parte de seus contemporâneos e sucessores, habituados que estavam a algo fundamentalmente diverso, ou seja, à tradição lingüística convencional.

O que eles aceitavam era principalmente as partes da obra de Saussure onde a *langue* não estava identificada com a forma pura, sendo a língua concebida antes como uma forma no interior da substância, e não independente da substância. Tal é, por exemplo, o modo como as idéias de Saussure vieram a ser utilizadas ou, talvez seja legítimo dizer, apropriadas pela escola de fonologia de Praga, que considera o fonema uma abstração fonética, porém definitivamente fonética e radicalmente diversa daquilo que, a meu ver, o fonema de Saussure deve ter sido. Eis por que a abordagem estrutural da língua, no verdadeiro sentido da palavra, concebida como uma abordagem puramente relacional da língua-padrão independentemente da manifestação no uso lingüístico, não foi aceita pelos lingüistas anteriores ao nosso tempo.

Se não se considerar pretensão falar dos próprios esforços, gostaria de declarar, modesta mas enfaticamente, que essa abor-

---

3. Cf. ALAN H. GARDINER, *The Theory of Speech and Language*, Oxford, 1932.

4. *Langue et parole*, 1943; ver pp. 79-91.

5. Aos leitores que conhecem dinamarquês, pode-se acrescentar uma referência ao meu relato em *Videnskaben i dag*, Copenhague, 1944, pp. 419-43.

dagem estrutural da língua, vista como mero padrão de relações mútuas, sempre foi e será a minha principal preocupação em todos os meus trabalhos neste campo de estudo. Diversamente do que se faz na lingüística tradicional, propus o nome de *glossemática* (derivado de γλῶσσα, "língua") para indicar esse tipo de pesquisa lingüística puramente estrutural. Estou convencido de que tal critério proporcionará informações altamente valiosas acerca da natureza íntima da língua, e é provável que não apenas forneça um útil suplemento para estudos posteriores, como ainda lance uma luz inteiramente nova sobre velhas idéias. No que me concerne, insisto em colocar-me ao lado da *langue* estudada e concebida como mera forma, como padrão, independentemente do uso. Saussure resume nas seguintes palavras aquilo que para ele constitui a idéia fundamental de seu discurso: *La linguistique a pour unique et véritable objet la langue envisagée en elle-même et pour elle-mêne.* É esta a última frase de seu livro[6]. O professor Charles Bally, há pouco falecido, sucessor de Saussure na cadeira de lingüística da Universidade de Genebra, escreveu-me uma carta alguns meses antes de sua morte, dizendo: "O senhor prossegue com constância o ideal formulado por F. de Saussure na frase final de seu *Cours de linguistique générale*". De fato, não deixa de ser surpreendente que até há bem pouco tempo isso ainda não tivesse sido feito.

Gostaria outrossim de enfatizar que a teoria da glossemática não deve ser identificada com a teoria de Saussure. É difícil saber em pormenor quais as concepções que Saussure tinha em mente; minha própria abordagem teórica há muito que começou a tomar forma, antes mesmo que eu travasse conhecimento com a teoria de Saussure. A leitura e releitura de suas conferências confirmaram muitas de minhas opiniões; contudo, estou examinando sua teoria de meu próprio ângulo, e não pretendo ir muito longe na interpretação dessa teoria. Mencionei-a aqui para salientar minha profunda dívida para com seu trabalho.

A abordagem estrutural da língua tem algumas relações íntimas com uma tendência científica surgida de maneira totalmente independente da lingüística e que ainda não foi suficientemente notada pelos lingüistas, a saber, a teoria da linguagem lógica, resultante a princípio de considerações matemáticas e formulada sobretudo por Whitehead e Bertrand Russell e pela escola dos lógicos de Viena, mormente pelo professor Carnap, da Universidade de Chicago, cujos recentes trabalhos sobre sintaxe e semântica

---

6. *Cours de linguistique générale*, p. 317 (2ª ed., Paris, 1922).

mantêm inegável relação com o estudo lingüístico da linguagem. Certo contato entre lógicos e lingüistas foi há pouco estabelecido na *International Encyclopedia of Unified Science*[7]. Em recente trabalho, o professor Carnap define a estrutura de maneira a concordar inteiramente com os pontos de vista aqui advogados, ou seja, como um fato puramente formal e relacional. Segundo ele, toda afirmação científica deve ser uma afirmação estrutural nesse sentido da palavra; uma afirmação científica, diz ele, deve ser sempre uma afirmação sobre relações sem envolver qualquer conhecimento ou descrição dos próprios *relata*[8]. Tal parecer confirma amplamente os resultados recentemente obtidos pela própria lingüística. Está visto que a descrição de uma língua deve começar por afirmar as relações entre as unidades relevantes, e essas afirmações não podem envolver uma afirmação sobre a natureza inerente, a essência ou a substância das próprias unidades. Tal tarefa deve ser deixada a cargo da fonética e da semântica, que destarte pressupõem a análise estrutural do padrão lingüístico. No entanto, é igualmente óbvio que a fonética e a semântica deverão proceder exatamente da mesma maneira e segundo as mesmas normas; as afirmações fonéticas e semânticas, por seu turno, devem ser afirmações estruturais; por exemplo, afirmações físicas a propósito das ondas sonoras que formam parte das unidades previamente encontradas mediante análise do padrão lingüístico. Isto também deve ser explicitado em termos de relações e forma, e não de substância; espero não estar enganado quando afirmo que a teoria física em si nunca fala de substância, ou matéria, senão num sentido crítico. Podemos resumir esta discussão dizendo que a lingüística descreve o padrão relacional da linguagem sem atentar para os *relata*, enquanto a fonética e a semântica se pronunciam precisamente sobre esses *relata*, porém apenas por meio da descrição das relações entre suas partes e partes de suas partes. Em termos lógicos, isso significa que a lingüística é uma metalinguagem de primeiro grau, enquanto a fonética e a semântica constituem uma metalinguagem de segundo grau. Desenvolvi esta idéia com alguma extensão em recente livro[9], e não vou entrar de novo no assunto, pois minha única preocupação neste ensaio é o padrão lingüístico.

---

7. Chicago, 1938 sqq.

8. R. CARNAP, *Der logische Aufbau der Welt*, Berlim, 1928, p. 15.

9. *Omkring sprogteoriens grundlaeggelse*, Copenhague, 1943. Uma edição francesa desse livro está em preparo. Um resumo crítico foi apresentado por A. MARTINET em *Bulletin de la Société de Linguistique de Paris*, XLII, pp. 19-42 (e, em dinamarquês, por ELI FISCHER-JØRGENSEN

Apontei algumas relações óbvias entre a teoria da linguagem lógica e a da lingüística. Infelizmente, porém, tais relações breve chegam a um fim. A teoria da linguagem lógica foi elaborada sem qualquer relação com a lingüística, e é evidente que os lógicos, embora falem constantemente da linguagem, têm negligenciado, de maneira até certo ponto indefensável, os resultados da abordagem lingüística da linguagem. Isso teve efeito prejudicial sobre a teoria da linguagem lógica. Em particular o conceito de signo, advogado por esses estudiosos, possui uma deficiência acentuada e é inequivocamente inferior ao de Saussure; os lógicos não compreendem que o signo lingüístico apresenta duas faces, a do conteúdo e a da expressão, podendo ambas ser submetidas a uma análise puramente estrutural. Desse modo, os lógicos negligenciam a *comutação*, essa relação fundamental que é a verdadeira chave para a compreensão das línguas no sentido lingüístico do termo[10].

Quando concebida como mera estrutura, a língua não pode ser definida em termos de som e significado, como quase sempre se fez na lingüística convencional. Saussure compreendeu claramente que a definição estrutural da língua deve levar-nos a reconhecer, como linguagens, determinadas estruturas não consideradas como tais pela lingüística convencional, e que as linguagens no sentido da lingüística convencional constituem tão-somente um caso particular das linguagens em geral. Conseqüentemente, Saussure teria compreendido que a lingüística deveria formar uma subdivisão de uma ciência mais ampla dos sistemas de signos em geral, que seria a verdadeira teoria da linguagem na acepção estrutural da palavra. Essa ciência mais ampla foi por ele denominada *semiologia*.

Contudo, pelas razões indicadas, esse aspecto da teoria de Saussure não apela para a lingüística e, como matéria de fato, a semiologia não foi nunca realizada de um ponto de vista lingüístico. O filólogo belga E. Buyssens[11] publicou recentemente um livro que de certa forma pode ser considerado uma primeira abordagem da semiologia, se bem que isso deva ser visto apenas como uma tentativa provisória.

As estruturas da linguagem, que não são linguagens no sentido convencional da palavra, têm sido estudadas em certa ex-

em *Nordisk Tidsskrift for Tale og Stemme*, 7, pp. 81-96). (Edição inglesa, nº 147 na bibliografia do presente volume.)

10. *Omkring sprogteoriens grundlaeggelse*, pp. 44-68. MARTINET, *op. cit.*, pp. 27-31.

11. *Les langages et le discours*, Bruxelas, 1943.

tensão pelos lógicos, mas, pelas razões já indicadas, o mais provável é que essas contribuições não tragam resultados à pesquisa lingüística.

Ademais, seria sobremodo interessante estudar essas estruturas através de um método estritamente lingüístico, sobretudo porque tais estruturas nos forneceriam modelos simples, onde a estrutura básica da linguagem está desprovida das complicações decorrentes da superestrutura da linguagem comum.

No trabalho acima citado, de 1943, empreendi uma definição estrutural da linguagem[12], levando em conta a estrutura básica de toda e qualquer linguagem no sentido convencional. Mais tarde defendi uma análise glossemática de algumas estruturas bastante simples da vida cotidiana, que não constituem uma linguagem na acepção lingüística do termo, mas preenchem, total ou parcialmente, a definição da estrutura básica da linguagem. Os casos que mais se aproximam desse ponto de vista teórico são: faróis de trânsito, tal como existem na maioria das cidades onde duas vias se cruzam e onde uma sucessão de *vermelho, amarelo, verde, amarelo* correspondem, no plano da expressão, a uma sucessão de "pare", "atenção", "siga", "atenção" no plano do conteúdo. Vem depois o disco de telefone, utilizado em cidades com serviço telefônico automático. A seguir, as badaladas de um relógio de torre ao dar as horas e os quartos de hora. Exemplos ainda mais simples foram aduzidos nesses estudos, como o alfabeto Morse, o código de batidas dos prisioneiros e o relógio comum, que simplesmente bate as horas. Desenvolvi esses exemplos numa série de conferências feitas recentemente nas universidades de Londres e de Edimburgo[13], não por mero divertimento ou para servir a propósitos puramente pedagógicos, mas com o fito de obter uma visão mais profunda da estrutura básica da linguagem e de sistemas semelhantes à linguagem; comparando estes últimos à linguagem comum, em seu sentido convencional, utilizei-os visando lançar luz sobre as cinco características fundamentais, que, segundo minha definição, estão envolvidas na estrutura básica de qualquer linguagem na acepção convencional, ou seja:

1. Uma linguagem consiste em um conteúdo e uma expressão.

2. Uma linguagem é constituída de uma sucessão – ou um texto – e de um sistema.

---

12. *Op. cit.*, p. 94, MARTINET, p. 33.
13. Espero publicar estas conferências sob o título *Structural Analysis of Language*.

3. O conteúdo e a expressão relacionam-se entre si mediante comutação.

4. Existem certas relações definidas no interior da sucessão e do sistema.

5. Não existe uma correspondência exata entre o conteúdo e a expressão, porém os signos são decomponíveis em componentes menores. Esses signos componentes são, por exemplo, os chamados fonemas, que prefiro denominar taxemas de expressão, que não encerram em si mesmos qualquer conteúdo, mas podem constituir unidades providas de um conteúdo, como, por exemplo, as palavras.

4. A ESTRATIFICAÇÃO DA LINGUAGEM*
(1954)

Não se poderia, mesmo de maneira rudimentar, compreender a lingüística de hoje – nem mesmo, de modo mais geral, a ciência do homem, de que ela faz parte sem atribuir um considerável lugar à dupla distinção entre *forma* e *substância* e entre *conteúdo (significado)* e *expressão (significante)*. Essa dupla distinção, com efeito, introduzida por F. de Saussure e desenvolvida em determinados ramos da lingüística moderna, constitui o nó ao redor do qual gravitam forçosamente, a distâncias diversas, todas as discussões de método e de princípio. A introdução dessa dupla distinção foi uma descoberta, se não de um método necessário (como aliás acreditamos), pelo menos de um método possível. Ora, uma vez descoberta essa dupla distinção possível, não se pode mais evitá-la, e, qualquer que seja a atitude que adote em relação a esse problema ou aos múltiplos problemas que daí se derivam, vê-se o lingüista obrigado a tomar consciência do problema fun-

* *La stratification du langage*, nº 153 da bibliografia.

damental levantado por essa dupla distinção. Todo método lingüístico, explícito ou não, pode e deve definir-se em relação às duas distinções fundamentais.

De nossa parte, pensamos fazer uma obra útil ao extrair experimentalmente as conseqüências extremas da dupla distinção saussuriana, pois isso permitirá à lingüística evidenciar com nitidez as vantagens e as dificuldades comportadas por tal axiomática. Como uma das definições possíveis (e mesmo, a nosso ver, a definição mais fundamental) de uma *língua*, na acepção saussuriana do termo, é a que consiste em defini-la como uma forma específica organizada entre duas substâncias, a do conteúdo e da expressão – portanto, como uma forma específica de conteúdo e de expressão –, a tarefa de tirar todas as conseqüências da dupla articulação pode ser reduzida a uma fórmula ainda mais simples: com efeito, trata-se simplesmente de deduzir todas as conclusões possíveis da frase final do *Cours de linguistique générale*: "A lingüística tem como único e verdadeiro objeto a língua considerada em si mesma e por si mesma". (Naturalmente, *objeto* deve ser entendido aqui no sentido que lhe atribui Pascal[1].) É nesse sentido que se pode qualificar o método aqui preconizado como o da lingüística *imanente*.

Seja-nos permitido lembrar a propósito uma fórmula que apresentamos no início de nossa atividade neste domínio[2]:

De modo geral, todos os autores que trataram de gramática... colocaram o problema gramatical sob outros tantos pontos de vista diferentes. Por isso mesmo, contribuíram largamente para esclarecer o problema metodológico... No entanto, esperamos (poder) completar a série de pontos de vista possíveis... acrescentando-lhes um novo, até aqui negligenciado e que todavia nos parece ser o ponto de vista principal, aquele que consiste em situar-se, de maneira empírica, no terreno da própria linguagem, delimitando o mais nitidamente possível, de um lado, os fatos lingüísticos, e de outro, os fatos não-lingüísticos.

Efetivamente, tal atitude permitirá por si só separar a língua, na rede de funções à qual está ancorada, como objeto ao qual se visa e do qual se parte a fim de operar todas as deduções.

Ora, os esforços para cavar bastante fundo nossos alicerces

---

1. Cf. A. LALANDE, *Vocabulaire de la philosophie*, 4ª ed., p. 531, col. 2, alínea B. ("O que nos propomos a atingir ou realizar quando agimos".)

2. Do autor, *Principes de grammaire générale*, 1928, p. 5. – Foi em 1931 que, ao dar nossa contribuição à primeira inauguração do trabalho do Círculo Lingüístico de Copenhague, apresentamos a fórmula explícita do "método imanente em lingüística" (cf. *Bulletin du Cercle Linguistique de Copenhague*, II, p. 14).

sobre essa base nova revelaram-se um trabalho de grande fôlego. Só gradualmente e às apalpadelas é que chegamos, se ousamos dizê-lo, a medir todo o alcance da descoberta, a perceber todas as conseqüências dela decorrentes e a aperfeiçoar o instrumento fornecido pelas novas noções. Assim é que chegamos a estabelecer a doutrina conhecida pelo nome de *glossemática*, a qual, de fato e praticamente, pode ser caracterizada por quatro traços particulares: 1. recomendar, como único adequado, um procedimento analítico (também chamado dedutivo, termo que se constatou prestar-se a equívocos) e considerar a síntese (ou descrição das unidades pelas partes que as compõem, ou, melhor dizendo, por suas funções interiores geratrizes) pressupondo a análise; 2. insistir na forma, até aqui negligenciada em favor da substância; 3. procurar compreender na forma lingüística a forma do conteúdo, e não apenas a da expressão; e, em conseqüência desses princípios, 4. considerar a linguagem, no sentido comumente adotado pelos lingüistas, como um caso particular de um sistema semiótico, isto é, de um sistema que comporta planos diferentes e, no interior de cada plano, uma diferença entre forma e substância (à parte a ausência de substância constatada no caso de um sistema construído, por exemplo, em lingüística genética ou num cálculo tipológico, a menos que lhe acrescentemos uma manifestação específica), e situar a lingüística nos quadros de uma semiótica (ou semiologia) geral. As definições exatas que propomos para *sistema semiótico* e para *língua (linguagem)* foram apresentadas alhures[3].

Aliás, tal doutrina constitui tão-somente uma hipótese de trabalho, que, esperamos, ajudará a encontrar uma axiomática que melhor se lhe adapte.

Essa doutrina, assim como a dupla distinção, antes mencionada, sobre a qual ela repousa, está hoje sujeita a discussão. Portanto, ao aceitar o convite para colaborar no presente volume, com uma contribuição sobre a teoria e o método da glossemática, cremos que o melhor que podemos fazer será apresentar algumas reflexões sobre a dupla distinção há pouco assinalada, e que acreditamos aptas para esclarecer mais amplamente a questão, bem como para fixar as idéias e trazer certas precisões, que nossos últimos trabalhos permitem acrescentar. A fim de evitar repetições,

---

3. Do autor, *Prolegomena to a Theory of Language*, 1953, pp. 85 e ss., definições nºs 53 e 88. Versão francesa dessas definições (acompanhada de uma apreciação crítica) por A. MARTINET em *Bulletin de la Société de Linguistique de Paris*, XLII, I, p. 33. [Tradução de J. Teixeira Coelho Neto, *Prolegômenos a uma Teoria da Linguagem*, São Paulo, Perspectiva, 1975.]

consideraremos conhecidos os contornos essenciais da teoria conforme foram expostos alhures[4]. Não se deve pois esperar encontrar no que se segue uma introdução à glossemática; tratar-se-á, ao contrário, de uma contribuição que visa tornar compreensível um problema mais restrito, mais essencial, talvez o mais essencial nesta ordem de idéias.

Apesar de termos consciência de estar pondo vinho novo em odres velhos, permitimo-nos, não sem escrúpulos, encimar nossa exposição com o título de um trabalho publicado em 1869 por Max Müller: *A Estratificação da Linguagem*. É verdade que a "estratificação" que temos em mente não se identifica de modo algum com aquela que o venerável oxoniano quis dar à luz. Contudo, parece-nos que apesar dessa fortuita coincidência o título se justificará. *Estratificação* apresenta-se como o termo mais natural para exprimir nossa idéia; confessemos apenas que, embora correndo o risco de sermos acusados de inexatidão em matéria de terminologia, o melhor seria colocar: *A Estratificação do Sistema Semiótico*[5].

Com efeito, uma das teses que vamos acrescentar (e que será encontrada nas últimas páginas da presente exposição) implica, em certos aspectos, uma relação análoga entre a substância do conteúdo, a forma da expressão e a substância da expressão, muito embora, se passarmos na ordem indicada (para a frente ou para trás) de um desses quatro compartimentos para outro, possamos fazer para cada um as mesmas observações. Parece possível enunciar leis que dirigem as relações entre nossas quatro grandezas, tomando-as duas a duas, leis válidas, indiferentemente, para qualquer um desses pares. Por conseguinte, é interessante dispormos de um nome comum para designá-las. Aliás, é um fato digno de atenção que na terminologia consagrada desde o *Cours*, de Saussure, dispomos da palavra *planos* para designar o conteúdo (o significado) e a expressão (o significante), mas não possuímos um termo comum que sirva para designar as quatro grandezas ora consideradas. Propomos chamá-las de *estratos*.

Para o nosso escopo, será útil pôr esses quatro estratos em pé de igualdade, examinando-os de um ângulo que os torne coor-

---

4. Do autor, *Prolegomena* (ver nota 3). Uma tradução francesa dessa obra (editada primeiro em dinamarquês, em 1943), sob o título de *Prolégomènes à une théorie du langage*, está sendo impresso nos *Travaux du Cercle Linguistique de Copenhague*. – O índice de termos definições que se encontra no fim deste trabalho dispensa-nos quase sempre de remissões mais detalhadas.

5. Desde que se inclua aí a progressão (em inglês: *process*) (o texto), que determina o sistema (a língua) (ver *Prolegomena*, p. 24).

denados, o que permitirá manobrar livremente e sem idéias preconcebidas, classificar à vontade, e de todos os pontos de vista, as classes de estratos assim obtidas.

Destarte será possível constatar entre as classes de estratos diferenças e analogias. Trataremos, de modo bastante amplo, das diferenças e terminaremos por insistir nas analogias.

Antes de entrar nessas demonstrações, todavia, temos de desincumbir-nos de uma tarefa prática, útil e até indispensável: a de introduzir designações unívocas para cada um dos estratos. O mais simples e fácil é servirmo-nos de um jogo de símbolos analíticos.

De maneira geral, no sistema de signos que utilizaremos em glossemática, as grandezas do conteúdo (também chamadas grandezas pleremáticas) são simbolizadas por caracteres gregos, e as grandezas de expressão (também chamadas grandezas cenemáticas), por caracteres latinos (itálicos ou romanos); para simbolizar uma grandeza pertencente a qualquer um dos dois planos, servimo-nos de um símbolo latino precedido de um asterico abaixo da linha. Por exemplo, *g é o símbolo de um glossema (invariante irredutível), enquanto y simboliza especialmente um glossema do conteúdo (ou plerematema) e g, um glossema da expressão (ou cenematema). De igual modo, *G significa taxema, Γ, taxema do conteúdo, G, taxema da expressão.

Para designar a manifestação (a relação específica entre forma e substância), servimo-nos dos signos V e Λ. Esses símbolos foram escolhidos para evocar a palavra *valor*: com efeito, pode-se dizer (por analogia com o valor de troca das ciências econômicas[6]) que uma dada grandeza que ponha em relevo a forma constitui o valor que no sistema semiótico considerado é atribuído à grandeza da substância que lhe corresponde e pela qual ele se manifesta. Por exemplo, podemos dizer que a grandeza fônica [p] tem o valor *p* (onde *p* representa um taxema de expressão de um lado estado de língua), ou, para tomar um exemplo em que a diferença entre forma e substância se revela mais nitidamente na notação, que, em francês, a grandeza fônica [˜] (nasalidade) tem, em certos casos demonstráveis, o valor de uma variante (definida) do taxema *n* (como na palavra que se escreve *bon*[7].

Escreve-se nesses casos:

---

6. Ver pp. 36, 87.
7. K. TOGEBY, *Structure immanente de la langue française (Travaux du Cercle Linguistique de Copenhague*, VI, 1951), pp. 28-77.

$$p \text{ V } [p]$$
$$\text{var. } (n) \text{ V } [\tilde{\ }]$$

ou, se pudermos inverter os termos,

$$[p] \Lambda p$$
$$[\tilde{\ }] \Lambda \text{ var. } (n)$$

Portanto, V significa "manifestado (por)" ou "forma (em relação a)", e Λ significa "manifestante" ou "substância (em relação a)".

Além disso, se por uma disposição arbitrária o signo ⁰ for escolhido para designar um estrato ou uma classe de estratos, obteremos os seguintes símbolos, que a seguir utilizamos:

$*g^o$ = forma semiótica (forma do conteúdo ou forma da expressão, forma sem relação com o plano ou nos dois planos indiferentemente e compreendida em seu conjunto)

y^o = forma do conteúdo (em seu conjunto)

g^o = forma da expressão (em seu conjunto)

$\Lambda *g^o$ = substância semiótica (substância do conteúdo ou substância da expressão, substância sem relação com o plano ou nos dois planos indiferentemente e compreendida em seu conjunto)

Λy^o = substância do conteúdo (em seu conjunto)

Λg^o = substância da expressão (em seu conjunto)

Para as finalidades particulares, é natural introduzir, para as substâncias da expressão de símbolos como os que se seguem (que podem ser multiplicados segundo as necessidades):

Λg_f = grandeza fônica que manifesta um glossema da expressão (ou cenematema)

ΛG_f = fonematema (grandeza fônica que manifesta um taxema da expressão)

Λg^o_f = substância fônica (fonemática)

Λg_g = grandeza gráfica que manifesta um glossema da expressão (cenematema)

ΛG_g = grafematema (grandeza gráfica que manifesta um taxema da expressão)

Λg^o_g = substância gráfica (grafemática)

Se designarmos a facultatividade por parênteses, poderemos indicar por (V) a ausência de manifestação possível que se deve ao fato de ser a forma selecionada pela substância. Obteremos então:

y^o (V) = plano do conteúdo
g^o (V) = plano da expressão
*g^o (V) = plano

Se necessário, pode-se facilmente ampliar esses símbolos de diversas maneiras.

Assim, paradigmática (ou sistema semiótico) e sintagmática (ou progressão semiótica) são naturalmente distinguíveis pelos signos de correlação (:) e de relação (R), respectivamente. Usando-se um sistema de símbolos preciso, tal distinção é evidentemente de rigor.

Além disso, podemos designar por um L uma "semiótica lingüística" (isto é, uma "língua" no sentido tradicional dos lingüistas, compreendendo o texto, ou sintagmática lingüística).

Desse modo, se necessário, podemos escrever:

$y^o g^o$ (V) = uma paradigmática
$y^o g^o$ (V) R = uma sintagmática
$y^o g^o$ (V) = uma semiótica (15 i.e., o conjunto de uma paradigmática e de uma sintagmática)
$L y^o g^o$ (V) = língua (no sentido restrito de um *sistema lingüístico*)
$L y^o g^o$ (V) R = texto
$L y^o g^o$ (V) R = uma semiótica lingüística

Parece difícil e mesmo indesejável traduzir esses símbolos e suas combinações numa terminologia ou substituí-los por termos mais ou menos artificiais. Ao contrário, os símbolos e suas combinações são úteis mesmo nos casos em que já se disponha de um termo consagrado, visto que os termos consagrados não deixam de ter uma ambigüidade. Por exemplo, a introdução dos símbolos permite ver imediatamente que, não obstante as nuanças sutis que se tornam possíveis pela delicada distinção do francês entre *langue* e *langage*, tais termos não admitem de forma alguma a univocidade absoluta indispensável para o fim que aqui nos propomos. A análise que iremos empreender permitirá também, entre outras coisas, perceber a vantagem existente em simbolizar, de modo breve e simples, a forma e a substância *semióticas* e evitar desse modo as ambigüidades dos termos gerais *forma* e *substância*.

Para facilitar nossa exposição e evitar complicações inúteis, supomos aqui, em princípio, que o objeto da investigação seja uma única semiótica (e não, por exemplo, uma família ou uma sucessão genética de línguas, nem uma classe tipológica que encerre duas ou mais línguas, nem um aglomerado de diferentes línguas representadas, como ocorre amiúde, em um só e mesmo texto escolhido como objeto de análise). Além do mais, supomos igualmente, salvo indicação em contrário, que a semiótica considerada não seja nem uma semiótica conotativa nem uma metassemiótica. De fato, e praticamente, o leitor poderá representar-se um estado de língua ordinário, ou conforme a necessidade, uma semiótica não-lingüística que, do ponto de vista escolhido e em princípio, assemelha-se o mais possível a um estado de língua ordinário.

Aliás, as observações que iremos fazer aplicam-se a qualquer semiótica ou classe de semióticas, compreendendo as semióticas conotativas, as metassemióticas, as classes tipológicas, as famílias genéticas, etc., etc. Para salvaguardar um método empírico, deve o analista prever todas as possibilidades e manter uma atitude agnóstica em face da classe, que, em cada estádio, constitui o objeto da análise. Se o objeto da análise for uma hierarquia, quer dizer, uma classe de classes, poderá revelar-se como uma hierarquia de hierarquias, sem conformidade entre elas; logo, desde o momento em que, num determinado estádio da análise desse objeto complexo, uma ausência de conformidade se denuncia, o analista deve reconhecer a existência de duas hierarquias diferentes e, em conseqüência, procurar esgotar a análise completa em duas análises separadas. É assim que, se o objeto da análise é uma semiótica (vale dizer, se no curso da análise ele procura satisfazer à definição de uma semiótica), torna-se necessário distinguir os dois planos e analisá-los separadamente, a partir do momento em que, na análise do conjunto, eles revelem entre si uma diferença de estrutura; de igual modo, no caso de uma semiótica manifesta, é preciso distinguir e analisar separadamente forma e substância a partir do momento em que, durante a análise do conjunto, elas deixem de estar mutuamente conformes. Assim é que também se distinguem os dois planos de uma metafísica (cujo plano de conteúdo se revela como uma semiótica) e os de uma semiótica conotativa (cujo plano de expressão se revela como uma semiótica), assim como as estruturas divergentes que, à medida que a análise de um texto progride, se revelam como línguas diferentes, cujas contigüidades se explicam seja por uma relação específica geradora do conjunto (de ordem tipológica ou genética), seja por um encontro menos fortuito em um só e mesmo texto, e assim por diante. O princípio permanece sempre o mesmo: a exigência de uma análise exaustiva pede que se distinga aquilo a que falta conformidade e que a separação seja realizada a partir do momento em que a falta de conformidade se denuncie; de outra parte, o princípio da simplicidade requer que nada seja distinguido antes desse momento, sob pena de operar-se distinções inúteis.

O princípio se aplica, pois, indiferentemente, a qualquer classe de hierarquias. Segue-se que ele é aplicado mais particularmente às classes constituídas pelas hierarquias a que chamamos estratos, que são mais facilmente observáveis numa semiótica ordinária, ou em um estado de língua ordinário. Podemos, pois, para simplificar, principiar limitando-nos a esses casos. Por outro lado, é verdade que semelhante limitação é um artifício que na maioria das vezes corresponde mal aos fatos empíricos como se apresentam ao lingüista com maior freqüência, pois num estado de língua ordinário as conotações se impõem constantemente. Mas o artifício é inocente, uma vez que a uniformidade do princípio tornará as generalizações fáceis de operar.

Em nosso exame das diferenças entre as classes de estratos parece natural começar pelas classificações dos estratos que abrangem as duas distinções saussurianas: uma entre y^o (V) e g^o (V) (que é a distância dos dois planos), outra entre $*g^o$ e $\Lambda*g^o$ (ou entre forma e substância).

Pode-se de início observar que uma primeira diferença entre essas duas distinções consiste no estádio de análise em que elas se impõem: a distinção entre conteúdo e expressão é superior à distinção entre forma e substância, se bem que no processo da análise a bifurcação que leva à separação entre a hierarquia constituída pelo plano do conteúdo e a constituída pelo plano da expressão se encontre em um estádio anterior à bifurcação que separa forma e substância. Eis por que se faz necessário falar, como de fato já fizemos e faremos a seguir, da "forma do conteúdo", da "substância do conteúdo", da "forma da expressão" e da "substância da expressão", ao passo que seria insensato, por ser inadequado, falar de um "conteúdo da forma", de uma "expressão da substância" ou de uma "expressão da forma". A distinção entre conteúdo e expressão é a primeira encruzilhada, a da forma e substância, a segunda, e a distinção de forma e substância, portanto, subordina-se à distinção entre os planos.

Assim sendo, a distinção dos planos se enxerta na distinção das substâncias, e a segunda distinção saussuriana se traduzirá, não na simples distinção entre $*g^o$ e $\Lambda*g^o$, mas na distinção entre y^o e Λy^o, de um lado, e entre g^o e Λg^o, de outro. Não existe dis-

---

8. Ver pp. 127.

tinção de função (ou dependência imediata[8]) entre Λy^o e g^o, nem entre Λg^o e y^o, nem ainda entre Λy^o e Λg^o. Noutros termos, a multiplicação das duas distinções saussurianas leva a estabelecer exatamente três classes de estratos: 1) y^o (V) e g^o (V); 2) y^o e Λy^o; 3) g^o e Λg^o.

As classes desse tipo podem ser concebidas do ponto de vista sintagmático ou do ponto de vista paradigmático, logo, como cadeias ou como paradigmas, respectivamente. É certo que, na espécie, é a concepção sintagmática que mais se impõe, porque os estratos apresentam-se coexistindo à análise imediata, e, em conseqüência, a função geradora de uma classe de estratos é para a análise imediata uma relação (ou conjunção lógica) entre os estratos compreendidos na classe. Até agora a teoria insistiu de modo exclusivo, embora inteiramente natural, nas relações entre estratos; brevemente voltaremos a encontrar-nos com essas relações. Mas para que a teoria seja completa é necessário supri-la concebendo-se os estratos como alternantes; portanto, como membros de um paradigma cuja função geradora é uma correlação. Como esse ponto de vista constitui apenas um corolário que só raramente apresenta um interesse prático verdadeiro, limitar-nos-emos a mencioná-lo de passagem. Indiquemos simplesmente que desse ponto de vista os planos parecem mutuamente autônomos, ao passo que, no interior de cada plano, forma e substância são mutuamente complementares; portanto, as três classes de estratos obtidas pela multiplicação das duas distinções saussurianas definem-se, se concebidas como paradigmas, segundo as seguintes fórmulas[9]:

$$y^o \text{ (V)} + g^o \text{ (V)}$$
$$y^o + \Lambda y^o$$
$$g^o + \Lambda g^o$$

Porém, como dissemos, as relações entre estratos oferecem um interesse bem mais considerável do que as correlações. Ora, desse mesmo ponto de vista existem diferenças entre as duas distinções saussurianas. A relação que reúne os dois planos (a *relação semiótica* ou, mais especificamente, no caso de uma semiótica ordinária, a *denotação*) é, como se sabe, uma solidariedade, enquanto a relação entre forma e substância (chamada *manifestação*) é uma seleção, a substância selecionando (manifestando) a forma.

---

9. Para os termos e símbolos utilizados para designar as diversas funções, pede-se ao leitor reportar-se aos *Prolegomena*, principalmente p. 25, nota.

Mas essas definições admitem precisões. Tomadas ao pé da letra, poderiam traduzir-se pelas fórmulas:

$$y^o (V) \leftarrow g^o (V) \qquad (1)$$
$$\Lambda *g^o \rightarrow *g^o \qquad (2)$$

Ora, pelo que precede sabe-se que a fórmula (2) deve ser cindida en duas:

$$\Lambda y^o \rightarrow y^o$$
$$\Lambda g^o \rightarrow g^o$$

No que respeita à fórmula (1), cumpre levar em conta o fato de que, permanecendo a distinção subordinada, segundo vimos, a distinção entre forma e substância também se enxerta na distinção entre conteúdo e expressão, como se indica pelo símbolo (V), que entra na fórmula $*g^o$ (V). Como a forma é, no interior de cada plano, selecionada pela substância, é possível em parte (mas não, acreditamos, de todos os pontos de vista) concentrar as relações entre os dois planos (e das grandezas sobressaem dois planos diferentes), de modo a considerar essas relações contraídas pela forma do conteúdo (ou por grandezas que daí resultam) e a forma da expressão (ou por suas grandezas) simplesmente, fazendo-se abstração, nos dois planos, da substância. É de primordial importância prática saber quais são as relações que permitem tal concentração.

A resposta a essa questão não está longe. Como a determinação (função unilateral entre a substância como variável e a forma como constante) não é válida senão do ponto de vista sintagmático (como uma seleção), enquanto do ponto de vista paradigmático há reciprocidade (mais particularmente: complementaridade) entre forma e substância, a substância só pode fazer o papel de uma variável nos casos evidentes em que para a análise imediata esteja em causa apenas a sintagmática. Nesses casos, pois, parece certo que o campo de relação entre os planos pode ser concentrado da maneira indicada, ou seja, compreendendo unicamente a forma, enquanto é possível prever outros casos, que se tornaram mais complicados por causa do concurso entre sintagmática e paradigmática, e onde, em conseqüência, a substância deve estar compreendida nos dois planos (ou nas grandezas que daí resultam) para definir as funções que contraem entre si.

Parece certo que a interdependência constituída pela função semiótica é de ordem nitidamente sintagmática (portanto, como dissemos, uma solidariedade) e que, em conseqüência desse fato, a relação semiótica deve ser considerada como que contraída somente pela forma do conteúdo e a forma da expressão, sem o concurso das substâncias, ainda que a fórmula (1) venha a ser da-

qui por diante substituída pela fórmula mais simples e mais exata:
$$y^o \leftrightarrows g^o$$

Notemos desde logo que o fato de a correlação entre os planos parecer poder definir-se como uma autonomia não complica a questão: do ponto de vista paradigmático, assim como do ponto de vista sintagmático, os planos não contraem senão uma reciprocidade, e para os planos não existe o conflito entre o paradigmático e o sintagmático, observado para forma e substância.

Parece, por outro lado, que a *comutação*, que é, para a análise imediata e aliás de todos os pontos de vista, uma correlação (que contrai uma relação com uma correlação do plano oposto), e, de modo mais geral, as correlações entre variantes, que, em qualquer estádio da análise de cada plano, permitem a identificação[10] dos elementos, constituem o domínio próprio no qual o concurso da substância (no caso em que ela exista) se impõe, a saber, para a verificação de um objeto empírico, tal como uma língua que seja objeto de uma investigação; para os outros casos (estruturas resultantes de puro cálculo ou de uma reconstituição genética), a substância, mesmo se for introduzida, é constituída de propósito, de modo a satisfazer às exigências de comutações e identidades numéricas previstas pela forma. Portanto, desde que se trate da comutação e das identificações de elementos que daí derivam, o plano não mais se reduz à forma pura, mas define-se como $*g^o$ (V) : y^o (V) e g^o (V), respectivamente.

Acreditamos que as precisões que acabamos de fornecer, na base do sistema de fórmulas mais exatas que introduzimos, permitirão compreender melhor a posição do problema, freqüentemente debatido, das relações entre forma e substância no âmago da estrutura semiótica. Haverá ainda outras precisões a apresentar em seguida, e falaremos ainda de certas diferenças entre os estratos antes de abordar a questão das analogias. Todavia, detenhamo-nos um instante para chamar a atenção para certas conseqüências mais gerais da distinção entre forma e substância tal como foi por nós precisada.

As fórmulas que escolhemos para representar os termos "forma" e "substância", bem como para precisar uma certa ambigüidade observada no termo "plano" (que implica ou não a manifestação possível), só são válidas para a forma e a substância *semióticas*. Mas os termos "forma" e "substância", tais como foram introduzidos por F. de Saussure, admitem talvez uma apli-

---

10. No sentido de "a identificação de um criminoso". LALANDE, *op. cit.*, III, p. 69.

cação mais geral. É provável que toda análise científica, de qualquer objeto (desde já considerado uma classe, no sentido que damos a essa palavra), implica necessariamente a distinção entre dois estratos, ou hierarquias, que se podem identificar com a forma e a substância na acepção saussuriana (mas geral) desses termos. A "forma", nesse sentido geral, define-se como o conjunto total, mais exclusivo, das marcas que, segundo a axiomática escolhida, são constitutivas das definições[11]. Tudo o que não esteja compreendido numa tal "forma", mas que com toda a evidência pertenceriam a uma descrição exaustiva do objeto estudado, é relegado a uma outra hierarquia, que em relação à "forma" representa o papel de "substância". Forma e substância semiótica, com efeito, constituem tão-só um caso particular dessa distinção geral. Num outro trabalho[12], chamamos a atenção para essa generalização possível, sublinhando porém, ao mesmo tempo, o fato, em que continuamos a insistir, de que desde o momento em que se mude de ponto de vista e se proceda à análise científica da "substância", essa "substância", por sua vez, forçosamente se torna uma "forma", com um grau de diferença, é verdade, porém uma forma cujo complemento é ainda uma "substância", que compreende mais uma vez os resíduos que não foram aceitos como marcas constitutivas das definições. Isso nos autoriza a afirmar que nesse sentido geral "forma" e "substância" são termos *relativos*, e não absolutos.

Desse ponto de vista, seria evidentemente injusto pretender, como fizemos acima, que a distinção entre forma e substância esteja subordinada à distinção entre conteúdo e expressão. Ao contrário, das duas distinções saussurianas, conforme nos foram transmitidas no *Cours*, a distinção dos planos se aplica somente à esfera semiótica – é específica da semiótica, a ponto de defini-la –, enquanto a distinção entre "forma" e "substância" parece ser de uma aplicação bem mais geral: parece tratar-se simplesmente da *abstração*, que é o preço de toda análise científica.

Não é necessário dissimular o fato de que desse ponto de vista a terminologia saussuriana pode prestar-se a confusões. Isso só poderia ser remediado através dos artifícios que propusemos, e que consistem em reservar, em matéria semiótica, por uma disposição arbitrária, os termos "forma" e "substância" para designar

---

11. Seríamos tentados a dizer marcas *pertinentes*, se, em lingüística moderna, essa palavra não fosse reservada para significar "o que na substância é (suposto) pertinente para uma diferença na forma".
12. Ver pp. 40 e ss. Cf. *Prolegomena*, p. 79.

somente forma e substância *semióticas, i.e.*, $*g^o$ e $\Lambda *g^o$, respectivamente, ou, mais exatamente ainda, y^o e Λy^o, g^o e Λg^o, segundo os dois planos aos quais elas estão forçosamente ancoradas desde então.

O que ainda nos resta a propósito das diferenças entre classes de estratos conduz exclusivamente à diferença entre forma e substância, e serve, pois, ao mesmo tempo, para elucidar certas analogias entre y^o e g^o, de um lado, e entre Λy^o e Λg^o, de outro.

É verdade que o que dissermos a esse respeito terá um caráter largamente hipotético, constituindo apenas uma primeira sondagem num terreno que mal foi reforçado. Certamente, isso não deixará de surpreender o leitor menos advertido, visto como a questão em apreço é fundamental, e até mesmo elementar, a saber: a questão dos grandes princípios da estrutura interna da substância. Com efeito, trata-se de uma situação que dá o que pensar, pois se freqüentemente se pretende, especiosamente, que a substância, e sobretudo a da expressão, que constituiu o objeto favorito das pesquisas lingüísticas durante pelo menos um século, é mais bem conhecida do que a forma semiótica; o abismo de ignorância diante do qual nos encontramos no atual estado das pesquisas faz com que compreendamos, de modo particularmente impressionante, que a lingüística ainda está nos seus primórdios. No entanto, estimamos que o único meio de remediar tal situação, contribuindo destarte para o progresso, consiste em emitir hipóteses: *citius emergit ueritas ex errore quam ex confusione*.

As hipóteses se impõem tanto mais quanto são suscitadas inevitavelmente por certos fatos evidentes que saltam aos olhos e demandam uma explicação.

Um desses fatos, e talvez o mais saliente, é a multiplicidade de substâncias. É por demais sabido, por exemplo, que uma só e mesma forma de expressão pode manifestar-se através de substâncias várias: fônica, gráfica, sinalização por bandeiras, etc. Hesita-se amiúde diante desse fato: procura-se explicá-lo de diferentes maneiras. Pode-se discuti-lo, mas não negá-lo. O fato permanece.

A propósito, três observações nos parecem de grande utilidade.

Em primeiro lugar, se dissermos que uma mesma forma semiótica pode revestir substâncias diversas, importa compreender que, na terminologia glossemática de que nos servimos, *substância* quer dizer substância *semiótica*: $\Lambda *g^o$. A substância está sob o domínio da forma semiótica, ou $*g^o$. É uma substância *semioticamente formada*. Ora, por paradoxal que possa parecer à primeira

vista, é precisamente essa particular noção de substância que nos
servirá para evidenciar a relação entre forma e substância. Um
exemplo o mostrará. No caso normal de uma língua como o
francês ou o inglês, a análise fonética e a análise grafemática do
plano da expressão nada mais fariam do que fornecer duas formas semióticas diferentes, e não uma só e mesma forma manifestada por substâncias diferentes. Portanto, não se tem aqui o
exemplo desejado. Para obtê-lo, cumpre que a forma semiótica
permaneça idêntica a si própria, sendo porém diferentemente
manifestada. Exemplos válidos nos são fornecidos por uma
pronúncia (logo, substância fonemática) e por uma notação fonológica correspondente (ou uma ortografia suscetível de fazer-lhe a função; logo, substância grafemática), ou então por uma
ortografia (portanto, substância grafemática) e um sistema de sinais por bandeiras, onde cada sinal ou cada bandeira corresponda
a um só grafema (letra do alfabeto, por exemplo; portanto,
substância "mapemática", se nos é permitido introduzir o termo)
ou uma *dactilolalia*, como a dos surdos-mudos (substância que
chamaremos de "geremática"). Nos exemplos desse gênero, é
preciso dizer que, não obstante o fato (inevitável) de que a
substância reflete a forma semiótica, várias substâncias concorrem para manifestar a forma. Aliás, pode-se ver de um só golpe
que será impossível inverter os termos e pretender que uma
mesma substância possa revestir formas semióticas diferentes.

Para designar a manifestante sem implicar que seja semioticamente formada, isto é, sem distinguir manifestante semioticamente formada e manifestante semioticamente não-formada, o
que vem a ser uma noção de todo diferente, permitimo-nos propor o termo *matéria*[13]. Entre outras coisas, esse termo é feito expressamente para permitir dizer que uma mesma matéria (por
exemplo, matéria fônica, gráfica, etc.) pode servir para manifestar formas semióticas diferentes, o que é outra coisa, e em conseqüência sem contradição com o que acaba de ser dito. Acrescentemos ainda que, sob pena de escapar ao conhecimento, essa
matéria deve ser cientificamente formada, pelo menos num grau
que permita distingui-la de outras matérias; toda ciência é uma
semiótica, isso é certo, mas de uma ordem diferente daquela que
ora nos ocupa; digamo-lo simplesmente, para sermos completos e
ao mesmo tempo para prevenir qualquer confusão.

Em seguida, para bem compreender a multiplicidade possível
das substâncias em relação à forma semiótica, cumpre compreen-

---

13. Ou *sentido*; em inglês: *purport*. *Prolegomena*, p. 31.

der o fato de que a regra dada vale para a forma de cada plano tomado à parte: para y^o e para g^o, respectivamente. Ora, convém lembrar a propósito o caráter arbitrário da função semiótica que reúne y^o e g^o; esse fato, que revela uma analogia entre a função semiótica e a manifestação, ao qual voltaremos, significa que uma mesma forma de conteúdo pode ser expressa por diversas formas de expressão, e vice-versa, fato que é justamente o responsável pela situação que acabamos de constatar para os sistemas de expressão, de manifestação gráfica e fônica respectivamente do inglês e do francês. Todavia, mesmo a forma de expressão cuja manifestação costumeira é de ordem fônica pode, como se sabe, tanto para o inglês quanto para o francês, ser representado por uma notação fonológica, utilizando pois uma substância diferente; de igual modo, podem os alfabetos inglês ou francês ser representados através de sinais por bandeiras, e assim por diante. Por conseguinte, aquilo que vale para uma língua cujo uso permite apenas uma forma de expressão vale igualmente para cada uma das formas de expressão (*i.e.*, para cada *g^o de uma língua que, como o francês ou o inglês, admite várias formas dessa ordem: uma só e mesma forma pode revestir substâncias diversas, mas o inverso não é verdadeiro. Acrescentemos enfim, para completar, que pelo menos teoricamente uma semiótica pode comportar mais de dois planos. Mas tal fato, embora previsível de um ponto de vista puramente calculatório, em nada muda o princípio, que permanece o mesmo, a saber, que cada forma ou *g^o tomada separadamente, isto é, *g^o_1 ou y^o, *g^o_2 ou g^o, *g^o_3 ... *g^o_n, pode revestir mais de uma substância, mas não o contrário.

Finalmente, não se poderia assinalar o fato constituído pela multiplicidade das substâncias sem insistir, de um só fôlego, em um outro fato que aparentemente vem complicá-lo: estamos nos referindo ao fato de que uma mesma substância comporta por sua vez vários aspectos ou, como preferimos dizer, vários *níveis*. Fato esse que é muito importante, mas muito mal estudado. Sabe-se que a substância fônica, considerada em seu conjunto e no sentido mais amplo do termo, exige pelo menos uma descrição fisiológica (também chamada articulatória, miocinética, etc.) e uma descrição puramente física (ou acústica, no sentido próprio deste termo), e que talvez seja preciso acrescentar uma descrição auditiva, segundo a percepção dos sons da linguagem pelos sujeitos falantes. Em princípio, as outras substâncias de expressão concebíveis não se comportam de modo diverso: haverá, também para elas, ao menos uma descrição física e uma descrição por percepção. A substância do conteúdo não parece estar isenta de uma diferenciação análoga: não se separam as grandezas semânticas suscetíveis de uma descrição física (tais como "cavalo", "cachorro", "montanha", "pinheiro") e as que se prestam sobretudo, ou quem sabe mesmo unicamente, a uma descrição que utilize os termos percepção ou avaliação (tais como "grande", "pequeno", "bom", "ruim"). Pelo contrário, se atentarmos para a substância do conteúdo em seu conjunto e de fora, os dois pontos de vista se confundem e se completam constantemente, ainda que em graus diversos, e há um constante deslizar entre ambos. Não que seja preciso distingui-los; apenas que separar e distinguir não são a mesma coisa. À análise (que não é necessariamente uma partição ou uma divisão), o todo se apresenta justamente como que comportando diversos aspectos ou níveis que se correspondem e se completam, e que devem ser separados pela análise. Ela não poderia fazê-lo sem levar em conta uma certa ordem hierárquica desses níveis, e esse fato é por certo, à primeira vista, mais evidente e mais fácil de perceber para o conteúdo do que para a expressão. É de toda a evidência a descrição por avaliação, que, para a substância do conteúdo, se impõe imediatamente. Não é pela descrição física das coisas significadas que se chegaria a caracterizar o uso semântico adotado em uma comunidade lingüística e pertencente à língua que se deseja descrever, mas, muito pelo contrário, pelas avaliações adotadas por essa comunidade, pelas apreciações coletivas, pela opinião pública. A descrição da substância deve pois consistir antes de tudo numa aproximação da língua às outras instituições sociais e constituir o ponto de contato entre a lingüística e os outros ramos da antropologia social. Assim é que uma só e mesma "coisa" física pode receber descrições semânticas bem diferentes segundo a civilização considerada. Isso não se aplica somente aos termos de apreciação imediata, tais como "bom" e "ruim", nem só às coisas criadas diretamente pela civilização, como "casa", "cadeira", "rei", mas também às coisas da natureza. Não só "cavalo", "montanha", "pinheiro", etc. serão definidos diferentemente em uma sociedade que os conhece (e os *re*conhece) como nativos e em outra para a qual eles permanecem como fenômenos estranhos – o que aliás não impede, como se sabe, que a língua disponha de um substantivo para designá-los, como, por exemplo, o substantivo russo para elefante: *slon*. Mas o elefante é algo muito diferente para um hindu ou um africano que o utilizam ou o cultuam, que o temem ou o estimam, e por outro lado para uma sociedade européia ou americana, para a qual o elefante só existe como um objeto de curiosidade exposto em um jardim zoológico e nos circos ou exposições, e descrito nos manuais de zoologia. O "cachorro" receberá uma definição semântica completamente diferente entre os esquimós, onde é um animal de tração, entre os parses, entre os quais é o animal sagrado, numa sociedade hindu, onde é condenado como pária, e nas sociedades ocidentais, nas quais é sobretudo um animal doméstico adestrado para a caça ou a vigilância.

É verdade que essas considerações não concernem senão à substância, e que têm graves repercussões na análise formal das unidades em questão. Não é menos verdade que a substância imediata do conteúdo parece consistir em elementos de apreciação; pode-se mesmo dizer que, graças a esta análise formal, o nível imediato da substância se reduzirá com mais forte razão a ser tão-somente uma natureza nitidamente apreciativa.

Em suma, um exame provisório da substância do conteúdo convida a concluir que no interior dessa substância o nível primário, imediato, porque o único diretamente pertinente do ponto de vista lingüístico e antropológico, é um nível de apreciação social. Esse resultado foi obtido sobretudo pelo exame da linguagem, mas poderá facilmente ser generalizado de modo a valer, em princípio, para qualquer semiótica. Vale dizer de passagem que o método que consiste em descrever o nível de apreciação social apresenta também a vantagem, indispensável ao lingüista, de permitir entender suficientemente "metáforas", que em qualquer caso representam um papel pelo menos tão considerável quanto o "sentido próprio", e que mais freqüentemente provêm exatamente de uma apreciação coletiva que arbitrariamente põe em evidência certas qualidades atribuídas, de preferência (amiúde alternativamente, por sincretismo), ao objeto considerado (por exemplo, se em tal ou qual língua "raposa" pode significar um "homem astuto" ou um "homem ruivo")[14]. As terminologias científicas são, em grande parte, criadas expressamente para evitar tais implicações metafóricas ou apreciações coletivas e tradicionais; com muita freqüência não o conseguem senão parcial-

---

14. A propósito, uma observação feita por V. Grønbech acode-nos ao espírito: "Sinto imediatamente o que é aventurar-se no antro do leão quando entro na sala do chefe do escritório, sei entender o rugido de leão que vem do tirano e do demagogo e admirar a coragem e o orgulho de leão manifestados pelo herói; conheci muitas maneiras burlescas e trapaças dessa raposa que é o senhor Untel; e é por isso que reconheci o leão e mestra raposa ao encontrá-los no jardim zoológico ou na floresta. A raposa e o leão não me vêm de um manual; provêm da Bíblia, das fábulas, dos poemas, e seria para a lingüística uma tarefa natural e fascinante o elucidar essa árvore genealógica" (*Sprogets musik*, Copenhague, 1943, p. 18).

mente, e a menos que se isolem num matagal de fórmulas absolutamente arbitrárias, vêm a partilhar em princípio a sorte de uma língua natural.

Parece pois que o primeiro dever do lingüista, ou, mais genericamente, do semiótico que queira empreender uma descrição da substância do conteúdo consistiria em descrever aquilo que chamaremos de nível da apreciação coletiva, seguindo o corpo de doutrina e de opinião adotado nas tradições e usos da sociedade considerada. Por outro lado, é evidente que, para dar uma descrição exaustiva e adequada do conjunto, convém completá-la com uma descrição de outros níveis, apresentando relações com o nível imediato. Aliás, não é necessário acreditar que este seja um nível físico e nada mais que isso. É mister, talvez, considerar igualmente um estado das condições sociobiológicas e do mesmo mecanismo psicofisiológico que, graças a disposições naturais e a hábitos adquiridos, válidos para as experiências sensoriais ou de outra natureza, permitem aos sujeitos falantes, pertencentes à comunidade lingüística de que se trate, criar, reproduzir, evocar e manipular de maneiras diversas os elementos de apreciação de que acabamos de falar, e as unidades que deles se possam formar.

Isso nos permite voltar atrás para reexaminar, desse ponto de vista, a substância da expressão. Põe-se a questão de saber se se está autorizado a concebê-la como um princípio submetido ao mesmo regime. Acreditamos poder responder pela afirmativa. Com efeito, basta lembrar o que foi dito acima a propósito da substância da expressão. É evidente que, ainda aqui, estamos em presença de um nível físico e de um nível sociobiológico que são de todos os pontos de vista comparáveis ao da substância do conteúdo; a definição, que acabamos de dar, do nível sociobiológico da substância do conteúdo aplica-se efetivamente tal qual e sem nenhuma modificação à substância da expressão. Não é menos evidente a possibilidade de acrescentar à descrição desses dois níveis a de um terceiro, chamada acima de descrição auditiva ou, mais genericamente, descrição por percepção, que se assimila bem à descrição das apreciações coletivas, consideradas para a substância do conteúdo.

Concluamos portanto, ao menos provisoriamente, que toda substância semiótica, ou $\Lambda^* g^o$ (considerada constantemente no interior de um único plano), comporta diversos níveis, entre os quais há naturalmente funções definidas e uma ordem hierárquica. Parece que o nível que se acha à testa dessa ordem hierárquica é o nível de apreciação coletiva, que, em conseqüência dessa circunstância, pode ser considerado a substância por excelência, a única substância (no sentido mais estrito desse termo) que do ponto de vista semiótico é imediatamente pertinente. Pode-se exprimir esse fato na terminologia funcional dizendo que esse nível, ou substância semiótica imediata, que evidentemente seleciona a forma que ela manifesta, e com a qual é complementar, é por sua vez selecionado pelos outros níveis, entre os quais consideramos dois: o nível físico e o nível sociobiológico. Esses dois últimos níveis são, aliás, específicos igualmente para a substância semiótica imediata. Ajuntemos, ademais, para tentar ser completos, que relação e correlação parecem estar orientadas em sentido inverso no que se refere às relações entre o nível físico e o nível sociobiológico: o nível físico parece selecionar o nível sociobiológico, e o nível sociobiológico parece especificar o nível físico. Para resumir, se um nível é designado pela fórmula $\Lambda^* g^o$ munida de um número-índice segundo a ordem hierárquica das seleções, obtém-se:

$\Lambda^* g^o{}_1$ = nível de apreciações coletivas (ou substância semiótica imediata)
$\Lambda^* g^o{}_2$ = nível sociobiológico
$\Lambda^* g^o{}_3$ = nível físico

$$^* g^o \leftarrow \Lambda\, ^* g^o{}_1 \begin{cases} \leftarrow \Lambda\, ^* g^o{}_2 \\ \uparrow \\ \leftarrow \Lambda\, ^* g^o{}_3 \end{cases}$$

$$^* g^o \dashv \Lambda\, ^* g^o{}_1 \begin{cases} \vdash \Lambda\, ^* g^o{}_2 \\ \top \\ \vdash \Lambda\, ^* g^o{}_3 \end{cases}$$

Se essa conclusão só pode ser dada com reservas e a título de hipótese, a principal razão é que, no estado atual das pesquisas, o nível de apreciações coletivas constitui, sobretudo no plano da expressão e muito particularmente para a substância fônica, um objeto mal estudado. É verdade que nesses últimos tempos os fatos auditivos têm reivindicado em parte a estima que lhes cabe, mas em nossa opinião eles são freqüentemente confundidos com os fatos físicos, ou acústicos, no sentido próprio. Muito embora, supondo que nossa hipótese esteja bem fundada, a descrição por percepção, e sobretudo (face à supremacia tradicional da fonologia sobre o estudo das outras substâncias da expressão) a descrição auditiva dos sons da linguagem, seja o maior *desideratum* da lingüística atual, os contornos de uma tal disciplina ainda não se desenham senão vagamente. Parece evidente que, como se trata de separar apreciações relativamente ingênuas, cujo único fundamento "teórico" é procurar no que chamamos de "corpo de doutrina" adotado nas opiniões da sociedade, a "metalíngua" de que tal disciplina poderia servir-se para atingir seus objetivos não poderia ser senão a linguagem de todos os dias. Os termos técnicos dessa metalíngua seriam procurados principalmente em certos adjetivos qualificativos encontrados na própria língua que se estuda (estamos pois em presença de um desses casos em que a metalíngua é idêntica, totalmente ou em parte, à língua-objeto): arrisquemos ao acaso alguns exemplos relativamente prováveis, tais como, para o francês, *clair : sombre, fort : faible, long : bref, haut : bas, pésant : léger,* etc. Como quer que seja, tal estudo exige como preparativo indispensável um exame de sistema de adjetivos da língua considerada e da substância de conteúdo que comportam. Exigiria, ademais, inúmeros outros preparativos, que, no atual estado das pesquisas, não estão, é preciso confessá-lo, ao alcance imediato do pesquisador. Entre eles cumpre incluir muitos fatos de ordem psicológica, compreendendo, entre outros, os da sinestesia.

Coisa curiosa: a lingüística, que durante muito tempo se pôs em guarda contra toda e qualquer tinta de "psicologismo", parece aqui, ainda que numa certa medida e em proporções bem guardadas, retornar à "imagem acústica" de F. de Saussure e também ao "conceito", sob a condição de interpretar esta palavra em estrita conformidade com a doutrina que acabamos de expor, reconhecendo, embora com as devidas reservas, que dos dois lados do signo lingüístico se está na presença de um "fenômeno inteiramente psíquico"[15]. Porém, trata-se antes de uma coincidência parcial de nomenclaturas do que uma analogia real. Os termos introduzidos por F. de Saussure, assim como as interpretações dadas no *Cours*, foram abandonados por se prestarem a equívocos, e convém não lhe repetir os erros. Além do mais, hesitamos, de nossa parte, ante a questão de saber em que medida as pesquisas que preconizamos podem ser consideradas de ordem psicológica; a razão disso é que a psicologia parece ser uma disciplina cuja definição ainda deixa muito a desejar.

Ajuntemos rapidamente que o exame aqui considerado não se confunde com a psicologia lingüística no sentido vago do estudo de "sentimento lingüístico", nem com o estudo da estética da linguagem, nem tampouco com o da correção lingüística – matérias ligadas entre si mas constituindo um domínio inteiramente à parte.

Em suma, o fato de uma só e mesma forma, ou $*g^o$, poder,

---

15. *Cours de linguistique générale*, p. 28 (citamos a 2ª edição).

no interior de cada plano tomado separadamente, ser manifestada por duas ou várias substâncias não se confunde com este outro fato, bem diferente, de cada uma das substâncias comportar diversos níveis (por nós calculados em número de três), dos quais um está à testa porque selecionado pelos outros e podendo, em conseqüência dessa circunstância, definir-se como substância semiótica imediata. Substância e nível não se confundem. Parece que os níveis constituem, não se levando em conta a substância considerada, um sistema universal (para o qual é necessário prever, naturalmente, lacunas possíveis nas realizações concretas), o que não é o caso das substâncias. Além disso, há várias outras circunstâncias, de que falaremos mais adiante, que induzem a pensar que os níveis se comportam entre si de maneira diversa das substâncias entre si, e, pode-se acrescentar, nem as substâncias nem os níveis constituem estratos diferentes: ao contrário, o conjunto da categoria composta de diversas substâncias (cada qual organizada num sistema de níveis) pertencentes a uma única e mesma forma, ou $*g^o$, que resultam de um só plano, que constitui, em relação a essa forma, um único estrato, embora diversificado da maneira indicada.

Tudo isso é ainda forçosamente hipotético. Gostaríamos agora de chamar a atenção para alguns fatos, obtidos, é verdade, por uma indução amplificante, fundada na simples experiência das semióticas até aqui observadas e das quais a maioria, no atual estado de nossos conhecimentos, não foi examinada a fundo. Tais fatos dizem respeito à natureza das relações intrínsecas observáveis no interior de cada estrato. A natureza dessas relações intrínsecas parece ser específica da forma e da substância, respectivamente, e suscetível, por conseguinte, de definir uma diferença entre forma e substância no interior de cada plano, enquanto, ao contrário, as diversas substâncias e os diversos níveis parecem seguir a esse respeito as mesmas regras. Isso é pelo menos um índice heurístico para não confundir a diferença entre substâncias e a diferença entre níveis com a diferença entre estratos.

Combinando as opiniões tradicionais sobre a limitação da lingüística com a análise funcional empreendida pela glossemática, pode-se reconhecer que o domínio devolvido à lingüística, aquele que lhe está reservado e constitui seu objeto próprio e específico, é formado pelo conjunto das unidades de que a maior é a frase[16] e a menor, a glossemática. Por outro lado, é verdade que

16. Mais exatamente: a *lexie (Selskab for nordisk filologi* [Copenhague], *Årsberetning for 1948-49-50*, p. 13).

essa linha de demarcação nada deve ter de absoluto; pelo contrário, o ponto de vista ampliado introduzido pela glossemática e a necessidade de uma descrição exaustiva exigem não só que na descrição a hierarquia da forma, esgotada pelo estabelecimento dos glossemas, seja acompanhada, se possível, por hierarquias das substâncias, mas também que a análise circunscrita pela linha de demarcação indicada seja precedida por uma análise que separe as unidades maiores (tais como, por exemplo, produções literárias, obras, capítulos, parágrafos, premissas e conclusões, etc.). Assim, a semiótica reclama o direito de uma disciplina que possa servir de norma a todas as ciências humanas[17]. Não é menos verdade que, sob a condição de salvaguardar uma colaboração útil, uma divisão do trabalho se impõe. Ora, parece que a divisão tradicional (entre: 1. semiótica própria, à qual cabe o específico dever de efetuar a análise, da frase ao glossema; 2. as disciplinas de substâncias, tais como fonemática, grafemática, semática; e 3. outras disciplinas, tais como o estudo da literatura, lógica, etc.) reflete bem uma certa diferença na natureza das relações intrínsecas características dos três domínios.

Mostra a experiência que as relações contraídas pelas categorias de unidades maiores (relegadas pela tradição ao estudo da literatura, à lógica, etc.) são normalmente reciprocidades (e com mais freqüência combinação; observar-se-á que estamos falando das relações mútuas, contraídas somente pelas categorias, e não de relações entre seus membros, que podem perfeitamente ser outras[18]), ao passo que as seleções entre categorias são encontradas em semiótica apropriada. No processo de análise pode-se mesmo fixar um estágio em que as seleções entre categorias se encontram pela primeira vez, e a experiência revela que esse estágio coincide tão freqüentemente com aquilo que é considerado o início da análise semiótica própria, que a aparição da seleção entre categorias pode ser utilizada como critério. Em conseqüência, duas bases de divisão[19] se sucedem no curso da análise: uma primeira, a reciprocidade sintagmática, para as unidades de grande extensão, e uma segunda, a seleção, para as unidades semióticas próprias, em vigor desde a primeira aparição de uma seleção entre categorias até o estágio em que se separam os taxemas. Aliás, é evidente que não se pode indicar por uma regra universal quais são as realidades que em cada caso correspondem às unida-

17. Cf. *Prolegomena*, pp. 63 e 69.
18. *Prolegomena*, p. 55.
19. *Prolegomena*, pp. 54 e ss.

des separadas nos estágios mencionados. O taxema é definido simplesmente como o elemento separado no estágio em que a análise por seleção esteja esgotada; os taxemas são logo depois analisados em glossemas cujas categorias são, por definição, mutuamente solidárias[20]. Com freqüência, mas não necessariamente, os taxemas são, na substância fônica, refletidos pelos fonematemas (compreendendo-se os fonemas). Da mesma forma, pode-se dar à unidade, que a primeira admite uma análise por seleção, uma denominação arbitrária: chamemo-la "lexia"[21]. Por vezes, mas não necessariamente, ela corresponderá à frase, em todos os casos em que esta admita uma análise em principal (*i.e.*, selecionada) e subordinada (*i.e.*, selecionante).

No domínio da substância, pelo contrário, os conhecimentos de que dispomos atualmente induzem a pensar que as relações entre categorias são, pelo menos nos estágios iniciais da análise, constantemente de solidariedades. Este parece ser o caso para toda substância, e ao mesmo tempo para todos os níveis.

Consideremos como primeiro exemplo o nível sociobiológico da substância fônica, isto é, a "fisiologia dos sons", ou fonologia articulatória. Aqui cada unidade, cada som, deve ser caracterizada em relação a um repertório de categorias (ou, se se quiser, dimensão), das quais cada uma reflete um sistema sublógico[22] cujos pólos, por exemplo, são:

sonoro: surdo
nasal: oral
arrendondado: não-arrendondado
lateral: não-lateral
etc. etc.

Identicamente, no nível das apreciações da substância fônica, isto é, no nível auditivo, cada som deve ser caracterizado em relação a um repertório de categorias das quais procuramos dar alguns exemplos acima. No nível físico (acústico, no sentido próprio) a situação é em princípio a mesma. Aliás, é menos fácil dar bons exemplos para esses níveis, pois a terminologia ainda deixa a desejar e refere-se amiúde a um ou outro dos dois níveis.

Supomos que esse princípio valha para toda substância e para todo nível, e que sempre se esteja em presença de categorias

20. *Prolegomena*, p. 89.
21. Ver p. 66, nota 16.
22. Do autor, *La catégorie des cas*, I (*Acta Jutlandica*, VII, 1, Aarhus, 1935), p. 127.

mutuamente solidárias, embora cada unidade deva ser caracterizada em relação a todas essas categorias e se defina como composta de um elemento proveniente de cada uma dentre elas: toda categoria é representada por um de seus membros em qualquer unidade[23].

A substância parece, portanto, exigir uma base de análise diferente da exigida pela forma semiótica própria. Ora, malgrado esse princípio de solidariedade das categorias que lhes é comum, as diversas substâncias bem podem apresentar estruturas muito diferentes entre si, e talvez o mesmo ocorra, embora provavelmente em menor grau, para uma só e mesma matéria pertencente a diferentes semióticas. Além disso, consideramos como provável que no interior de uma só e mesma substância pertencente a uma só e mesma semiótica existe uma certa correspondência de estrutura interna nos diferentes níveis, de modo a tornar os níveis, mutuamente conexos, sobreponíveis segundo um princípio que ainda está por se descobrir. Semelhante conformidade não se acha nem entre as diversas substâncias, nem entre substância e forma, nem tampouco entre os dois planos y^o e g^o. Essa consideração leva-nos a evitar classificar os níveis como estratos.

A distinção operada entre substância e nível nos ajudará a compreender melhor o fato da multiplicidade das substâncias. Essa multiplicidade possível é devida a um fato curioso, referente à relação mútua entre os níveis: o nível de apreciação, ou substância semiótica imediata, não abrange por necessidade o domínio

---

23. Segue-se que é necessário prever, aqui como alhures, sincretismos e participações, segundo o sistema reconhecido pela semiótica particular que constitui o objeto da análise. Assim, um som, numa dada língua, não é necessariamente, *a priori*, surdo ou sonoro; pode ser surdo e sonoro (quer alternativamente, quer por força de um deslizamento no curso de sua emissão), e pode (pelo menos teoricamente) receber a definição "nem surdo nem sonoro", que representa o caso neutro da categoria; mesmo no último caso, a categoria está, pois, representada. De modo geral, nunca existe *ausência* de uma categoria numa unidade de substância. Percebe-se que nossa análise difere da dos partidários da teoria dos "traços distintivos". Discutiremos seus fundamentos noutra parte. Acrescentemos apenas, para clareza desta exposição, que, num exemplo como o fornecido pelo *g* russo, não hesitamos em reconhecer que é uma consoante oral (ou, pelo menos, em caracterizá-la positivamente em relação à categoria "nasal": "oral"). Omitir, na definição fonemática do *g* russo, qualquer menção a este fato seria cometer uma falsa analogia de acordo com as análises por seleção: noutros casos, não se procederia da mesma forma. Assim, dadas as unidades *pe, po, to* (mas, no mesmo estágio da análise, nem *te*, nem *e*), pode-se e deve-se identificar o *p* de *pe* como um *p*. Identicamente, com respeito a *tr* e *pr* e à ausência, no mesmo estágio da análise, de ∫ e de *p*∫, bem se poderia identificar o *t* em t∫.

integral de cada um dos outros níveis; pode, ao contrário, concentrar-se, não lhe refletindo mais do que um setor escolhido, se bem que, uma vez procedida essa triagem, o setor escolhido seja projetado sozinho na tela do nível de apreciação; portanto, esse setor é pertinente à substância num caso como esse. É evidente que o que constitui a verdadeira diferença entre substâncias, como a substância fônica, a substância gráfica, a sinalização com bandeiras, etc., é a escolha de setor dos níveis sociobiológico e físico: pode ser que se trate, para nos limitarmos a uma indicação superficial, da ordem acústica ou da ordem visual, e esses dois setores podem ainda se subdividir de modo a fazer valer uma só de suas partes, como se dá às vezes com as cores, que podem ser pertinentes para a sinalização com bandeiras, mas não para os caracteres do alfabeto.

Segue-se que semelhante delimitação de setores nos dois níveis inferiores da substância é a condição da multiplicidade das substâncias. No momento em que esse secionamento deixa de produzir-se e em que a substância cobre o domínio integral dos níveis inferiores sem se concentrar num setor particular, não pode haver aí senão uma única substância.

Esse caso pode ser observado principalmente no plano do conteúdo das semióticas lingüísticas, razão pela qual os lingüistas não podem reconhecer para o conteúdo dessas estruturas senão uma substância única. A razão disso não está distante: acontece que uma língua é por definição uma semiótica *passepartout*, destinada a formar qualquer matéria, em qualquer sentido; portanto, uma semiótica na qual qualquer outra semiótica pode ser traduzida, sem que o inverso seja verdadeiro[24]. Esse caráter integral da substância de conteúdo de uma língua chega a incluir nessa substância a da expressão, e até as formas da mesma língua, condição necessária para a utilização da língua, como a metalíngua de que se serve para descrevê-la. A correlação entre a substância do conteúdo e a da expressão é, pois, no caso de uma semiótica lingüística, uma participação unilateral completa, segundo a fórmula $\alpha : A$[25].

Nas semióticas não-lingüísticas, ao contrário, os níveis são sempre representados por setores, e uma multiplicidade de substâncias do conteúdo é em conseqüência possível: uma mesma forma do conteúdo admite diversas "interpretações".

24. *Prolegomena*, p. 70.
25. Ver, para esses símbolos, principalmente *La catégorie des cas*, I, p. 113.

Pode-se acrescentar que é possível prever uma estrutura em que o domínio da substância da expressão ocupe um domínio ilimitado. Com efeito, esse caso se verifica nas semióticas conotativas cujo plano de expressão é constituído por uma semiótica lingüística.

Nossa tese final, que agora nos vai ocupar e à qual aliás se fez alusão logo no início deste artigo, refere-se a uma série de analogias chocantes que presidem a cada um dos pares de estratos seguintes: 1) substância do conteúdo e forma do conteúdo; 2) forma do conteúdo e forma da expressão; 3) forma da expressão e substância da expressão. Pode-se, efetivamente, estabelecer certas leis que dirigem as relações entre estratos (manifestação, de uma parte; relação semiótica ou denotação, de outra), ou antes, as relações que existem entre as relações entre estratos (relações "interestráticas", se se quiser), de um lado, e, de outro, as relações que valem no interior de um só e mesmo estrato (e que chamaremos de relações *intrínsecas*).

No interior de cada um desses pares, as relações interestráticas consistem em uma projeção de certas unidades de um estrato sobre os outros, e vice-versa. Graças a essa projeção surgem, em cada estrato, além das unidades intrínsecas, algumas outras, definidas não pelas relações reconhecidas por esse mesmo estrato, mas pela projeção; logo, unidades que, do ponto de vista do estrato considerado, são estranhas, intrusas, impostas a esse estrato por outro; chamá-las-emos de unidades extrínsecas.

Consideremos em primeiro lugar o par central, o que é considerado por y^o e g^o.

Em cada estrato desse par, as unidades extrínsecas são as duas faces do signo, ligadas entre si pela relação semiótica (ou, no caso de uma língua, a denotação); propomos chamá-las de *glossematias*, designando uma glossematia pela fórmula $*g\frown$. Em y^o, essas unidades extrínsecas são os "conteúdos de signos" ou *plerematias* ($y\frown$), impostas ao plano do conteúdo pelo plano da expressão; em g^o, as unidades extrínsecas são as "expressões de signos" ou *cenematias* ($g\frown$), impostas ao plano da expressão pelo plano do conteúdo.

A propósito dessas unidades, temos quatro observações a fazer:

1) As unidades em questão, ou glossematias, são em princípio sempre *variantes*.

Todos concordam em reconhecer que tal é, freqüentemente, o caso, por ser o mais banal dos homônimos e dos sinônimos. Assim, diz-se que as glossematias em questão são variantes de uma mesma *glossia* (as plerematias serão as variantes de uma mesma *pleria*, e as cenematias, as variantes de uma mesma *cenia*; a forma empregada para indicar uma glossia será) (, ou seja, parênteses invertidos, entre os quais se colocam as variantes, ou glossematias, que são membros da glossia em questão).

Assim sendo, o fato de que em francês escrito $g\widehat{\ }\text{-}s$ serve para exprimir o plural de substantivos e, no verbo, a segunda pessoa do singular (*parle-s*) ou um sincretismo da primeira e da segunda pessoa do singular (*fini-s, vend-s*) constitui uma homonímia que produz a *pleria*.

)"plur.", "2ª p. sing.", "1ª/2ª p. sing."(

Do mesmo modo, $g\widehat{\ }\text{-}e$ exprime o feminino de adjetivos e o singular do presente do subjuntivo[26] (*vend-e, -e, -s*) ou de um sincretismo do indicativo e do subjuntivo (*parl-e, -e, -s*), obtendo-se a pleria

)"fem.", "subj.pres.sing." "ind./subj.pres.sing."(

Inversamente, as sinonímias produzem cenias, como, por exemplo, a constituída pelas desinências do particípio passado e pelas raízes do verbo *aller*:

)-é, -i,-u(
)all-, ir-, v-(

No entanto, não se precisa de muita reflexão para reconhecer que o que a tradição nos descreve como homonímias não constitui senão um caso particular de um fenômeno mais comum, e que há apenas uma diferença de grau entre esses extremos e uma multidão de outros em que é igualmente fácil ver a diferença das variantes. Também por isso é que a homonímia e a sinonímia permanecem na lingüística tradicional mal definidas, e a tradição tende freqüentemente a ampliar de modo considerável o valor desses termos. Basta, por certo, lembrar brevemente que as diversas significações de uma mesma palavra necessitarão, num bom número de casos, de definições parcialmente diferentes da forma pleremática; desse modo, em francês, as palavras *plume* e *fille* constituem sem dúvida plerias complexas[27], e a forma fonemática da palavra francesa *plus* permite estabelecer uma cenia

)*plyz, ply, pyz, py, plys*(

ou as diversas formas fonemáticas tomadas pelo tema do adjetivo *grand-* (diante de vogal inicial, de consoante e de *-e* feminino)

---

26. Faz-se abstração do imperfeito do subjuntivo para evitar as complicações inúteis.
27. J. VENDRYES, *Le langage*, p. 208.

constituem igualmente uma cenia que compreende vários membros. Com efeito, se observarmos mais de perto, os exemplos abundam, e convém reconhecer que as glossematias são sempre, em princípio, variantes.

2) As glossematias são *arbitrárias*. Esse fato é por demais conhecido para nele insistirmos. De fato, tanto do ponto de vista interestrático quanto do ponto de vista intrínseco, nada há de inerente que motive a relação semiótica particular para cada signo ou a forma particular tomada pela glossemática em cada caso dado. É esse também o motivo por que as homonímias e as sinonímias têm esse caráter fortuito, reunindo numa mesma categoria (glossia) membros absolutamente díspares e heterogêneos. Além do mais, salvo alguns casos que constituem antes exceção que regra (línguas monossilábicas, por exemplo), as glossematias não coincidem com unidades intrínsecas; as extensões das glossematias são arbitrárias e diversas.

3) A terceira observação nada mais é que uma conseqüência e uma explicação daquelas que a precedem: a relação interestrática (no caso, a relação semiótica) resulta do *uso*. Como não apresenta em princípio qualquer relação com as funções intrínsecas, a relação interestrática não tem lugar no esquema[28], embora os signos de uma língua possam mudar completamente sem que a estrutura interna da língua seja por isso afetada.

4) As unidades intrínsecas de que se compõe uma glossematia podem ser denominadas *figuras*[29]; as figuras minimais são os taxemas; uma glossematia pode construir-se com uma só ou com diversas figuras. Mas não é necessário pensar que as figuras se separam por uma análise do signo: separam-se, isto sim, unicamente por uma análise das unidades intrínsecas. O caráter arbitrário da glossematia, e particularmente de sua extensão sintagmática, basta para o percebimento disso. Ora, o que aqui nos parece particularmente interessante é que *as unidades intrínsecas das quais se tiram as figuras podem ser de uma extensão sintagmática maior que a de uma glossematia em que entram*. Destarte, as figuras que se reconhecem, em francês, em $g_f\widehat{\ }al$-, $g_f\widehat{\ }ir$- e $g_f\widehat{\ }v$- (formas fonemáticas tomadas pela cenia do verbo *aller*) são obtidas e definidas como base na (pseudo) sílaba e de preferência na (pseudo) sílaba da extensão máxima. (Note-se também que em $g_f\widehat{\ }al$- e $g_f\widehat{\ }ir$- a fronteira silábica separa as duas figuras.)

---

28. Sobre *esquema e uso*, ver pp. 82 e ss.
29. *Prolegomena*, p. 29.

Passemos agora aos dois pares marginais, aqueles que se constituem de forma e substância, ou, mais precisamente, de y^o e Λy^o e de g^o e Λg^o, respectivamente. Pode-se fazer, a propósito desses pares e das unidades que os constituem, exatamente as mesmas observações feitas para o par central: em muitos pontos essenciais, a manifestação, ou relação entre forma e substância no interior de um plano, comporta-se da mesma forma que a relação semiótica, ou denotação. Aliás, não há qualquer necessidade de insistir nos traços característicos encontráveis nos dois pares marginais e que acabam de ser descritos para o par central: a maioria dentre eles são bem conhecidos. Assim, fica evidente que:

1) as unidades extrínsecas são, ainda aqui, *variantes*[30];

2) as unidades extrínsecas são *arbitrárias*, assim como arbitrária é a escolha de substância em relação a uma dada forma;

3) a relação interestrática, no caso, a manifestação, ressalta do *uso*.

Sobre esses três pontos há, pois, uma analogia bastante evidente entre os dois pares marginais e o par central, sob a condição, evidentemente, de se levar em conta as diferenças, acima enumeradas, entre os dois tipos de pares, das quais a mais determinante é aquela segundo a qual a relação semiótica é uma solidariedade, enquanto a manifestação é uma seleção.

O quarto ponto é ainda uma analogia, e o único em que nos deteremos:

4) Para nos servirmos de uma terminologia relativamente simples (correspondente ao emprego dos termos *glossematia*, *plerematia* e *cenematia*, para as variantes de unidades extrínsecas no domínio do par central de estratos), propomos, para o domínio dos pares marginais de estratos, chamar variante de uma unidade extrínseca a um *termo de manifestação*; na forma, um termo de manifestação será chamado de *manifestado*; na substância, de *manifestante*. Ademais, em vista da analogia que vamos descrever, propomos ampliar o emprego do termo *figura*, de modo a torná-lo utilizável também para o estudo das relações entre forma e substância. Por conseguinte, entenderemos como *figura*, seja na forma, seja na substância, as unidades intrínsecas de que um termo de manifestação se compõe. Também aqui pode um termo de manifestação ser construído com uma só ou mais figuras. Um exemplo de manifestante que consiste numa só figura é a grandeza fônica [˜] em francês, acima citada: [˜] manifesta um taxema

---

30. Sobre a concepção das variantes, ver *Prolegomena*, pp. 52 e ss.

da expressão (*n*, no caso) e é em conseqüência um manifestante; consiste apenas em uma só figura da substância fônica, a saber, a nasalidade.

Ainda aqui pode-se mostrar que as unidades intrínsecas de que se tiram as figuras podem ser de uma extensão sintagmática maior que a de um termo de manifestação no qual elas entram. No estado atual de nossos conhecimentos, será sem dúvida mais fácil demonstrar este fato extraindo os exemplos da manifestação fonética. Suponhamos que *bec de gaz* seja pronunciado com um *k* sonoro (que nos permitimos escrever aqui [g]) diante de *d*; a unidade sonora [-gd-] é uma grandeza fônica que se reflete na forma pela manifestada correspondente, a qual é -*k* (∂)*d*-, repartida em uma seqüência de (pseudo) sílabas e decomponível em taxemas, ou elementos intrínsecos da forma, que só se separam do conjunto dessa seqüência. Do mesmo modo, a *vocóide* nasal da palavra francesa *bon* tem como manifestante correspondente uma unidade composta de uma vogal + *n*, o que só se pode demonstrar comparando com os casos em que esses dois taxemas se repartem em duas (pseudo) sílabas. A nasal velar de algumas línguas, tal como o dinamarquês, tem como manifestante, ao menos em certos casos, o grupo *ng*, contanto que esse grupo seja homossilábico; por conseguinte, ele não se decompõe em taxemas, a não ser partindo de sílabas inteiras e mesmo de grupos de sílabas. Esses exemplos, que servem para mostrar a regra dos manifestados, multiplicam-se facilmente. Não seria menos fácil dar exemplos desse tipo para os manifestantes. Assim, o taxema *m*, em *mère*, por exemplo, tem como manifestante o som [m]. Esse som pode ser decomposto em figuras fônicas, tais como "nasalidade", "sonoridade", "oclusão bucal", etc. Ora, essas figuras são tiradas de unidades intrínsecas de ordem fônica que são de uma extensão maior do que a do próprio som [m]; desse modo, a nasalidade se encontra através de toda a palavra *maman* [mãmã], que está por esse motivo em contraste com a palavra *baba*; a sonoridade acha-se em todos os percursos de um enunciado, como *je vous aime bien, ma mère adorée*.

Esta última observação parece apresentar um interesse particular para o método a ser empregado na análise. A decomposição das unidades intrínsecas de substância em figuras (definidas, bem entendido, por funções intrínsecas) pode por vezes relacionar-se com uma operação que no processo é bastante anterior àquela em que a análise da forma permite separar os taxemas. Equivale isso a dizer que a bifurcação entre forma e substância começa num momento mais avançado da análise, em que freqüentemente não se acredita, e que as duas hierarquias se separam já nesse estágio. No momento mesmo em que se encontra uma diferença como a verificada entre *baba* e *maman* fica-se diante de uma escolha: ou é necessário proceder à divisão dessas unidades em (pseudo) sílabas, (pseudo) vogais, (pseudo) consoantes, ou as analisamos de uma só vez em nasalidade e outras qualidades fônicas. Na verdade, não se trata de uma escolha, mas de uma obrigação de seguir as duas vias, e, evidentemente – pois que há conflito entre elas –, de segui-las separadamente. Esse critério para a distinção entre forma e substância semióticas parece precioso.

De um modo mais geral, as quatro observações que acabamos de fazer sobre as analogias entre os pares de estratos parecem constituir um critério útil para determinar com maior rigor e exatidão as fronteiras entre estratos. Cremos também que elas podem ser utilizadas negativamente, servindo para mostrar, entre outras coisas, que as diversas substâncias encontráveis no interior de um mesmo plano, bem como os diversos níveis, não são estratos diferentes. Vemos aqui, outra vez, como a quarta observação é particularmente decisiva.

No curso da última parte de nossa exposição, tivemos ocasião de considerar os fatos do *uso*. Acreditamos efetivamente que as reflexões que estamos terminando de fazer permitem dar uma definição não só do *uso*, senão também, de modo mais geral, da *palavra* e, por outro lado, mais particularmente, da *norma*, à medida que este termo de abstração se mostre útil. Submetemos ao leitor estas definições:

Pode-se definir a *fala* como o próprio encontro e entrecruzamento dos estratos. Com efeito, a fala é, em última análise, tudo o que é arbitrário na linguagem. A fala se define como o conjunto das relações interestráticas efetivamente executadas.

O *uso*, por sua vez, é evidentemente o que existe de estabilizado na fala. O uso se define como o conjunto das conexões[31] interestráticas efetivamente executadas. As combinações, que são variantes das conexões interestráticas, pertencem à fala sem pertencer ao uso. Constituem, noutros termos, o que fica da fala ao subtrair-lhe o uso. É o que se chama o *ato* lingüístico ou semiótico.

À diferença do uso, a *norma* deve ser o conjunto das relações interestráticas admitidas.

O *esquema* semiótico (e lingüístico), pelo contrário, está fora desta ordem de idéias: esse termo relaciona-se tão-só com as

---

31. Ou *cessões* (como em *Prolegomena*).

funções intrínsecas na forma de cada um dos planos tomados à parte.

Esperamos que este estudo possa contribuir, ao menos provisoriamente, para evitar certos mal-entendidos e certas confusões, que, salvo engano, ainda se encontram nesse domínio que, se olhado de mais perto, ainda se apresenta praticamente virgem. Os resultados que acreditamos haver obtido deixam ainda, decerto, muito a desejar, demandando ulteriores precisões, correções e reparos. A primeira condição para tal progresso é servir-se de noções que sejam tão bem definidas quanto possível. Se se quiser, é possível comprazer-se em construir alegorias mais ou menos espirituais, pretendendo-se, por exemplo, que a substância gráfica "exprime" a substância fônica, considerando-se, pois, essas duas substâncias como "planos" do segundo grau; ou então os níveis inferiores seriam "substâncias" do segundo grau em relação à substância semiótica imediata considerada "forma" do segundo grau. Mas o que procuramos fazer foi justamente precaver-nos contra esse abuso de metáforas e de uma terminologia que ainda contém a marca desse "corpo de doutrina" que constitui o nível superior da substância do conteúdo da linguagem, mas do qual a ciência deve libertar-se.

5. LÍNGUA E FALA*
(1943)

1. – Na época em que Ferdinand de Saussure professava seus cursos de lingüística geral, a lingüística estava completamente acantonada no estudo da mudança lingüística, concebida sob um ângulo fisiológico e psicológico. Essa espécie de estudo servia apenas para estabelecer uma autoridade; o exclusivismo era absoluto; era necessário acomodar-se à palavra de ordem sob pena de ser qualificado como profano ou amador.

Basta lembrar esse fato para compreender as dificuldades que se devem ter apresentado ao pensamento do mestre e a importância de que aquele veio a revestir-se.

As dificuldades dificilmente poderiam ser superestimadas. Para julgar o *Cours de linguistique générale*, há que considerá-lo o produto de uma situação. Somente assim se explicam tantas particularidades nos termos e noções utilizados, reflexos do compromisso inevitável e necessário para que se estabelecesse o contato com o passado e com o presente, e só assim também é que se

* *Langue et parole*, nº 99 da bibliografia.

explicam os retoques e as insistências, reflexos da reação levada a cabo pelo pensamento do mestre contra a influência do meio.

A importância está ao mesmo tempo na simplicidade, na coesão e na evidência da doutrina que tacitamente ele opõe às opiniões de conveniência. Essa doutrina, reduzida à sua essência absoluta, é a distinção operada entre *língua* e *fala*. O conjunto da teoria deduz-se logicamente dessa tese primordial. É essa tese que virá fatalmente colocar-se contra a atitude habitual. F. de Saussure faz a descoberta da língua; de um só golpe toma-se consciência do fato de que a lingüística da época não havia considerado senão a fala, havendo até então negligenciado "seu verdadeiro e único objeto".

É verdade que à luz da história a descoberta da língua se reduz a uma redescoberta. Essa constatação de forma alguma serve para diminuir o valor da façanha. Tratava-se de separar e entronizar um princípio esquecido e desdenhado. Para tanto havia necessidade de restabelecer a estima numa base inteiramente nova; a lingüística que abandonara a língua era uma lingüística profundamente diversa daquela que a havia sustentado; no intervalo, havia-se feito a descoberta da mudança lingüística, do mecanismo fisiológico da fala, das variações psicológicas, da irremediável fragilidade da gramática antiga. Não havia qualquer retorno possível. A tarefa consistia em estabelecer uma teoria na qual as descobertas recentes encontrassem seu lugar e seu direito.

Os termos nos quais se colocava todo o problema da lingüística pré-saussuriana eram o do ato individual. O último e capital problema era o da causa da mudança lingüística, procurada nas variações e deslizes da pronúncia, nas associações espontâneas, nas ações da analogia. Em última análise, na lingüística pré-saussuriana tudo se reduz à ação do indivíduo; a linguagem se reduz à soma das ações individuais. É isso o que constitui ao mesmo tempo a profunda diferença quanto à nova teoria e o ponto de contato que ela deveria explorar para se fazer entender. Assim é que, admitindo a importância do ato individual e seu papel decisivo na mudança, e fazendo desse modo ampla concessão às pesquisas tradicionais, F. de Saussure consegue estabelecer algo que dela difere radicalmente: uma lingüística estrutural, uma *Gestaltlinguistik* destinada a suplantar ou pelo menos a completar a lingüística puramente associativa de outrora.

O ponto de vista estrutural, uma vez introduzido na lingüística, deverá realizar um trabalho de longo fôlego para daí extrair todas as conseqüências lógicas. É certo que ainda hoje tal trabalho se acha longe de seu termo.

Abordaremos essa tarefa dentro daquele espírito positivo formulado de modo tão feliz por Sechehaye[1]: será uma "colaboração" com o autor do *Cours de linguistique générale*, "seja para cavar, mais fundo do que lhe foi possível, os alicerces das ciências lingüísticas, seja para edificar de um modo mais definitivo a construção da qual o *Cours* pôde apenas oferecer um primeiro e imperfeito esboço". Felicita-se o mundo lingüístico pela criação de uma Sociedade organizada com a finalidade de favorecer essa ordem de pesquisas e de um órgão que a elas se consagrará.

2. – Sendo uma estrutura, por definição, um tecido de dependências ou de funções (na acepção lógico-matemática desse termo), uma das principais tarefas da lingüística estrutural consiste em estudar as funções e suas espécies. Procuraremos fazer um resumo das espécies de relações necessárias e suficientes para poder descrever, da maneira ao mesmo tempo mais simples e mais completa, toda estrutura semiológica. Tal tarefa precede, logicamente, todas as outras. Entretanto, bastará aqui apresentar brevemente, dentre as diversas espécies de funções, aquelas de que teremos necessidade para a argumentação que se segue[2]. Tratar-se-á duas vezes de duas noções, aliás, bastante simples; distinguimos de um lado: 1) as dependências bilaterais, ou *interdependências*, que ocorrem entre termos que mutuamente se pressupõem; e 2) as dependências unilaterais, ou *determinações*, que ocorrem entre termos dos quais um (chamado *determinante*) pressupõe o outro (chamado *determinado*), mas não inversamente. Distinguimos, por outro lado, as *comutações* e as *substituições*: no interior de um paradigma, há *comutação* entre dois termos do significado, cuja troca pode levar à troca de dois termos correspondentes do significado, e entre dois termos do significado cuja troca pode levar à troca de dois termos correspondentes do significante. Há, pelo contrário, *substituição* entre dois termos de um paradigma que não preencham essa condição. Assim, há sempre substituição entre variantes e comutação entre invariantes[3].

1. *Les trois linguistiques saussuriennes*, p. 3 *(Vox Romanica,* V, 1940).
2. Para os termos e as noções empregados e para os exemplos ver pp. 161 e ss. Para um quadro completo das funções semiológicas que reconhecemos, pede-se ao leitor reportar-se ao nosso trabalho *Contours d'une théorie du langage*, em preparação nos *Travaux du Cercle Linguistique de Copenhague.*
3. Para maiores detalhes, ver nossos trabalhos "Die Beziehungen der Phonetik zur Sprachwissenschaft" *(Archiv für vergleichende Phonetik*, II, 1938) e "Neue Wege der Experimentalphonetik" *(Nordisk Tidsskrift for Tale og Stemme*, II, 1938); comparar também *Studi baltici*, VI (1937), p. 9.

Este armamento de noções elementares nos permitirá abordar o problema que consiste em saber qual a espécie de função que existe entre língua e fala. Esse problema é que foi discutido recentemente por Sechehaye no trabalho a que aludimos acima[4]. De nossa parte, vamos abordá-lo sem levar em conta a oposição prévia entre sincronia e diacronia, acantonando-nos deliberadamente nos quadros da sincronia.

Para resolver o problema, é preciso primeiro proceder a uma análise das noções. Essa análise mostrará que – salvo engano – cada um dos dois termos introduzidos pelo *Cours* admite acepções diferentes. Pensamos que grande parte das dificuldades provém dessa ambigüidade.

3. – Primeiramente, vamos considerar a *língua*. Pode-se considerá-la:

a) como uma *forma pura*, definida independentemente de sua realização social e de sua manifestação material;

b) como uma *forma material*, definida por uma dada realização social, mas ainda independente do detalhe da manifestação;

c) como um simples *conjunto dos hábitos* adotados numa dada sociedade e definidos pelas manifestações observadas.

Procedamos à prévia distinção entre essas três acepções; depois estudaremos em que medida será útil conservá-las distintas. Para facilitar nossa exposição, é aconselhável a escolha de nomes que as designem. Diremos:

a) *esquema*[5], *i.e.*, língua forma pura;

b) *norma*, *i.e.*, língua forma material;

c) *uso*, *i.e.*, o conjunto dos hábitos.

A fim de fixar as idéias, esbocemos brevemente uma aplicação escolhida ao acaso: examinemos a posição do *r* francês em face dessas três possibilidades.

a) De início, poderia o *r* francês ser definido: 1) pelo fato de pertencer à categoria das consoantes, que determinam a das vogais[6]; 2) pelo fato de pertencer à subcategoria das consoantes, que admitem indiferentemente a posição inicial (como *rue*) e a

---

4. *Op. cit.*, principalmente pp. 8 e ss.

5. Em alguns trabalhos anteriores (ver, por último, *Mélanges offerts à M. Holger Pedersen*, p. 39, com nota, e p. 40 [*Acta Jutlandica, Aarsskrift for Aarhus Universitet*, vol. IX, fasc. I, 1937], dizíamos *sistema* em vez de *esquema*. No entanto, pareceu-nos útil conservar o termo *sistema* (assim como o termo *estrutura*) sem a restrição técnica comportada por tal emprego específico.

6. Ver p. 166.

posição final (como *par-tir*); 3) pelo fato de pertencer à subcategoria das consoantes vizinhas da vogal (o *r* pode assumir a segunda posição num grupo inicial, como *trappe*, mas não a primeira[7]; o *r* pode assumir a primeira posição num grupo final mas não a segunda[8]); e 4) pelo fato de entrar em comutação com alguns outros elementos pertencentes, juntamente com ele, a essas mesmas categorias (como *1*).

Essa definição do *r* francês é bastante para fixar seu papel no mecanismo interno (rede de relações sintagmáticas e paradigmáticas) da língua considerada como *esquema*. Ela opõe o *r* aos outros elementos pertencentes à mesma categoria pelo fato funcional da comutação; o que o distingue desses outros elementos não é a sua qualidade própria e positiva, mas simplesmente o fato de não se confundir com eles[9]! Ela opõe a categoria à qual o *r* pertence às demais categorias pelas funções que as definem respectivamente[10]. O *r* francês é, assim, definido como uma entidade opositiva, relativa e negativa; a definição dada não lhe atribui qualquer qualidade positiva, seja ela qual for. Implica que ela é algo realizável, e não algo realizado. Deixa aberta toda e qualquer manifestação: que ele ganhe corpo numa matéria fônica ou gráfica, numa linguagem por gestos (como no alfabeto dactilológico dos surdos-mudos) ou num sistema de sinalização com bandeiras, que se manifeste por tal ou qual fonema ou por tal ou qual letra de um alfabeto (como o alfabeto latino ou o alfabeto Morse), tudo isso em nada afetaria a definição de nosso elemento.

Juntamente com os outros elementos, definidos de maneira análoga, o *r* francês constituiria a língua francesa considerada como esquema, e, desse ponto de vista, qualquer que seja a sua manifestação, a língua francesa permanece idêntica a si mesma: a língua operada pelos surdos-mudos por meio de seu alfabeto por gestos, pelos navios por meio de seu alfabeto que utiliza bandeiras, por aquele que envia uma mensagem por meio do alfabeto Morse e por aqueles que falam por meio de órgãos vocais, seria

---

7. Um caso como *rsy* deve ser interpretado como *rə-sy* (– indica a fronteira silábica).

8. Um caso como *katr* deve ser interpretado como *ka-trə*.

9. Cf. *Cours*, p. 164 (citamos a 2ª edição).

10. Entre a posição inicial e a posição final (2º), assim como entre posição vizinha de vogal e posição não-vizinha de vogal (3º), há uma determinação. Dispensamo-nos porém de entrar, neste ponto, nos detalhes da demonstração, visto como isso pressuporia necessariamente uma análise total da silabação e do consonantismo francês (análise cujos detalhes mais delicados e ao mesmo tempo mais decisivos são os da posição dos elementos *ə* e *h*.

invariavelmente a língua francesa. Mesmo se a pronúncia habitual do francês mudasse completamente, a língua, considerada como esquema, permaneceria a mesma, contanto que se resguardassem as distinções e as identidades por ela preconizadas.

b) Em seguida, o *r* francês poderia ser definido como uma vibrante, admitindo como variante livre a pronúncia de constritiva posterior.

Essa definição do *r* francês basta, com efeito, para fixar o seu papel na língua considerada como *norma*. Ela opõe o *r* aos outros elementos da mesma ordem, mas, dessa vez, o que o distingue dos outros elementos não é algo puramente negativo; o *r* francês define-se agora como uma entidade opositiva e relativa, é verdade, mas munida de uma qualidade positiva: é por suas vibrações que se opõe às não-vibrantes; é por sua articulação posterior que se opõe às outras constritivas; é por sua pronúncia constritiva que se opõe às oclusivas. A definição pressupõe uma manifestação fônica dada, produzida por meio dos órgãos vocais. Por outro lado, reduz ao mínimo diferencial as qualidades positivas que lhes atribui: é assim que ela não implica qualquer precisão quanto ao local de articulação. Ainda que a pronúncia habitual do francês mudasse no interior dos limites prescritos pela definição, a língua, considerada como norma, continuaria a mesma.

Segundo essa acepção do termo *língua*, haveria tantas línguas quantas fossem as manifestações possíveis que tornassem necessária uma definição diferente: o francês escrito seria uma outra língua em relação ao francês falado, o francês operado por meio do alfabeto Morse seria uma outra língua em relação ao francês operado por meio do alfabeto latino, e assim por diante.

c) Enfim, o *r* francês poderia ser definido como uma vibrante sonora alveolar ou como constritiva sonora uvular.

Essa definição compreenderia todas as qualidades encontradas na pronúncia habitual do *r* francês, fixando-o assim como elemento da língua considerada como *uso*. A definição não é nem positiva nem relativa nem negativa; esgota as qualidades positivas características do uso, mas, por outra parte, detém-se aí: deixa por conta da improvisação ocasional a possibilidade de variar a pronúncia no interior dos limites prescritos pela definição. Mesmo que a pronúncia ocasional varie no interior desses limites, a língua, considerada como uso, permanece a mesma. Por outro lado, qualquer mudança da definição dada levaria a uma mudança de língua, e o francês pronunciado com um *r* diferente, como por exemplo de modo retroflexo, faríngeo, chiante, seria outra língua em relação ao francês que conhecemos.

4. – Percebe-se facilmente que, dentre essas três acepções da palavra *língua*, aquela que concebe a língua como *esquema* é a que se aproxima do sentido que habitualmente se atribui a essa palavra, quando se trata, na prática, de identificar uma língua: o francês telegráfico e o francês dos surdos-mudos é com efeito a mesma "língua" que o francês "normal". Caso se queira chegar a uma definição que toque o essencial do sentido atribuído na vida cotidiana e prática da palavra *língua*, deve-se evidentemente reter o sentido de esquema.

Parece, outrossim, que é esta primeira acepção do termo *língua* que o *Cours de linguistique générale* procura sustentar. Somente ela despoja a língua de todo caráter material (fônico, por exemplo)[11] e serve para separar o essencial do acessório[12]. Somente ela justifica a famosa comparação com o jogo de xadrez, para o qual o caráter material das peças não tem importância, enquanto a posição recíproca e o seu número é que importam[13]. É ainda ela que justifica a analogia estabelecida entre uma grandeza lingüística e uma moeda de prata[14], cambiável com uma outra moeda de um metal diferente ou de uma outra efígie, com uma cédula, uma letra de câmbio ou um cheque. É ela enfim que constitui a máxima fundamental segundo a qual a língua é uma *forma*, não uma *substância*[15]. Pode-se acrescentar que só ela é, antes de tudo, a *Memória sobre o sistema primitivo das vogais*, do mesmo autor, onde o todo do sistema indo-europeu é concebido como puro *esquema* composto de elementos que (embora qualificados de "fonemas", à falta de coisa melhor) se definem unicamente por suas funções recíprocas internas[16]. Essa concepção da língua foi, com efeito, retomada e desenvolvida por Sechehaye, que, em seu trabalho de 1908, sustenta com razão que se pode conceber a língua sob um aspecto algébrico ou geométrico e simbolizar seus elementos arbitrariamente, de modo a fixar-lhes a individualidade, mas não o seu caráter material[17].

Por outro lado, essa idéia do *esquema*, conquanto claramente predominante na concepção saussuriana, não é o seu único fator constitutivo. A "imagem acústica" de que ele falou em muitas

11. *Cours*, pp. 21, 36, 56, 164.
12. *Cours*, p. 30.
13. *Cours*, pp. 43, 153 e ss.
14. *Cours*, pp. 159 e ss., 164.
15. *Cours*, pp. 157, 169.
16. Tivemos a ocasião de chamar a atenção para este fato num trabalho datado de 1937 *(Mélanges Pedersen*, pp. 39 e ss.).
17. *Programme et méthodes de la linguistique théorique*, pp. III, 133, 151.

passagens do *Cours* não poderia ser senão a tradução física de um fato material; liga ela, pois, a língua a uma matéria dada e a assimila à *norma*[18]. Diz, ademais, que a língua é o conjunto dos hábitos lingüísticos[19]; a língua, portanto, não seria nada mais do que um uso[20]. Parece, em suma, que a definição da língua não é nem uma nem outra das três acepções que acabamos de distinguir, e que a única definição universalmente aplicável consiste em determinar a língua, na acepção saussuriana, como um *sistema de signos*[21]. Essa definição geral admite numerosas nuanças, das quais o mestre de Genebra pôde ter plena consciência[22], mas sobre as quais não julgou útil insistir; os motivos que determinaram essa atitude, naturalmente, nos escapam.

5. – As distinções que acabamos de estabelecer apresentam a vantagem de esclarecer-nos sobre as relações possíveis entre língua e palavra na acepção saussuriana. Acreditamos poder mostrar que essas relações não se deixam fixar sem dificuldades, e que língua-esquema, língua-norma e língua-uso não se comportam da mesma maneira em face do ato individual que é a fala. Consideremos deste ponto de vista, sucessivamente, a norma, o uso e o esquema.

1) A *norma* determina (*i.e.*, pressupõe) o uso e o ato, e não inversamente. É isso, em nossa opinião, que foi recentemente demonstrado por Sechehaye[23]: o ato e o uso precedem lógica e praticamente a norma; a norma nasceu do uso e do ato, mas não inversamente. O grito espontâneo é um ato sem norma, o que não impede, por outro lado, que se dê em virtude de um uso: nossa natureza psicofisiológica nos impõe incontestavelmente certos

18. Sobretudo *Cours*, pp. 32 e 56.
19. *Cours*, p. 112.
20. Esse termo se encontra ocasionalmente no *Cours* (pp. 131, 138). É uma herança evidente da teoria pré-saussuriana (comparar, por exemplo, H. PAUL, *Prinzipien der Sprachgeschichte*, 5ª edição, pp. 32 e ss., 405, etc.). Por outro lado, parece que o termo *norma* (usado igualmente por H. Paul e seus contemporâneos, ver *loc. cit.*) é cuidadosamente evitado ao longo de todo o *Cours*.
21. *Cours*, p. 26. Cf. A. SECHEHAYE, *Les trois linguistiques saussuriennes*, p. 7. – Sobre a distinção entre *social* e *individual*, ver mais adiante.
22. Na p. 25 do *Cours*, diz-se que a língua "é ao mesmo tempo um produto social da faculdade da linguagem e um conjunto de convenções necessárias, adotadas pelo corpo social para permitir o exercício dessa faculdade entre os indivíduos".
23. *Les trois linguistiques saussuriennes*, pp. 8 e ss.

usos, mas por trás desses usos não há necessariamente, na ordem material dos signos, algo de opositivo e de relativo que torne possível deduzir daí uma norma. A tese de Sechehaye se justifica, pois, plenamente, desde que se considere a língua como uma norma, e somente sob essa condição.

2) Entre *uso* e ato há interdependência; eles pressupõem-se mutuamente. Na passagem do *Cours* em que o autor afirma a interdependência da língua e da fala, trata-se expressamente dos "hábitos lingüísticos"[24]. Operando a distinção entre norma e uso, chega-se a fazer desaparecer a contradição aparente entre o ponto de vista professado no *Cours* e o que acaba de ser exposto por Sechehaye. *Diuersi respectus tollunt omnem contradictionem*.

3) O *esquema* é determinado (*i.e.*, pressuposto) tanto pelo ato quanto pela norma, e não inversamente. Para constatá-lo, basta lembrar a teoria dos valores estabelecida por F. de Saussure, teoria intimamente ligada à concepção da língua como esquema. Essa face da doutrina saussuriana merece nossa atenção em todos os seus detalhes, sutilmente calculados. Para considerar apenas o aspecto exterior do problema, poderíamos talvez ser tentados a comparar o valor lingüístico com um valor puramente lógico-matemático: assim como 4 é um valor atribuível à grandeza *a*, os sons e as significações seriam os valores em relação às formas; as formas seriam então as variáveis, e os fatos materiais, as constantes. Mas a comparação que se justifica é, como se sabe, bem outra: é aquela que aproxima, não o valor puramente lógico-matemático, mas o *valor de troca das ciências econômicas*. Desse ponto de vista, é a forma que constitui o valor e a constante, e é a substância que encerra as variáveis, às quais diferentes valores são atribuíveis segundo as circunstâncias. Assim, uma moeda e uma cédula podem mudar de valor, do mesmo modo que um som ou um sentido podem mudar de valor, *i.e.*, de interpretação[25] com respeito a diferentes esquemas. É verdade, por outro lado, que, apesar de preferível à comparação com o valor puramente lógico-matemático, a comparação com o valor de troca erra num ponto fundamental, o que não deixa de ser observado pelo mestre: um valor de troca é definido pelo fato de igualar uma quantidade determinada de uma mercadoria, o que serve para fundá-la em dados naturais, quando em lingüística os dados naturais não têm qualquer lugar[26]. Um valor econômico é por de-

---

24. *Cours*, p. 37.
25. *Cours*, p. 37.
26. *Cours*, p. 116.

finição um termo de duas faces: não somente desempenha o papel de constante diante de unidades concretas do dinheiro, como ainda desempenha o papel de variável em face de uma quantidade fixada da mercadoria que lhe serve de padrão. Eis por que o jogo de xadrez, e não o fato econômico, continua a ser para F. de Saussure a imagem mais fiel de uma gramática. O esquema da língua é em última análise *um jogo* e nada mais. Aliás, poderíamos dizer que desde o momento em que as diversas nações abandonaram o padrão metálico para adotar o padrão papel, produziu-se no mundo uma situação mais comparável à estrutura simples de um jogo e de uma gramática. Mas a comparação da língua-esquema com um jogo é ainda mais exata e mais simples. Por outro lado, é a noção de valor, emprestada (para o jogo como para a gramática) às ciências econômicas, que melhor nos serve para esclarecer sobre a espécie de funções que liga o esquema às outras camadas da linguagem: assim como uma moeda existe em virtude do valor e não inversamente, assim o som e a significação existem em virtude da forma pura e não inversamente. Aqui como alhures, é a variável que determina a constante, e não inversamente. Em todo sistema semiológico, o esquema constitui a constante, isto é, o pressuposto, ao passo que, em relação ao esquema, a norma, o uso e o ato são as variáveis, ou seja, aqueles que pressupõem.

Conservando as distinções prévias acima operadas, chega-se então ao quadro seguinte, onde ↔ é empregado como signo de interdependência e → como signo de determinação (constante ↔ constante; variável → constante; constante ← variável).

$$\left. \begin{array}{c} \text{Norma} \\ \downarrow \\ \overbrace{\text{Uso} \longleftrightarrow \text{Ato}} \end{array} \right\} \longrightarrow \text{Esquema}$$

6. – As quatro noções sobre as quais operamos até agora não estão evidentemente em pé de igualdade. As diversas espécies de funções que reconhecemos entre elas já o fazem ver. Além do mais, compreende-se imediatamente que, ao passar sucessivamente do esquema para a norma e do uso para o ato, realiza-se uma descida proporcionalmente graduada; transpõem-se nessa marcha certas fronteiras que ora convém fixar.

Segundo a doutrina do *Cours*, a fronteira principal e decisiva é aquela entre *língua* e *fala*. Ora, é de propósito que durante as últimas partes de nossa argumentação suspendemos esses dois termos; vamos agora reintroduzi-los a fim de discernir as suas projeções exatas em nosso quadro provisório de quatro termos. Consideremos agora a *fala*.

Segundo a doutrina do *Cours*, a fala se distingue da língua por três qualidades: 1) é uma *execução*, e não uma instituição[27]; 2) é *individual*, e não social[28]; 3) é *livre*, e não congelada[29].

Ora, essas três características se entrecruzam: nem toda execução é necessariamente individual ou livre; nem tudo o que é individual é necessariamente uma execução ou necessariamente livre; nem tudo o que é livre é necessariamente individual. Parece, pois, que as três características são igualmente indispensáveis para a definição, e que a supressão de qualquer uma delas serviria para falseá-las.

A noção de *fala* se revela, portanto, como uma noção tão complexa como a de língua, e seria tentador submetê-la a uma análise análoga àquela que acabamos de efetuar para a noção de língua, e ver o que aconteceria se se suprimissem duas das três características alternativamente, conservando de cada vez apenas uma delas. Será suficiente considerar apenas uma dessas diversas simplificações possíveis:

Poder-se-ia considerar a *execução*, fazendo-se abstração das distinções entre o individual e o social e entre o livre e o congelado.

Seríamos imediatamente levados a identificar o esquema somente com a instituição, e todo resto com a execução.

Uma disciplina que tivesse por objeto a execução do esquema ver-se-ia colocada diante de duas tarefas, que de fato foram claramente formulados pelo *Cours* ao tratar da *fala*[30]: seria o caso de descrever: 1) as combinações pelas quais o sujeito falante utiliza o código do esquema; e 2) o mecanismo psicofísico que lhe permite exteriorizar essas combinações.

De um ponto de vista semiológico, parece evidente que o *Cours* tem razão ao encerrar todo o mecanismo psicofísico nos quadros da fala e determinar a "fonologia" como uma disciplina que ressalta apenas a fala[31]. É aqui que se encontra a fronteira essencial: aquela entre a forma pura e a substância, entre o incorporal e o material. Isso nos leva a dizer que a teoria da instituição se reduz a uma teoria do esquema, e que a teoria da execução en-

27. *Cours*, p. 30.
28. *Cours*, pp. 24, 30 e ss., 38.
29. *Cours*, p. 172.
30. *Cours*, p. 31.
31. *Cours*, p. 56.

cerra toda a teoria da substância, tendo por objeto aquilo que aqui chamamos de norma, uso e ato. Norma, uso e ato estão, por outro lado, intimamente ligados e tendem naturalmente a não constituir senão o objeto verdadeiro: o uso, em relação ao qual a norma é a abstração, e ato uma concretização. É unicamente o uso que constitui o objeto da teoria da execução; a norma, na realidade, nada mais é que uma construção artificial, e o ato, por sua vez, é apenas um documento passageiro.

De fato, a execução do esquema seria necessariamente um uso: uso coletivo e uso individual. Desse ponto de vista, não vemos como seria possível conservar a distinção entre o *social* e o *individual*. Assim como a palavra pode ser considerada um documento da língua, também o ato pode ser considerado um documento de uso coletivo; seria mesmo vão e inútil considerá-los de modo diverso. Poder-se-ia responder que nessas condições não se compreenderia suficientemente o caráter livre e espontâneo, o papel criador do ato; mas isso seria um erro, pois o uso não poderia ser senão um conjunto de possibilidades entre as quais qualquer ato teria livre escolha; ao descrever o uso, convém levar em conta a latitude de variação que ele admite, e essa latitude, desde que registrada de maneira exata, jamais seria ultrapassada pelo ato; no momento em que aparentemente o fosse, a descrição do uso deveria ser modificada. Parece, portanto, que, por definição, nada pode haver no ato que não seja previsto pelo uso.

A *norma*, de outra parte, é uma ficção – a única ficção que se encontra entre as noções que nos interessam. O uso, compreendendo o ato, não o é. O esquema, também não. Essas noções representam realidades. A norma, pelo contrário, é apenas uma abstração tirada do uso por um artifício de método. Constitui quando muito um corolário conveniente para estabelecer os quadros da descrição do uso. Para falar estritamente, é supérflua; constitui algo assim como um acréscimo e uma complicação inútil. O que ela introduz é meramente o *conceito* que se acha por trás dos fatos encontrados no uso; ora, a lógica moderna nos instruiu suficientemente acerca dos perigos que residem num método que tenda a hipostatizar os conceitos e pretenda com eles construir realidades. Somos de parecer que certas correntes da lingüística moderna se refugiam erroneamente num realismo mal fundado do ponto de vista da teoria do conhecimento; seria mais vantajoso que se tornassem nominalistas. A prova é que o realismo complica em vez de simplificar, e sem ampliar, por pouco que seja, o domínio de nosso conhecimento. O lingüística, que tem a tarefa de estudar a relação entre o nome e a coisa, deveria ser o primeiro a evitar confundi-los.

Através de uma análise prévia das noções, cremos haver separado o que existe de essencial e de verdadeiramente novo na *língua* saussuriana: é o que chamamos de *esquema*. Por outro lado, esse resultado nos conduziu a uma nova simplificação, que nos leva a propor a distinção entre *esquema* e *uso*[32] como a única subdivisão essencial que se impõe à semiologia, devendo ela substituir a subdivisão entre *língua* e *fala*, a qual, se estivermos certos, não constitui senão uma primeira aproximação, historicamente importante, mas teoricamente imperfeita.

---

32. Proporíamos como tradução desses termos: em inglês, *pattern* e *usage*; em alemão, *Sprachbau* e *Sprachgebrauch* (ou *usus*); em dinamarquês, *sprogbygning* e *sprogbrug (usus)*, respectivamente. Em francês, seria talvez possível servir-se do termo *charpente (de la langue)* como sinônimo de *schéma*.

6. NOTA SOBRE AS OPOSIÇÕES SUPRIMÍVEIS*
(1939)

Das pesquisas de lingüística geral recentemente empreendidas ressalta cada vez mais o fato particularmente interessante de uma analogia de estrutura entre os dois *planos* da língua: o do conteúdo e o da expressão. A distinção nos dois planos entre *forma* e *substância*, de que acreditamos haver mostrado a necessidade algures não é a única analogia que se apresenta; de outra parte, é ela a mais profunda, visto não se poder chegar a reconhecer as outras analogias sem partir desta distinção elementar. A distinção entre a forma e a substância, uma vez efetuada, serve mesmo para estabelecer no domínio da forma, segundo um método rigoroso idêntico nos dois planos, as *espécies* e os *tipos*. Sob a forma mais simples, a distinção das *espécies* é aquela existente entre os paradigmas que se prestam, totalmente ou em parte, a entrar numa relação direta de direção, e os que não se prestam a tal; no plano do conteúdo, ou "plaremático", é-se levado a distinguir os morfemas e os pleremas; no plano da expressão ou "ce-

* *Note sur les oppositions supprimables*, nº 57 da bibliografia.

nemático", os prosodemas e os cenemas. Em sua forma mais simples, a distinção dos *tipos* é, para os morfemas e os prosodemas, aquela entre os paradigmas que se prestam, totalmente ou em parte, a caracterizar um enunciado completo ("catalisado"), e os que não se prestam a tal; é, no plano pleremático, a distinção entre morfemas extensos (pessoa, diátese, ênfase, aspecto, tempo, modo) e morfemas intensos (caso, comparação, número, gênero, artigo); no plano cenemático, é a distinção entre as modulações e os acentos. Para os pleremas e os cenemas, a distinção dos tipos é aquela entre as unidades centrais (unidades radicais e vogais, respectivamente) e marginais (unidades derivativas e consoantes, respectivamente).

Prescindimo-nos aqui de entrar nos detalhes dessas distinções, já desenvolvidos provisoriamente em diversas publicações anteriores[1], e dos quais se encontrará a exposição definitava em nosso *Outline of Glossematics*. Lembremos simplesmente que essas distinções, assim como as distinções ulteriores que delas decorrem (por exemplo, a que permite definir as diversas categorias de morfemas no interior de um só e mesmo tipo), são obtidas por um exame das *funções* que se observam no domínio da *forma* no interior de um só e mesmo plano: os fatos observados são ao mesmo tempo fatos funcionais e fatos formais.

Além dessa função entre formas pertencentes a um só e mesmo plano (*função de forma*), outras existem. A relação observada entre a forma e a substância é também uma função (chamada *manifestação*) que apresenta igualmente uma analogia entre os dois planos. A essas funções *homoplanas* importa ajuntar a função *heteroplana*, que ocorre entre as unidades dos dois planos e que serve para constituir o signo lingüístico enquanto tal. É esta última função que, pela prova da comutação, permite levantar o inventário das diferenças formais nos dois planos e o inventário das unidades minimais (por exemplo, "fonemas") que delas resultam.

Examinando mais de perto os fatos particulares que se observam, quer na língua em geral, quer numa dada língua particular, compreende-se que existem certos fatos que se observam mais facilmente num dos dois planos, e outros que se observam mais facilmente no outro. Não quer isso dizer que na língua em geral os fatos em questão não estejam presentes nos dois planos ao mesmo tempo. Significa simplesmente que, partindo forçosamente dos dados conhecidos da lingüística tradicional, percebe-se

1. Ver *Bulletin du Cercle Linguistique de Copenhague*, IV, p. 3.

amiúde mais facilmente um dado fato num dos dois planos que no outro. Segue-se que será sempre recomendável, útil e mesmo necessário confrontar, tanto quanto possível, os dois planos, não se devendo contentar com estudá-los separadamente. É certo que o lingüista teria sempre a vantagem de comparar os dois planos, levando essa comparação ao extremo. A lingüística atual ainda está longe de tirar proveito dessa possibilidade.

Como a forma se define unicamente pela função, a finalidade do lingüista é a de postular, para cada fato particular, uma razão funcional onde quer que seja possível fazê-lo. E isso só pode ser feito tomando-se como ponto de partida a própria função, procedendo-se, portanto, segundo um método estritamente *dedutivo*. A fim de salvaguardar o método imanente e propriamente lingüístico, e para assegurar-lhe o maior rendimento possível, convém tomar resolutamente como ponto de partida as funções puras e as formas que elas permitem separar, projetando-se em seguida o sistema assim obtido sobre os fatos da substância.

No sistema lingüístico talvez não exista domínio mais suscetível de nos esclarecer sobre a necessidade de tal método do que o das *oposições*. A própria prova da comutação não permite tomar, dentre as unidades separadas ("fonemas", etc.), senão simples *diferenças*. Mas essas várias diferenças não são todas da mesma ordem. Indutivamente, para considerar apenas os fatos de substância, pode-se classificá-los *a priori* de diversas maneiras; por exemplo, concebendo-os todos como oposições[2]; dedutivamente, e baseando-se nas funções de forma, chega-se a uma distinção *a posteriori*, não só possível como também necessária, entre as oposições verdadeiras (e lingüisticamente pertinentes enquanto tais), de um lado, e as diferenças puras e simples, de outro. Somente a função de forma nos fornece um critério objetivo e empírico que permite discernir o que, do ponto de vista da língua, é distinto, e fazendo a separação entre as diferenças que são ao mesmo tempo oposições lingüísticas e as diferenças que do ponto de vista lingüístico nada mais são que diferenças. Sem o apoio da função de forma, qualquer classificação é possível, e nenhuma classificação é necessária. Do ponto de vista da função de

---

2. Na doutrina fonológica, começou-se por fazer a separação entre as "correlações", concebidas como oposições no sentido próprio do termo, e as "disjunções", que se reduziriam a simples diferenças (ver N. S. TRUBETZKOY, *Travaux du Cercle Linguistique de Prague*, IV, pp. 96 e ss., com remissões bibliográficas). Mais tarde, o príncipe Trubetzkoy propôs uma classificação diferente, tratando em princípio toda diferença como uma oposição (*Journal de Psychologie*, XXXIII, pp. 5 e ss.; ver sobretudo p. 17).

forma, uma única classificação se revela ao mesmo tempo possível e necessária.

O caso da "supressão" ou da "neutralização" de uma diferença lingüística, recentemente estudado pelo saudoso príncipe Trubetzkoy[3] e por A. Martinet[4], dá desse princípio uma ilustração particularmente clara. As pesquisas do príncipe Trubetzkoy e de Martinet fizeram ver que as "oposições", definidas em si mesmas por fatos de substância (no caso, por fatos fônicos), revestem-se, do ponto de vista lingüístico, de uma importância toda particular no caso em que se acompanham de um fato de função. A supressão de uma diferença é devida a um condicionamento funcional, e é em si mesma de ordem puramente formal, já que consiste na fusão de duas formas, não importa qual seja a substância específica em que se manifestam. A "oposição" pelo contrário, considerada em si mesma e fazendo-se abstração da supressão possível, permanece por definição um fato de substância, que se definiria de modo completamente diverso ao passar-se de uma substância a outra – por exemplo, da substância fônica à substância gráfica. O príncipe Trubetzkoy disse muito bem que, em conseqüência dessa circunstância, somente a supressão é que permite estabelecer uma oposição "fonológica" segundo um princípio objetivo e sem levar em conta fatos extralingüísticos[5]. Martinet viu igualmente que para uma "correlação" ordinária o parentesco é de ordem fônica, enquanto no caso da "neutralização" é de ordem funcional[6].

Tal descoberta é suscetível de provocar uma revolução nas concepções da fonologia. A fonologia[7] estaria colocada desde o princípio no terreno do método indutivo, propondo-se a ir gradualmente da substância à forma, dos fatos concretos a fatos cada vez mais abstratos. Mas o papel particular desempenhado pela supressão relativamente à oposição basta para fazer ver que se poderá inverter os termos, colocando-se à primeira vista no terreno da forma e da função pura para daí deduzir, posteriormente,

---

3. *Travaux du Cercle Linguistique de Prague*, VI, pp. 29 e ss. Reportando-nos à doutrina fonológica, empregamos o termo "supressão" (em vez de "neutralização"), seguindo a terminologia utilizada pelo príncipe Trubetzkoy em suas últimas publicações (ver também *Journal de Psychologie*, XXXIII, pp. 12 e ss.).

4. *Ibid.*, VI, pp. 46 e ss.

5. *"Mit völliger Objektivität und ohne Heranziehung ausserlinguistischer Forschungsmittel"*, *op. cit.*, p. 34.

6. *Op. cit.*, p. 49. Comparar *ibid.*, p. 52.

7. Com os termos "fonologia" e "fonólogo", designamos simplesmente os trabalhos e os autores que reclamam para si mesmos esse nome.

os fatos de substância. O caráter lingüístico dos fatos fônicos (compreendendo-se os fatos fonológicos) só se pode definir com base num exame das funções.

Um breve exame da pleremática servirá para elucidar o que se passa no plano cenemático. No plano pleremático, o *sincretismo* é conhecido desde muito tempo; consiste precisamente numa fusão condicionada por duas formas e constitui a contrapartida exata da supressão das diferenças cenemáticas. Como na lingüística tradicional, a "fonologia" e a "morfologia" estiveram sempre separadas por um tabique absolutamente estanque, ignoraram-se as analogias existentes entre os dois domínios[8], impedindo-se assim que se tirasse proveito dos dois lados. A lingüística tradicional é prisioneira da ilusão que consiste em acreditar que, se os fatos da expressão são as mais das vezes coagidos a agir no interior de seu próprio plano, sem que haja repercussões no plano do conteúdo, os fatos do conteúdo estão quase sempre em jogo nos dois planos ao mesmo tempo. Isto é um erro. Cada plano tem sua organização própria, é verdade, mas cada plano tem repercussões no outro. No signo lingüístico, o significante e o significado são dois fatos complementares, intercambiáveis e exatamente iguais: seria errôneo atribuir a um dos dois planos uma prioridade em relação ao outro, bem como pretender que um deles esteja subordinado ao outro, e não inversamente. Em latim, existe um sincretismo entre as unidades pleremáticas "nominativo" e "acusativo" sob o domínio do neutro; esse sincretismo atua no plano cenemático, de sorte que duas unidades cenemáticas, servindo para exprimir duas unidades pleremáticas que só diferem pela oposição "nominativo": "acusativo", se confundem e se tornam estruturalmente idênticas (como se dá, por exemplo, com *-um* e *-um*, cujo conteúdo não comporta somente "nominativo/acusativo", mas também indiferentemente "singular", "neutro" e "grau positivo"). Em russo, existe uma fusão análoga entre as unidades cenemáticas *t* e *d* sob o domínio da posição final; esse sincretismo atua no plano pleremático, de modo que duas unidades pleremáticas, expressas por duas unidades cenemáticas que apenas diferem pela oposição *t* : *d*, se confundem e se tornam estruturalmente idênticas (como *race* e *bouche*, cuja expressão não comporta apenas *t/d*, mas também, indiferentemente, *r, o* e o acento ᵏˡ*rot/d*).

Por outro lado, pode haver fusão entre duas unidades sem repercussão no plano oposto. No russo *na*ᵈ/*t* "acima de", há a

---

8. O príncipe Trubetzkoy assinalou – as incidentalmente, *Journal de Psychologie*, XXXIII, p. 13, nota.

mesma fusão que em *ro^d/t*, mas sem que duas unidades pleremáticas se confundam. Em alemão, há sincretismo do genitivo e do dativo quando esses casos estão regidos pela preposição *längs* (*längs des Strandes* e *längs dem Strande*, que são absolutamente sinônimos), sem que duas unidades cenemáticas se confundam.

As diferenças entre os dois planos, em relação à supressão das diferenças, são apenas aparentes. O *sincretismo*, tal qual é conhecido, da pleremática consiste numa fusão de duas unidades, e o próprio termo sincretismo deve ser reservado para designar esse caso; no exemplo cenemático do russo que acabamos de citar, a supressão não se manifesta por uma fusão total das duas unidades, mas pela substituição de *d* por *t*, ou seja, pelo procedimento que chamamos de *implicação*. Mas convém não superestimar essa diferença. De um lado, não se trata senão de uma diferença da manifestação na substância de um só e mesmo fato formal. De outro, a diferença observada entre os dois planos em relação ao modo de manifestação não é absoluta. A cenemática conhece também os sincretismos[9]; a vogal fônica [∂] do russo é um sincretismo de *a* e de *o*, por exemplo. E a pleremática conhece as implicações, igualmente; assim, o francês distingue dois graus de ênfase nas formas pronominais *me* (ênfase fraca) e *moi* (ênfase forte); regido de uma preposição, o pronome, todavia, toma a forma da ênfase forte; quer dizer, nessas condições a ênfase fraca está implícita na ênfase forte. Portanto, está-se aqui em presença de um desses casos em que à primeira vista certos fatos são mais observados num dos dois planos que no outro, sem que isso implique uma diferença real entre os dois planos.

A comparação com o plano pleremático é útil porque nesse plano se conhece melhor o fato de que se trata. Os paradigmas morfemáticos nos quais o sincretismo é sobretudo freqüente constituem, como se sabe, séries de oposições. É evidente que quando o sistema lingüístico coloca um paradigma[10], coloca ao mesmo tempo uma correlação. Ora, é imprescindível que essa correlação, ainda puramente formal, esteja refletida na substância por uma oposição. Estudamos noutro local as configurações que

---

9. Dentre as possibilidades previstas por MARTINET, *op. cit.*, os casos 1º e 2º constituem implicações, enquanto os casos 3º e 4º constituem sincretismos. Cf. N. S. TRUBETZKOY, *op. cit.*, p. 33. – O caso 1º do quadro de Martinet constitui implicações bilaterais (multilaterais); comparar TRUBETZKOY, *op. cit.*, p. 36. A diferença dessas implicações com as implicações unilaterais é destituída de importância do ponto de vista formal.

10. O paradigma é definido pelo número limitado de seus membros. Ver F. DE SAUSSURE, *Cours de linguistique générale*^{2}, p. 175.

se observam nessas oposições de substância, e as fórmulas às quais se pode levá-las[11]. Essas fórmulas repousam sobre a lei geral de participação[12]. Com efeito, com muita freqüência, o uso atende às exigências da norma refletindo as correlações por participações; sob a forma mais simples, a participação apresenta-se como uma oposição privativa[13] binária, designada por nós pelos caracteres α. A. É a oposição simples entre um termo marcado *(merkmaltragend)* e um termo não-marcado *(merkmallos)*. De outra parte, uma correlação pode ser manifestada também por uma oposição exclusiva; a exclusão não constitui senão um caso especial da participação, e consiste no fato de que certos casos do termo extensivo não estão preenchidos.

Uma oposição lingüística, tal qual se observa na substância, é pois o reflexo da correlação entre os membros de um paradigma. Só pode ser encontrada partindo-se do próprio fato do paradigma, isto é, da função de forma, para descrever, segundo um procedimento dedutivo, como esse paradigma se manifesta na substância. Casos há em que existem diversas manifestações possíveis, em que a descrição fica ambígua. Mas existem outros em que um outro fato de função vem acrescentar-se ao fato simples do paradigma, a saber, a fusão, que acaba de ser estudada entre duas formas no interior de um paradigma. Sem o apoio desse fato, é quase sempre impossível indicar se um dado termo (por exemplo, do par β B) é intensivo ou extensivo, e qual é a orientação do paradigma. É a fusão que decide, e a fusão não pode ocorrer senão entre um termo intensivo e um termo extensivo (por exemplo, entre um termo marcado e um termo não-marcado)[14]. A fusão, considerada fato de substância, explica-se portanto pelo fato de que a forma lingüística exige entre os termos confundidos essa oposição particular que poderia receber a denominação de *polaridade*, a oposição entre um termo intensivo e um termo extensivo.

É assim que os fatos pleremáticos servem para corroborar os últimos resultados da fonologia no que concerne às relações entre a supressão e os fatos puramente funcionais. Mas não se poderia falar nem de supressão nem de neutralização. Esses termos pressupõem a oposição; mas a oposição não preexiste à supressão; muito pelo contrário, ela é constituída pela própria supressão. O

---

11. *La catégorie des cas*, I, pp. 111-126. Pede-se ao leitor reportar-se a esse trabalho para os termos que serão utilizados doravante.
12. *Op. cit.*, p. 102.
13. N. TRUBETZKOY, *Journal Psychologie*, XXXIII, p. 14.
14. Ver p. 183.

fato primário é a *superposição* de duas formas diferentes; a superposição se manifesta em uma fusão; tem por efeito provocar uma polaridade entre os termos que se sobrepõem um ao outro.

As observações acima são forçosamente incompletas e sumárias. Quisemos simplesmente apreender um ponto em que existe uma conformidade particular entre a doutrina fonológica e a nossa e em que podemos apreciar de maneira toda particular a penetração do pensamento do mestre desaparecido, a cuja memória este volume é dedicado.

7. A FORMA DE CONTEÚDO DA LINGUAGEM COMO UM FATOR SOCIAL*
(1953)

Discurso do reitor por ocasião da Celebração Anual da Universidade de Copenhague

Em 1897, Michel Bréal, primeiro professor de lingüística no Colégio de França, publicou uma obra intitulada *Essai de sémantique*, onde lançava os alicerces do ramo da lingüística a que denominou semântica, termo de derivação grega, que compreende o estudo das formas lingüísticas, inclusive do conteúdo semântico das palavras.

Na verdade, esse estudo não era inteiramente novo. No entanto, os antigos gregos e romanos consideravam suas línguas como as únicas dignas de um estudo sério, enquanto o conhecimento lingüístico medieval, de fundo principalmente semântico, estava inteiramente confinado ao latim. Houve, depois disso, um longo período de coleta de material. O século XIX provavelmen-

---

* *The Content Form of Language as a Social Factor*, nº 149 da bibliografia. Tradução do dinamarquês feita por Ingeborg Nixon.

te teria tido todas as qualificações para efetuar um estudo do conteúdo semântico das formas lingüísticas das diversas línguas, não fossem dois eventos que a nosso ver merecem ser taxados de infelizes, ou seja, a descoberta de que a língua se acha em constante mudança e o reconhecimento de que o mecanismo lingüístico da expressão é de natureza física. Isso levou a lingüística do século XIX a assumir, numa fase decisiva, uma tendência histórica e científica. A língua passou a ser vista como um organismo, e as leis fonéticas como forças naturais que agem às cegas. Sobre essa base foi se estabelecendo uma forma de lingüística que podia realmente ser considerada o ramo mais exato do conhecimento humanístico, mas que, por outro lado, tendia a ignorar o conteúdo lingüístico e, por conseqüência, o elemento humano.

O livro de Bréal rompeu com o passado, abrindo caminho para o futuro. Bréal ataca vigorosamente a lingüística que limita sua atenção às vogais e consoantes, ou à história da linguagem, e enfatiza o elemento humano na linguagem e em seu desenvolvimento. Ademais – e isso terá aqui grande interesse –, Bréal critica na lingüística o fato de ela repudiar todo e qualquer propósito prático, da mesma maneira, diz ele, que o astrônomo calcula os movimentos dos corpos celestes sem, porém, interessar-se pelas conclusões práticas que se podem tirar desses movimentos em relação às marés. Acha Bréal que o fato de visar tanto a objetivos práticos quanto teóricos nenhum dano causaria à lingüística. Segundo ele, é precisamente mediante o estudo do conteúdo semântico das formas lingüísticas que um tipo de lingüística aplicada poderia ser criado, a par do tipo teórico.

Por muito tempo a obra de Bréal permaneceu praticamente única. Recentemente, sobretudo nos Estados Unidos, a semântica, em seus mais variados aspectos, tornou-se uma parte bastante considerável tanto da lingüística teórica quanto da aplicada. A semântica é ainda objeto de muitas incertezas e discussões; todavia, os lingüistas de hoje hão de concordar num ponto, qual seja, a importância do esforço no sentido de construir uma ciência semântica, uma doutrina do conteúdo semântico das formas lingüísticas cientificamente fundamentada e realizada, o que, está visto, não apenas apresenta um interesse teórico, como ainda pode ser de importância direta para o futuro da humanidade.

Tentarei ilustrar essa afirmação indicando as mudanças advindas, quer no material dos lingüistas, quer na própria lingüística, que conferem a esse problema um interesse imediato.

Há alguns anos, publicou-se um livro de um escritor inglês sobre o papel representado pela linguagem na comunidade. Esse escritor procurou demonstrar aquilo a que chamou Revolução Lingüística. Referia-se à invenção do processo que permite reproduzir mecanicamente a voz humana e à possibilidade de comunicação imediata trazida particularmente pela radiotelefonia. É certo que a linguagem, como meio de comunicação, adquiriu um raio e um poder de ação que vão muito além de tudo o que até então existia, e somos obrigados a aceitar todas as conseqüências desse fato. Só algumas dessas conclusões, e não as mais profundas ou de maior alcance, foram tiradas pelo escritor em apreço. Isso se deve, ainda, a outras revoluções lingüísticas, aparentemente muito diversas, ocorridas em nosso tempo.

Uma revolução interna na lingüística foi desencadeada pela teoria formulada por Ferdinand de Saussure na série de conferências que pronunciou em Paris e que foram publicadas em 1916, após sua morte, teoria essa que a lingüística atual vem procurando utilizar e desenvolver. Entre as muitas mudanças introduzidas no conceito de língua por Saussure e seus seguidores, deve-se mencionar antes de tudo o estabelecimento do fato de que a linguagem falada não constitui mero fenômeno fisiológico ou acústico, mas sim um sistema de signos que devem ser estudados em conjunção com outros sistemas de signos, não apenas signos gráficos, mas todo e qualquer tipo de signo e símbolo, inclusive a gesticulação e a expressão facial, tão intimamente ligadas à linguagem falada. Todos os sistemas de signos possuem certas características estruturais em comum, das quais as da linguagem falada são apenas um exemplo particular. Em adição, deve-se lembrar que a linguagem falada funciona, sob vários aspectos, em combinação com esses outros sistemas de signos.

Saussure e seus seguidores demonstraram outrossim que é incorreto considerar o signo como mera expressão. A linguagem em seu sentido mais amplo, inclusive a nossa linguagem falada do dia-a-dia, é um sistema de signos, ou de componentes de signos, que molda tanto a expressão quanto o conteúdo, de maneira específica, em cada linguagem individual. O arcabouço total do significado, como poderíamos chamá-lo, a soma de tudo o que pode ser expresso por meio de signos, é especial e arbitrariamente moldado pelo sistema de signos de cada linguagem para preencher a forma do conteúdo ou a forma semântica dessa linguagem. As línguas européias familiares têm à sua disposição, com algumas leves diferenças, os dois pronomes distintos *ele* e *ela*, *i.e.*, dois signos diferentes que moldam o conteúdo-substância e lhe conferem um limite definido. Outras línguas, como o chinês, o finlandês e o húngaro, não impõem esse limite; têm apenas um pronome, ou seja, um signo, que significa ou pode ser traduzido por "ele" ou "ela" indiferentemente, ou, para dizê-lo de outro modo, têm duas variantes "ele" e "ela", dependendo do contexto. As línguas européias familiares fazem distinção entre *irmão* e *irmã*; o malaio, contudo, não a faz, possuindo apenas um único signo ou palavra que significa "irmão" ou "irmã" indiferentemente, de modo que só o contexto ou a paráfrase podem esclarecer qual das duas variantes semânticas se pretende exprimir. Além disso, há línguas que não distinguem apenas entre macho e fêmea no que se refere a irmãos, mas também entre mais moços e mais velhos; assim, o chinês e o húngaro, por exemplo, têm quatro palavras que correspondem às nossas duas palavras *irmão* e *irmã*, ou seja, uma palavra que significa "irmão mais velho", uma que significa "irmão mais moço", uma, "irmã mais velha" e uma, "irmã mais moça". Quer dizer, a forma do conteúdo dessas línguas conferem mais distinções ao conteúdo-substância do que o fazem nossas línguas. Também achamos que uma só e mesma área-substância no conteúdo é formada de diferentes maneiras em diferentes línguas, de modo que, conquanto haja distinções em ambas as línguas, elas ocorrem em diferentes lugares, sendo portanto colocadas obliquamente em relação uma à outra. Uma ilustração familiar desse fato é a relação das duas palavras inglesas *tree* e *wood* com as palavras dinamarquesas *trae* e *skov*. A linha entre *tree* e *wood* não é a mesma que a linha entre *trae* e *skov*, sendo que a variante semântica *wood in the form of material*, distinta de *wood in the form of a plant*, é, em inglês, formada como uma variante sob a palavra *wood*, e em dinamarquês como uma variante sob a palavra *trae*.

Essas observações, naturalmente, estão longe de ser novas em si mesmas, uma vez que tais diferenças nas distinções observadas nos sistemas da forma lingüística são os principais obstáculos em toda tradução; mas somente através da teoria formulada por Saussure e seus seguidores é que essa observação vem sendo corretamente interpretada. O ponto de vista desses estudiosos tem obviamente sérias conseqüências para a semântica. A forma semântica não é distinta da língua; é, ao contrário, uma parte importante da própria língua.

Também noutras esferas do conhecimento moderno ocorreu o que poderia ser descrito como uma revolução lingüística. A lógica, em suas formas mais recentes, transformou-se numa teoria dos signos, fez-se dependente da lingüística e deu à questão semântica um caráter fundamentalmente lingüístico. Portanto, mais uma razão teórica que deveria estimular o lingüista a empreender um estudo da forma semântica.

Contudo, existem também razões práticas para isso. Em 1939 veio visitar-me em Copenhague um colega tcheco; a moderna teoria dos signos constitui seu campo de estudo, e naquela época ele me dizia: "Em que perfeito Eldorado dos signos estamos nós vivendo, agora que o signo simplesmente enlouqueceu". *Le signe est devenu fou*, eis o que ele realmente disse na companhia em que nos achávamos, onde se falava francês. E esta foi, certamente, outra revolução lingüística: com os modernos meios postos à nossa disposição, o sistema de signos, a linguagem e a forma do conteúdo converteram-se numa força cuja aplicação nenhum governante poderá negligenciar. Hitler afirmou que poderia moldar a vontade das massas de modo a fazê-las mover-se como bem entendesse, e nem ele nem ninguém com semelhantes intenções poderia desconhecer a importância dos signos e símbolos para a realização de seus objetivos. O rádio, agora em combinação com a televisão, que amplia consideravelmente o efeito da palavra falada, é um importante instrumento da política internacional. Quem tiver o desejo e a habilidade de servir-se de tais aparelhos pode influir na vontade das massas não apenas mediante o uso de palavras e gestos, mas também mediante símbolos como a suástica ou a foice e o martelo, ou por meio de orquestras de metais e trompetes; desse modo, uma espécie de *Weltanschauung*, como se dizia outrora, é martelado no consciente e no inconsciente de todo indivíduo, a tal ponto que a realidade já superou as grotescas visões do futuro pintadas por Aldous Huxley no *Admirável Mundo Novo*. A propaganda é capaz de explorar a língua como nunca se fez antes: é capaz de transformá-la, de adaptá-la às suas necessidades, e aquele que pretender tornar-se um ditador faria bem em estudar semântica. A linguagem está constituída de tal forma que novos signos podem ser formados constantemente a partir dos componentes do signo, e como a relação entre forma e substância e entre conteúdo e expressão é arbitrária, a forma do conteúdo lingüístico e o sistema semântico lingüístico podem – desde que tenha suficiente habilidade e conhecimento – ser manipulados; e não só se podem criar novas palavras com novos sentidos, como ainda novos sentidos ou sentidos distorcidos podem ser imperceptivelmente incorporados a velhas palavras. Tais perigos têm aumentado porque os meios técnicos de comunicação atuais não são afetados por fronteiras:

os signos, os *slogans* e a propaganda estão difundidos por todo o mundo.

Foi essa revolução lingüística que deu origem a uma relação inteiramente nova entre as línguas e as comunidades lingüísticas. Há muito que se compreendeu que, por mais que difiram entre si, as línguas podem vir a assemelhar-se umas com as outras se houver comunicação cultural entre elas. Kristian Sandfeld mostrou como as línguas balcânicas, que são de origem bastante diferente, se aproximaram umas das outras. Também já foi provado pelo sucessor de Michel Bréal, Antoine Meillet, que as línguas de origem comum, embora possam divergir no curso de seu desenvolvimento, podem não obstante revelar, nesse desenvolvimento, características paralelas, em conseqüência do ambiente cultural comum; e mostrou que as línguas européias, particularmente as da Europa Ocidental, partilham um grande número de características, que dificilmente se poderiam atribuir à origem comum, ou à tradicional influência das culturas grega e latina, devendo antes derivar de um modo de vida homogêneo. Casos desse tipo são conhecidos pelos lingüistas como associações lingüísticas: assim é que existem uma associação lingüística balcânica e uma associação européia, ou, mais especialmente, européia-ocidental.

As últimas revoluções lingüísticas produziram associações lingüísticas que abrangem grande extensão geográfica, com sistemas de signos políticos comuns, com uma terminologia política comum – ou ideologia, como se costuma dizer, para usar um termo tomado de empréstimo a um desses sistemas. A famosa Cortina de Ferro constitui uma fronteira semântica entre duas grandes associações lingüísticas, cada qual com sua forma de conteúdo específica no conjunto da área-substância a que se pode chamar política, no sentido mais amplo. A falta de compreensão entre esses dois mundos é, em última análise, se porventura ela pode ser superada, uma questão de tradução. As fronteiras constitucionalmente determinadas entre os signos não correm paralelamente; e como as do poder por vezes fazem uso dos mesmos signos de expressão, a despeito do fato de o conteúdo semântico ser total ou parcialmente diferente, é freqüente a ocorrência de falsas traduções. Quando um lingüista europeu-ocidental, juntamente com outros estudiosos do Ocidente, é descrito num tratado soviético como um burguês capitalista e reacionário, dando-se como única razão para isso o uso que ele e seus colegas fazem de certos termos gramaticais técnicos, a coisa parece-nos absurda e sem sentido, uma vez que em nosso mundo as mesmas palavras, *i.e.*, as mesmas expressões, até onde podem ser transferidas para nossas línguas, não podem ser relacionadas com qualquer conteúdo semântico que tenha sequer a mais remota conexão com o assunto em apreço. As duas grandes associações lingüísticas do leste e do Ocidente lançam a culpa uma na outra devido a uma mútua incompreensão. Acusam-se mutuamente de não possuírem nenhuma *democracia* e nenhuma *liberdade*; e *democracia* e *liberdade* formam entre os signos que, quando analisados segundo um dado sistema de signos, podem revelar conteúdos semânticos extremamente diversos nas duas associações.

É comum, na história do conhecimento, que as idéias mais importantes de um determinado período tenham de fato aparecido numa época anterior, sem contudo ter merecido maior atenção. O presente tema vem a propósito. "Escrever em dinamarquês é escrever na água", disse certa vez Georg Brandes, e o mesmo pode ser dito do sueco. Já em 1880 Esaias Tegnér, neto do grande poeta e, como ele, professor da Universidade de Lund, escreveu um livro em sueco cujo título apresenta grande interesse para nós: *The Power of Language over Thought* (O poder da língua sobre o pensamento). Contém ele a seguinte passagem:

> O movimento de ar expresso em nossa escrita pelas duas letras *gå*, e em latim por um solitário e pequeno *i*, talvez não seja suficiente para mover uma pena. No entanto, ele pode transportar um ser humano, ou um exército inteiro, aos confins da terra.
> E se as ondas sonoras tomarem a forma das palavras *pátria, liberdade, honra* e no momento oportuno atingirem nossos ouvidos, as ondas podem... crescer até formar uma tempestade que mandará tronos pelos ares e mudará o destino das nações... se as ondas sonoras passarem dos lábios dos mestres para os ouvidos dos discípulos, mesmo num vago sussurro, poderão ressoar através dos continentes com um rugido cada vez maior... e mudar os pensamentos e a vida de milhões de pessoas para direções até então desconhecidas.

É tempo de o conhecimento considerar seriamente as teorias de Tegnér. É preciso compreender que o caminho pode ser longo. Os estudiosos atuais estão comprometidos – talvez predominantemente – no estudo, não dos signos, mas dos componentes dos signos, e sua transformação em signos. Tal preliminar é necessária para a compreensão dos próprios signos. O conhecimento teórico puro sempre deve preceder o conhecimento aplicado. Porém, sem prejuízo de estudos mais profundos, deve o conhecimento estar sempre cônscio do débito que tem para com o homem e a sociedade.

8. POR UMA SEMÂNTICA ESTRUTURAL*
(1957)

1. – A questão que aqui se vai discutir nasceu de uma situação.

Implícita já na noção de *língua* na acepção saussuriana (oposta à *fala*, de um lado, e à *linguagem*, de outro), a idéia de *estrutura* ocupou o espírito de um bom número de lingüistas durante as últimas décadas (não é senão nos anos 30 que os termos *estrutura, estrutural, estruturalismo* se tornam usuais em lingüística) e, sem dúvida, impôs-se ao espírito de todo lingüista nos dois domínios em que se apresenta com uma evidência tão nítida, que a idéia parece indispensável: o plano da expressão (fonemas, grafemas), de uma parte, e o domínio da morfologia, de outra. Alguns abusos à parte, como os cometidos por uma pretensa estilística exclusivamente afetiva e por algumas tendências da fonética

---
* *Pour une sémantique structurale*, nº 159 da bibliografia. Relatório apresentado no VIII Congresso Internacional de Lingüistas sobre a questão: *Em que medida as significações das palavras podem formar uma estrutura?*

experimental clássica, abusos esses que têm em comum o fato de haver perdido de vista a função lingüística dos fatos estudados, a estruturação evidente dos objetos examinados tinha, nos domínios que acabamos de indicar, criado forçosamente e de modo quase inevitável um estruturalismo ao pé da letra, e em todas as épocas se reconheceram ou se estabeleceram sistemas fônicos (ou gráficos) e sistemas morfológicos (ou gramaticais), concebidos a princípio como redes de relações (sobretudo de correlações). Para essas disciplinas, a lingüística estrutural não faz senão fornecer uma fórmula que se adapta, e se adapta particularmente bem; se seguirmos toda a curva do desenvolvimento de nossa ciência, procurando observar os fatos para além da confusão e fazendo abstração dos debates que ainda hoje ecoam à nossa volta, descobriremos talvez, ao longo de uma comparação imparcial, métodos práticos utilizados em matéria de fonologia e de morfologia pela lingüística clássica – e os utilizados pela lingüística estrutural fazem sentir antes uma continuação que uma ruptura –, e a contribuição trazida a essas disciplinas pela lingüística estrutural consiste essencialmente numa tomada de consciência, numa precisão do princípio que dirige o método, método esse que já se revelara inevitável.

Se considerarmos a morfologia e a sintaxe como duas disciplinas distintas entre si (e não como dois eixos que se entrecruzam e permanecem independentes: eixo "associativo" ou paradigmático e eixo sintagmático), a concepção de uma sintaxe estrutural presta-se já, ao contrário da morfologia, às críticas dos espíritos céticos. Assim, acreditamos que uma sintaxe estrutural não será concebível senão sob a condição de abandonarmos o cisma que a separa tradicionalmente da morfologia, de rompermos os compartimentos estanques estabelecidos entre essas duas "disciplinas" e de reconhecermos que correlações (morfológicas) e relações (ou relações sintagmáticas) se condicionam mutuamente e que o segredo do mecanismo gramatical reside no jogo combinado entre categorias morfológicas que contraem relações "sintáticas" (por exemplo, preposições e casos) e unidades sintagmáticas que contraem correlações e formam categorias, e que conseqüentemente os morfemas se devem conceber como os elementos fundamentais que por sua força de relações estabelecem a proposição (Sapir[1]). Somente assim é que a necessidade de um método estrutural de ordem "sintática" se evidencia, e a recção

---

1. E. Sapir, *Language*, 1921, pp. 89 e ss., pp. 133 e ss. [Tradução de J. Mattoso Câmara Jr., *A Linguagem*, São Paulo, Perspectiva, 1980.]

(compreendendo a concordância), fato eminentemente estrutural, reivindica a consideração que lhe é devida.

Se existe um domínio em que o ceticismo, em relação ao ponto de vista estrutural, reencontra o seu verdadeiro campo de aventura e seu verdadeiro terreno de jogo, esse domínio é do *vocabulário*. Em oposição aos fonemas (em sentido amplo) (e aos grafemas, etc.), do mesmo modo que aos morfemas[2], os elementos do vocabulário, os *vocábulos* ou *palavras* têm em particular a circunstância de ser numerosos, talvez mesmo em número em princípio ilimitado e incalculável. Mais: o vocabulário é instável, muda constantemente, num estado de língua há um vaivém incessante de novas palavras que se forjam à vontade e segundo as necessidades, assim como palavras antigas que caem em desuso e desapareçam. Enfim, o vocabulário se apresenta, numa abordagem inicial, como a negação mesma de um estado, de uma estabilidade, de uma sincronia, de uma *estrutura*. Eis por que qualquer tentativa de estabelecer uma descrição estrutural do vocabulário e, com maior razão, uma semântica estrutural, parece estar votada ao fracasso e se torna facilmente presa do ceticismo. Por isso também é que a *lexicologia* continua a ser um compartimento vazio na sistemática de nossa ciência, reduzindo-se forçosamente a não passar de *lexicografia*, ou simples enumeração de um efetivo instável e indeciso de certas grandezas mal definidas às quais se atribui um amontoado inextricável de múltiplos empregos, diferentes e aparentemente arbitrários. Eis, enfim, por que a *semântica*, fruto tardio entre as disciplinas lingüísticas[3], nasceu de um diacronismo e em parte de um psicologismo exclusivos, tendo dificuldades para encontrar suas bases no quadro de uma lingüística estrutural. À diferença da fonologia e da gramática estruturais, uma semântica estrutural dificilmente poderia reclamar predecessores. Há um abismo a separar as antigas tentativas de estabelecer uma semântica universal ou *ars magna*, culminando na *scientia generalis* ou *characteristica generalis*, de G. W. Leibniz[4], mas repousando, pelo princípio do método e pela essência de sua idéia, na *Ars generalis*, de Raimundo Lúlio (século XIII), que, valendo-se de um sistema engenhoso de círculos concêntricos, consegue estabelecer $9^6 = 531.441$ combinações de suas

---

2. Empregamos *morfema* no sentido europeu do termo (cf., por exemplo, *Travaux du Cercle Linguistique de Prague*, IV, p. 321, e J. VENDRYES, *Le langage*, p. 86).

3. Pode-se considerá-la definitivamente fundada desde 1897 por MICHEL BRÉAL *(Essai de sémantique, science des significations)*.

4. G. W. LEIBNIZ, *Dissertatio de arte combinatoria*, 1666.

categorias fundamentais e que são as seguintes (aliás como mostrou L. Couturat[5], permitem elas que se chegue a $511^6 = 17.804.320.388.674.561$ combinações, se nos basearmos num cálculo diferente do de Lúlio):

QUAESTIONES	PRINCIPIA ABSOLUTA	PRINCIPIA RESPECTIVA	SUBJECTA	VIRTUTES	VITIA
UTRUM	bonitas	differentia	deus	justitia	avaritia
QUID	magnitudo	concordantia	angelus	prudentia	gula
QUARE	duratio	contrarietas	caelum	fortitudo	luxuruia
QUOMODO	potentia	principium	homo	temperantia	superbia
EX QUO	cognitio	medium	imaginativa	fides	acedia
QUANTUM	voluntas	finis	sensitiva	spes	invidia
QUALE	virtus	majoritas	vegetativa	charitas	ira
UBI	veritas	aequalitas	elementativa	patientia	mendacioum
QUANDO	gloria	minoritas	instrumentativa	pietas	inconstantia

A lingüística foi libertada dessas especulações graças à separação sempre crescente entre a lingüística, de um lado, e a lógica real ou lógica dos conceitos, de outro. Sem essa cisão histórica, a *ars magna* poderia ter-se tornado, para a lingüística, um impasse comparável ao criado pelas tentativas mais modernas de estabelecer uma fonologia universal ou ciência universal dos sons (ou de fonemas, no sentido de espécies fônicas), com as quais tem em comum exatamente o fato de menosprezar o caráter específico do sistema de um dado estado de língua, e as diferenças entre as línguas. É nesse sentido que se pode qualificar esses ensaios como apriorísticos: por causa do empirismo lingüístico é que eles são refutados. Se o grande princípio de tais tentativas de análise semântica deve ser retomado, sê-lo-á decerto numa base inteiramente diversa: essas tentativas têm o grande mérito de entabular uma análise do conteúdo semântico; não tiveram êxito pela simples razão de ser apriorísticos. Pode-se dizer que fracassaram, não pelo princípio, mas pelo método. No entanto, mesmo o que restou durante algum tempo de seus resultados na lingüística empírica foi condenado a permanecer em estado temporário: tais são as repercussões deixadas pelos grandes quadros semânticos da Idade Média nos *vocabularia harmonica* e compilações poliglotas de ordem lexical[6] que realizam uma espécie de onomasiologia fundada num sistema hierárquico de semântica universal, que constitui por certo um compromisso entre certas necessidades práticas (o pretenso conhecimento de certas noções ou pala-

5. L. COUTURAT, *La logique de Leibniz*, 1901, p. 37.
6. O mais famoso é de P. S. PALLAS, *Linguarum totius orbis vocabularia comparativa*, 1787.

vras "elementares" ou universais que se encontrariam em toda língua), e repercussões, longínquas, é verdade, mas inegáveis, dos grandes sistemas do tipo que nos foi fornecido por Lúlio, cujos *SUBJECTA*, sobretudo, tiveram sucesso: vêem-se quase sempre, à testa dessas listas, noções como "deus", "anjo", "céu", "homem". As repercussões são ainda evidentes nas primeiras tentativas de classificações genéticas: para Joseph Justus Scaliger[7], o principal critério adotado para a classificação das línguas européias é a palavra que significa "deus", que resulta nas quatro famílias: línguas com *deus* ou *Latina matrix*, línguas com ϑεος ou *Graeca matrix*, línguas com *gott* ou *Teutonica matrix*, línguas com *bog* ou *Sclauonica matrix*.

Muito embora o problema do método analítico em semântica permaneça, e permaneça inteiro, desceram-se irrevogavelmente as cortinas sobre as tentativas de outrora, e salvo o próprio princípio, que evoca a necessidade de uma análise, nada há em tais métodos que possa ser retomado por uma semântica estrutural futura. E por que a situação atual da semântica difere profundamente da das demais disciplinas lingüísticas. É por isso que a semântica clássica tendeu a perder-se em ensaios literários de feição quase anedótica[8] e que a semântica estrutural ainda se encontra em seus primeiros passos. Eis por que, enfim, a *estrutura semântica* suscita interesse, sendo natural, na situação presente, que seja colocada no programa de um congresso internacional.

2. – Para poder responder à questão levantada, é preciso primeiro definir o que se entende por *estrutura*. Parece-nos que a lingüística estrutural já cumpriu essa tarefa, fornecendo uma definição fundada sobre argumentos[9]. Permitimo-nos submetê-la à discussão: é a *estrutura* uma *entidade autônoma de dependências internas*. *Estrutura* emprega-se aqui "para designar, por oposição a uma simples combinação de elementos, um todo formado de fenômenos solidários tais, que cada um depende dos demais e só pode ser o que é em e por sua relação com os demais. Essa idéia constitui o centro daquilo que é também chamado teoria das formas"[10]. A teoria da forma, ou das formas, "consiste em conside-

---

7. 1599 (SCALIGERI, *Opuscula varia antehac non edita*, 1610, pp. 119 e ss.).

8. Como os de *Arsène Darmesteter* (*La vie des mots*, 1886) e de seus imitadores.

9. Ver pp. 29-34.

10. ANDRÉ LALANDE, *Vocabulaire technique et critique de la philosophie*, III, 1932, p. 117.

rar os fenômenos não mais uma soma de elementos que é preciso antes de tudo isolar, analisar, dissecar, mas como conjuntos (*Zusammenhänge*) que constituem unidades autônomas que manifestam uma solidariedade interna e têm leis próprias. Segue-se que a maneira de ser de cada elemento depende da estrutura do conjunto e das leis que o regem. Nem psicologicamente nem fisiologicamente o elemento preexiste ao conjunto: não é ele nem imediato nem mais antigo; o conhecimento do todo e de suas leis não poderia ser deduzido do conhecimento separado das partes que o compõem"[11]. Acrescentemos ainda uma citação: é necessário compreender a idéia de *forma* "sobre o modelo de um sistema ao qual não se pode tirar nem acrescentar uma parte sem alterar as outras ou sem determinar um reagrupamento geral"[12]. É sobre uma idéia idêntica que se funda a lingüística estrutural[13]. Como dissemos mais longamente alhures[14], é necessário entender por *lingüística estrutural* um conjunto de pesquisas que repousam numa *hipótese* segundo a qual é *cientificamente legítimo* descrever a linguagem como uma estrutura, no sentido acima adotado para esse termo.

Insistamos ainda (como já o fizemos antes) no caráter hipotético da lingüística estrutural – e, conseqüentemente, na essência, da semântica estrutural. Diz-se simplesmente que é preciso considerar como cientificamente legítimo tentar a experiência de uma semântica estrutural.

Se queremos que a experiência seja feita, é porque estamos persuadidos de que a semântica científica o merece.

Não há nem conhecimento nem descrição científica possível de um objeto qualquer sem recurso a um princípio estrutural – tomando o termo *estrutura* no sentido que acabamos de lhe atribuir. Toda descrição científica pressupõe que o objeto da descrição seja concebido como uma estrutura (portanto, *analisado* segundo um método estrutural que permita reconhecer relações entre as partes que o constituem) ou como parte de uma estrutura (portanto, *sintetizado* com outros objetos com os quais contrai relações que tornam possível estabelecer e reconhecer um objeto mais extenso do qual esses objetos, com o objeto considerado, são partes). Permitimo-nos remeter o leitor a um artigo (ver pp. 35-44) em que argumentamos em favor desta hipótese. A hipóte-

11. Ed. Claparède, em ANDRÉ LALANDE, *op. cit.*, III, p. 55.
12. P. GUILLAUME em *Journal de Psychologie*, 1925, p. 797 (cf. ANDRÉ LALANDE, *loc. cit.*).
13. Ver BRØNDAL em *Acta Linguistica*, I, p. 6.
14. Ver pp. 35-44.

se aliás é manifestamente corroborada pelo desenvolvimento histórico e pelo estado atual da semântica. Foi dito acima que a lexicologia (*desideratum* evidente de uma lingüística que se diz sistemática) reduziu-se forçosamente ao papel de simples lexicografia; e por quê? A resposta não está longe: é que se fica ante a escolha fatal entre uma descrição estrutural e uma descrição não-científica que se reduz à pura enumeração. O mesmo acontece, aliás, com a semântica que se contente com uma existência puramente anedótica.

Poder-se-ia objetar que, se assim fosse, a adoção de um método estruturalista não seria imposta pelo objeto da investigação, mas escolhida arbitrariamente pelo investigador. Retorna-se assim ao antigo problema, debatido na Idade Média, de saber se as noções (conceitos ou classes) separadas pela análise resultam da própria natureza do objeto (*realismo*) ou se resultam do método (*nominalismo*). Este problema é evidentemente de ordem epistemológica e ultrapassa os quadros da presente exposição e a competência do lingüista enquanto tal. Por outro lado, está ele, por força, presente ao espírito tanto do lingüista moderno quanto do físico e, de modo geral, de todos os cientistas comprometidos com questões metodológicas. Cremos também que tal problema pertence àquela categoria para cuja solução a epistemologia fica reduzida a recorrer, numa medida bastante ampla, às ciências especiais e a tirar proveito de suas experiências. Acreditamos igualmente que a lingüística poderá contribuir para a sua solução. O problema impõe-se mais fortemente na semântica, cujo método está atualmente menos desenvolvido; mas em princípio não se impõe menos para o estudo da expressão[15]. De resto não é preciso acreditar que a solução nominalista sirva só para permitir mais de uma análise possível de um mesmo objeto[16]. Mesmo no caso em que haja mais de uma análise possível, o realista continua livre para crer que o equívoco é inerente à natureza do objeto submetido à análise. Isso equivale a dizer que a solução, seja pelo realismo, seja pelo nominalismo, do problema epistemológico enquanto problema teórico não é pertinente para o lingüista, e que o lingüista enquanto tal pode afastá-lo. O problema se reduz ao método de escolher e aos princípios escolhidos para a análise. A questão do método e dos princípios de análise cabe sobretudo a

---

15. O problema foi discutido recentemente em lingüística americana sob a divisa *God's truth*, oposta a *hocus-pocus linguistics*.
16. Cf. Y. R. CHAO, "The Non-Uniqueness of Phonemic Solutions of Phonetic Systems", *in Bulletin of the Institute of History and Philology, Academia Sinica*, IV, 4, Xangai, 1934, pp. 363-397.

cada ciência especial. É assim que as ciências especiais têm repercussões sobre a epistemologia geral, e o problema permanece comum à lingüística e à epistemologia. A questão do método e dos princípios de análise se define nos quadros de uma dada ciência – da lingüística, no caso –, permitindo generalizações que ultrapassam os quadros dessa ciência. Desde que se coloque esse problema, a atitude nominalista fica desprovida de seu caráter presumivelmente arbitrário, não dando de forma alguma motivo a malabarismos. Qualquer que seja a atitude adotada, realista ou nominalista, o problema do método é o único que permanece permanente. De um ponto de vista bem geral, pode-se aplicar-lhe o termo realista *empirismo*, suscetível de uma definição nominalista. Esse fato permanece, mesmo que a definição ainda esteja sujeita a discussão[17].

3. – Introduzir a noção de *estrutura* no estudo dos fatos semânticos é introduzir a noção de *valor* lado a lado com a de *significação*, segundo o método que de maneira nítida e fundamental foi exposto no famoso capítulo[18] do *Cours de linguistique générale*, de F. de Saussure, que reúne, como no foco de uma lente, as idéias constitutivas da lingüística analítica. Tirando-se as conseqüências lógicas dessas idéias, conseqüências essas que foram tiradas pela lingüística moderna para a teoria da expressão e que devem ser tiradas na mesma medida que a do conteúdo, chega-se a estabelecer o princípio de uma semântica estrutural.

A função decisiva é a *comutação*[19], ou correlação que contrai uma relação com uma correlação do plano oposto da língua. Dois membros de um paradigma pertencente ao plano da expressão (ou ao significante) são ditos *comutáveis* (ou *invariantes*) se a substituição de um pelo outro pode levar a uma substituição análoga no plano do conteúdo (ou no significado); e, inversamente, dois membros de um paradigma do conteúdo são comutáveis se a substituição de um pelo outro pode levar a uma substituição análoga na expressão. Dois membros de um paradigma que não são comutáveis podem ser chamados de *substituíveis* (ou *variantes*). Podem-se, se necessário, ampliar essas noções de modo a

---

17. Cf. meus *Prolegomena to a Theory of Language*, p. 6.
18. F. DE SAUSSURE, *Cours de linguistique générale*, cap. IV, particularmente § 2.
19. Ver ELI FISCHER-JØRGENSEN, "The Commutation Test and its Application to Phonemic Analysis", *in For Roman Jakobson*, pp. 140 e ss.

valer não só para os paradigmas, mas também para as categorias (por exemplo, a categoria dos casos, não importando a distinção entre os diversos paradigmas que ela comporta: paradigmas pronominais, nominais, etc.; a categoria das consoantes, não importando a distinção entre posição inicial e final da sílaba, etc.), admitindo-se assim a existência de variantes "contextuais" ou "combinatórias", das quais cada uma resulta de seu paradigma, ao lado das variantes livres, que resultam de um mesmo paradigma. Há *sincretismo* no caso especial em que, em condições sintagmáticas determinadas, uma comutação é obrigatoriamente suspensa (e, em consequência, suprida por uma substituição): assim, a comutação que se observa em latim e em alemão, no plano do conteúdo, entre o nominativo e o acusativo, é suspensa sob o domínio do neutro (*bonum, gutes*) e cede, nesta condição, o lugar a um sincretismo entre os dois casos.

Tal é, como se sabe, o princípio fundamental do procedimento ao qual aqui nos limitamos.

Assim como, partindo-se do plano da expressão, se constata que [s] e [z] (*s* surdo e sonoro) são comutáveis em francês (veja-se *coussin : cousin; poisson : poison*); em inglês (*hiss : his, princess : princes*) e em algumas outras línguas, mas substituíveis em dinamarquês por exemplo, e que em um bom número de línguas (conquanto de diferentes maneiras) há comutação entre a série de consoantes conhecidas sob o nome de *oclusivas* (*p, t, k*) e a conhecida como *mediae (b, d, g)*, mas substituição em finlandês por exemplo, pode-se, partindo-se do plano de conteúdo, constatar que entre "masculino" e "feminino" (ou "macho" e "fêmea") há comutação no pronome pessoal do francês (*il : elle*), do inglês (*he : she*) e de outras línguas, mas substituição no do finlandês, do húngaro e do chinês, porquanto nessas línguas a substituição de uma dessas grandezas semânticas por outra no pronome pessoal não pode levar a uma substituição análoga na expressão: *il* e *elle* exprimem-se indiferentemente em finlandês por *hän*, em húngaro por *ö*, em chinês por ⁻*thã*.

Identicamente, para considerar tão-só os signos não compostos, as quatro grandezas semânticas *frère aîné, frère cadet, soeur aînée* e *soeur cadette* são todas mutuamente comutáveis em chinês e em húngaro, enquanto na maioria das línguas européias há, nesses signos, substituição entre *aîné* e *cadet*, e o malaio apresenta uma substituição ao mesmo tempo entre *aîné* e *cadet* e entre *frère* e *soeur*[20]:

---

20. Esse exemplo é clássico e foi estudado desde 1861 por August

	húngaro	francês	malaio
frère aîné	bátya	*frère*	*sudarā*
frère cadet	öccs		
soeur aînée	néne	*soeur*	
soeur cadette	húg		

De maneira geral, os nomes de parentesco oferecem materiais particularmente instrutivos e facilmente abordáveis pela comparação das línguas do ponto de vista da comutação e da substituição, sobretudo porque esses termos são amiúde particularmente bem definidos e porque a comparação é com freqüência fácil de operar. A comparação se complica, mas torna-se de certo ponto de vista ainda mais impressionante, desde o momento em que revela uma falta de congruência entre as estruturas examinadas, como no exemplo[21].

francês	alemão	dinamarquês
arbre	*Baum*	*trae*
bois	*Holz*	
forêt	*Wald*	*skov*

Esses exemplos, que poderiam ser multiplicados, bastam para elucidar o princípio e para permitir que se tirem as conseqüências necessárias. Do próprio princípio da comutação decorre a necessidade de reconhecer, no interior da própria língua, dois planos: o do conteúdo e o da expressão. Em termos saussurianos: o signo é o total do significado e do significante. E ainda mais: o signo é estabelecido pela relação que reúne essas duas faces. É ainda a comutação que faz ver que essa relação constitutiva do signo, essa *função semiótica* que é constitutiva da própria língua, muda de um estado de língua para outro, e que por conseguinte a estrutura do conteúdo, assim como o da expressão, difere segundo os estados de língua que se observem. É pela prova da comutação que se conseguem separar as diferenças estruturais entre os estados de línguas e dar um primeiro passo decisivo rumo a uma tipologia lingüística. Com efeito, somente a prova da comutação é que permite determinar o número dos membros de uma categoria reconhecida por um dado estado de língua, e as comparações permitem demonstrar que esse número pode ser bem diferente: o

---

Friedrich Pott; ver H. STEINTHAL, *Charakteristik der hauptsächlichsten Typen des Sprachbaues*, remanejado por FRANZ MISTELI, 1893, p. 1.

21. *Prolegomena to a Theory of Language*, p. 34.

efetivo de casos, preposições, tempos, modos, conjunções, etc., etc. pode diferir inteiramente ao passar-se de uma língua para outra. E isso não é tudo: a prova da comutação e as comparações que ela permite estabelecer demonstram freqüentemente que os membros de uma categoria são diferentemente agenciados do ponto de vista paradigmático, que os limites entre os membros não se encontram (como no exemplo de *árvore : bosque : floresta*) ou que pode haver participação (ou substituição facultativa) entre eles (por exemplo, suprimento de um membro "marcado" por um "não-marcado"; por exemplo, em grande número de sistemas de gêneros gramaticais, suprimento do feminino pelo masculino, e, nos sistemas de tempo, suprimento freqüente do pretérito e do futuro pelo presente). Tudo isso adverte de um modo decisivo contra qualquer tentativa de tomar como base as classificações extralingüísticas: "Em todos esses casos surpreendemos, pois, em vez de *idéias* dadas por antecipação, *valores* que emanam do sistema" (F. de Saussure)[22]. É a descoberta da comutação, bem como do princípio da arbitrariedade do signo, que salvaguarda o método empírico e interdita todo e qualquer retorno à *ars magna*.

4. – Resta mostrar o lugar exato do *valor* em relação à *significação*. A luminosa exposição de *Cours*, de F. de Saussure, nos esclarece particularmente bem sobre essa questão[23]:

O valor, tomado em seu aspecto conceitual, é por certo um elemento da significação, e torna-se bastante difícil saber como esta última se distingue dele, por estar sob sua dependência... Fazendo parte de um sistema [a palavra] se revestiu não somente de uma significação, mas também e sobretudo de um valor, o que é algo bem diferente... Quando se diz que [os valores] correspondem a conceitos, subentende-se que estes são puramente diferenciais, definidos, não positivamente, por seu conteúdo, mas negativamente, por suas relações com os demais termos do sistema. Sua característica mais exata é que eles são aquilo que os outros não são... é, bem entendido, que esse conceito nada tem de inicial, que não é senão um valor determinado por suas relações com outros valores similares, e que sem eles a significação não existiria...

A prova da comutação permite operar a distinção fundamental e decisiva entre *forma* e *substância*, tanto no plano do conteúdo como no da expressão[24]. A relação entre forma e subs-

22. F. DE SAUSSURE, *Cours de linguistique générale*, cap. IV, § 2, final.
23. *Op. cit.*, cap. IV, § 2.
24. Ver pp. 45-77.

tância é arbitrária no mesmo sentido em que o é a relação entre conteúdo e expressão: a arbitrariedade do signo encontra-se assim desdobrada numa arbitrariedade entre forma e substância em cada um dos dois planos.

Sem considerar ainda o valor, é a significação que constitui o domínio próprio da substância do conteúdo. Em relação à forma do conteúdo, a significação tem justamente isto de particular, o ser arbitrária, assim como a fonação em relação à forma da expressão. A forma, por seu lado, é constituída pelas funções (relações sobre o eixo sintagmático, correlações sobre o eixo paradigmático) contraídas pelas grandezas que ela comporta, ou, mais exatamente, as funções que definem essas grandezas.

O valor procede da significação ou da forma do conteúdo, assim definidas? A um primeiro exame, poderia parecer que o valor está a cavaleiro das duas: por oposição à *forma pura*, definida pelas funções internas, o valor poderia afigurar-se representando a *forma material*, a maneira pela qual a substância se curva à forma pura. Cremos, no entanto, ser isto um erro que não estaria em conformidade com a noção de valor tal qual ela é concebida por F. de Saussure. Tendo um caráter puramente diferencial, opositivo e negativo, o valor nada tem de semântico. O valor, tomado no sentido saussuriano, é, nos dois planos da língua, *o elemento que serve para definir o arranjo paradigmático das correlações*. O número de termos é que define o efetivo de uma categoria e de um paradigma, determinando o campo de ação de cada um dentre eles *em potencial*; as participações possíveis (ou substituições facultativas) de que se acaba de falar, e o sentido que elas são chamadas a tomar – tudo isso se observa e se prediz sem qualquer recurso à substância. É assim que se pode constatar a identidade do sistema dos gêneros gramaticais em latim e em alemão, ou o dos tempos (não compostos) em inglês, em dinamarquês e em alemão, compreendendo tudo o que resulta do valor, mas sem introduzir nenhum elemento de significação.

Do próprio princípio de arbitrariedade da manifestação, *i.e.*, da relação entre forma e substância, decorre a conseqüência lógica de que uma mesma forma pode revestir diversas substâncias. No estado atual das pesquisas, esse fato aparece com uma nitidez particular no plano da expressão, em que se apresenta com muita freqüência à observação imediata: uma mesma forma pode ser manifestada, por exemplo, por uma substância fônica e por uma substância gráfica. Esse exemplo é útil para demonstrar a distinção exata entre forma e substância, e a posição exata do valor em relação a tal distinção. Não somente tudo o que é relacional, mas também tudo o que é correlacional e diferencial, concerne à forma e permanece independente dos fatos materiais da manifestação. Acrescentemos a isso um elemento material de ordem especificamente fônico ou especificamente gráfico, e estaremos em face de um fato de substância. O fato diferencial permanece como um fato de forma, e de forma pura, sob a condição de que não se acrescente, na definição, um traço diferencial de ordem fônica ou gráfica.

Que o valor permaneça assim como um elemento de forma pura torna-se evidente, aliás, pelas comparações estabelecidas por F. de Saussure com o jogo de xadrez e os valores econômicos: "Não somente um outro cavalo, mas até uma figura desprovida de qualquer semelhança com este será declarada idêntica, contanto que se lhe atribua o mesmo valor"[25]. Uma moeda de prata é cambiável por outra de um metal diferente ou por outra moeda, uma cédula, uma letra de câmbio, um cheque; "não é o metal de uma moeda que lhe fixa o valor"[26].

Ajuntemos, para completar, que o que vale para a descrição do valor vale também para a das variantes. Uma vez dadas as funções formais, um simples cálculo matemático permite predizer-lhes o número possível (para as variantes contextuais um número limitado e exatamente definido, para as variantes livres – de cada variante contextual – um número em princípio ilimitado). No momento em que acrescentamos uma descrição dos sons pronunciados ou dos traços de pena, *mas não antes desse momento*, estamos no domínio da substância[27].

Para descrever uma manifestação das invariantes, podem-se escolher diversos procedimentos, dos quais o mais satisfatório parece ser o de estabelecer por abstração um "conceito" ou termo genérico, tendo em conta tanto quanto possível todas as manifestações de variantes que se podem constatar como possíveis[28]. É assim que no plano da expressão se devem definir o *fonematema* e o *grafematema* (o *fonema* e o *grafema*). O mesmo ocorre com o procedimento que permite definir o *sematema*, reunindo num "conceito" ou termo genérico as significações particulares que se podem considerar como possíveis, partindo-se de um uso dado do qual se pode deduzir, conforme esse procedimento, uma norma. Mas fonematema (fonema), grafematema

---

25. F. DE SAUSSURE, *Cours de linguistique générale*, cap. III, *C*; cf. também cap. V, final.
26. F. DE SAUSSURE, *op. cit.*, cap. IV, § 3.
27. Cf. *Prolegomena to a Theory of Language*, pp. 52-54.
28. Cf. pp. 241 e ss.

(grafema) e sematema não se confundem, de forma alguma, com o valor; permanecem, ao contrário, nitidamente distintos. Constituem a *forma material*; mas "forma material" quer dizer apenas um reflexo da forma pura, projetada sobre a substância e que se nutre de seus benefícios, sendo obtido por uma indução acrescida de significações particulares, que, da mesma maneira, são as projeções materiais das variantes oferecidas pela forma pura.

Esperamos que estas considerações permitam, já agora, responder à questão de saber em que medida as significações podem ser consideradas uma estrutura. Elas podem – e devem – ser assim consideradas por duas razões: 1) porque as significações particulares dependem de um cálculo de variantes que se deduzem logicamente das relações possíveis previstas na descrição da forma; e 2) porque as "significações" gerais, ou sematemas, dependem de valores que resultam igualmente da forma e definem as correlações possíveis. As significações, aliás, não se confundem de forma alguma com as variantes, nem tampouco com os valores; variantes e valores são de ordem diferente.

A essa resposta podem-se acrescentar três observações: sobre os *níveis de significações* (§ 5), sobre a *análise dos signos* (§ 6) e sobre os *níveis da análise semântica* (§ 7).

5. – A substância semântica comporta diversos *níveis*[29]; os níveis extremos, ao mesmo tempo os níveis mais importantes e mais conhecidos, são, de um lado, o nível físico, e, de outro, o nível de percepção e avaliação ou apreciação coletiva. Para dar uma descrição exaustiva e adequada do conjunto, é mister, evidentemente, descrever todos os níveis e suas relações mútuas. Pelo que respeita a estas últimas, há entre os níveis uma ordem hierárquica que convém especificar. É de toda a evidência a descrição por avaliação, que se impõe imediatamente, e o nível de apreciação constitui a constante pressuposta (selecionada) pelos outros níveis, compreendendo o nível físico (que, como se sabe, pode faltar), que permite, entre outras coisas, perceber de uma maneira cientificamente válida as "metáforas". Não é pela descrição física das coisas significadas que se conseguiria caracterizar o uso semântico adotado em uma comunidade lingüística pertencente à língua que se deseja descrever, mas, pelo contrário, pelas avaliações adotadas por essa comunidade – apreciações coletivas e opinião

---

29. Uma exposição mais extensa da questão dos níveis de substância encontra-se em "A estratificação da linguagem", às pp. 60 e ss.

pública. A descrição semântica deve, pois, consistir antes de tudo numa aproximação da língua às demais instituições sociais e constituir o ponto de contato entre a lingüística e os demais ramos da antropologia social. É assim que uma só "coisa" física pode receber descrições semânticas bem diversas segundo a civilização considerada. Isso não é válido somente para os termos de apreciação imediata, tais como "bom" e "ruim", "bonito" e "feio", nem somente para as coisas criadas diretamente pela civilização, tais como "casa", "cadeira", "rei", mas também para as coisas da natureza. Não apenas "cavalo", "cachorro", "montanha", "pinheiro", etc. serão definidos diferentemente numa sociedade que os conhece (e os *re*conhece) como coisas nativas e numa outra para a qual permanecem como fenômenos estranhos. Mas o elefante é algo muito diferente para um hindu ou um africano que o utilizam e o cultuam, que o temem ou o amam, e, por outro lado, para uma sociedade européia ou americana, para a qual o elefante existe apenas como um objeto de curiosidade exposto num jardim zoológico e nos circos ou exposições. O "cachorro" receberá uma definição semântica inteiramente diversa entre os esquimós, onde é um animal de tração, entre os parses, de quem é o animal sagrado, numa sociedade hindu, onde é renegado como pária, e nas sociedades ocidentais, onde é sobretudo o animal doméstico para a caça ou a vigilância. Em todos esses casos a definição zoológica seria, do ponto de vista lingüístico, nitidamente insuficiente. Cumpre compreender que não se trata de uma diferença de grau, mas de uma diferença essencial e profunda. Em relação aos hábitos tradicionais não será necessário dizer que em uma sociedade o cachorro é o animal desprezado, mas, inversamente, que o animal desprezado é o cachorro, e percebe-se que uma mesma definição pode valer, segundo as sociedades e conseqüentemente segundo as línguas, para "coisas" diferentes em vários aspectos; entrevê-se a possibilidade de que o ser desprezado pode ser, numa sociedade, o cachorro, numa outra a prostituta, numa terceira a feiticeira ou o carrasco, e assim por diante. Percebe-se que tais definições semânticas terão graves repercussões na análise puramente formal das unidades em questão.

6. – Não só há diversos níveis da substância semântica, como também as próprias unidades são de vários níveis: signos mais extensos (por exemplo, palavras), signos mínimos (raiz, afixo) (exemplo: in-de-com-pon-íve-is), partes de signos. Ao nível do

signo (da palavra, por exemplo, o efetivo das unidades é com freqüência ilimitado; por exemplo, os nomes substantivos de uma língua constituem normalmente uma *classe aberta*. A essas classes abertas, contudo, opõem-se as *classes fechadas*: palavras-instrumentos, afixos, desinências, etc. – por exemplo, a classe das preposições, a das conjunções, e, de maneira geral, tudo o que se conhece sob a designação de classes gramaticais; mas as classes fechadas encontram-se no domínio próprio do léxico: entre os adjetivos primários há, muito freqüentemente, pequenas classes fechadas, amiúde com apenas dois membros: "grande" : "pequeno"; "comprido" : "curto"; "bonito" : "feio"; "quente" : "frio". Uma descrição estrutural só se poderá efetuar sob a condição de poder reduzir as classes abertas a classes fechadas. Na descrição estrutural do plano da expressão, tem-se conseguido operar essa redução, concebendo-se os signos como compostos de elementos dos quais um efetivo relativamente baixo basta para levar a cabo a descrição. Cumpre utilizar um procedimento análogo para a descrição do plano do conteúdo[30]. Existem casos evidentes, e há muito conhecidos, em que o conteúdo de um signo é decomponível segundo um princípio análogo ao determinado pela decomposição da expressão. Assim, do mesmo modo que a desinência latina *–ibus* se compõe de quatro elementos de expressão: *i, b, u* e *s*, compõe-se ela de dois elementos de conteúdo, a saber: "dativo/ablativo" e "plural". Assim como o signo inglês *am* se compõe de dois elementos de expressão, *a* e *m*, compõe-se de cinco elementos de conteúdo: "*be*" (ser) + "1ª pessoa" + "singular" + "presente" + "indicativo". Esses elementos se separam, como todos sabem, nos dois planos pela prova da comutação. É esse procedimento que convém generalizar. Resta concluir um trabalho enorme que ordene todos os fatos lexicais do ponto de vista desse princípio. Mas um grande trabalho preparatório já foi feito pela lexicografia: as definições lexicográficas dos dicionários monolíngües são com efeito uma primeira e importante aproximação dessa tarefa. Acrescentemos que freqüentemente se poderá constatar um *sincretismo* de dois ou vários elementos no conteúdo de um só signo; assim, a raposa é um animal *roux* (ruivo) e *rusé* (astuto), etc. Acrescentemos também que com freqüência um elemento que entra em um signo pertencente a uma classe aberta pode se identificar com um outro conhecido pertencente a uma classe fechada: assim, "masculino"

---

30. Tratei mais longamente dessa possibilidade em *Prolegomena to a Theory of Language*, pp. 42 e ss.

e "feminino" (ou "macho" e "fêmea") em "boi" e "vaca", etc. (morfemas tematizados e convertidos[31]).

7. – A decomposição do signo que estamos considerando não tem como conseqüência o abandono da descrição semântica dos signos em sua totalidade, e mesmo dos signos de extensão diferente e pertencentes a níveis diferentes. Ainda aqui a analogia com a análise da expressão e com a descrição fonológica, por exemplo, é absoluta. A descrição não se reduz a uma pura descrição da pronúncia dos fonemas isolados: ao contrário, a descrição completa exige que se acrescente a pronúncia das frases, das sílabas, da "palavra fonética". Da mesma maneira, a descrição semântica não se reduz à pura descrição semântica dos elementos de conteúdo separados pela análise, mas subsiste a necessidade de descrever a manifestação das unidades maiores. A *significação da palavra*, antes como depois da análise, permanece como um assunto essencial da semântica, e a "palavra semântica", a palavra lexical, ou a palavra pura e simples reclamam os seus direitos. Combinando, desse modo, os níveis de signos com a consideração dos níveis semânticos, chegaríamos a uma *lexicologia* em princípio análoga à proposta recentemente por G. Matoré[32], "disciplina sociológica que utiliza o material lingüístico que são as palavras". Encontrando-se as *"palavras-chaves"* características de uma sociedade numa dada época, e separando-se a rede funcional das palavras subordinadas que delas dependem, assim como a hierarquia que as determina, a semântica, assim concebida, tornar-se-á o corolário ou a vedeta da história e, de maneira geral, da antropologia social. Em matéria de lingüística, a palavra-chave *estrutura* forneceria uma ilustração: é, com efeito, a palavra que se acha à testa da lingüística atual.

---

31. Ver meu ensaio "A natureza do pronome", às pp. 211-218.
32. G. MATORÉ, *La méthode en lexicologie*, 1953.

9. A ESTRUTURA MORFOLÓGICA*
(1939)

a) MÉTODO

1. Método apriorístico e empírico

1.1. A *estrutura* é o traço constitutivo de uma língua, assim como, de modo geral, de um sistema. A estrutura decorre do fato de que as partes do sistema dependem umas das outras e não existem senão em virtude dessa dependência, e de que as dedependências, por seu turno, dependem igualmente umas das outras. Quem diz estrutura diz *dependência* entre os fatos de um sistema (isto é, entre as partes de um sistema e entre as dependências que elas envolvem). Portanto, estudar uma estrutura é estudar dependências. Para reconhecer uma estrutura segundo o seu princí-

---

* *La structure morphologique*, nº 47 da bibliografia. Relatório apresentado ao V Congresso Internacional de Lingüistas (impresso antes da data do congresso; a sessão prevista para a apresentação não se realizou, em virtude da Guerra Mundial). Reproduzido aqui com alguns cortes.

pio inerente e constitutivo, é preciso colocar-se desde logo no terreno das dependências e tomá-las como norma de todas as classificações. É essa atitude que gostaríamos de qualificar, aqui, simplesmente de empírica. Qualquer outra atitude desconheceria o princípio inerente e constitutivo da própria estrutura, sendo por isso designada como *aprioristica*.

Consideramos como primeira tarefa do relacionador o ato de proceder ao inventário do atual estado dos estudos com respeito ao método apropriado. Nosso primeiro dever é, pois, indicar se a estrutura morfológica foi até aqui estudada segundo um método empírico ou não. Antes de responder a isso, no entanto, gostaríamos de inserir, para facilitar nossa exposição, algumas precisões prévias sobre a própria noção da dependência (1.1.1 – 1.1.2) e sobre a definição do método adotado) (1.1.3).

1.1.1. Em virtude do princípio geral (válido para toda operação científica) que afirma que a solução mais simples é preferível a todas as soluções mais complicadas, é supérfluo descrever à parte as dependências, cuja existência é a conseqüência lógica ou mecânica de outras dependências e que não existem senão em virtude dessas outras dependências.

O imperfeito do indicativo apresenta em francês, alternativamente, a significação de um passado imperfeito e a do "irreal" suposto. Esse fato constitui em francês uma dependência entre as duas significações em apreço; mas essa dependência existe tão-só em virtude da dependência separada entre cada uma dessas significações e o imperfeito do indicativo. O que reúne as duas significações é a forma gramatical, e nada mais. Sem a forma gramatical não haveria em francês qualquer dependência entre as duas significações. Basta, pois, constatar a dependência entre o imperfeito do indicativo, de um lado, e as duas significações, do outro, para se deduzir logicamente, e por uma operação imediata, a dependência que existe entre as duas significações.

A descrição de uma estrutura, por conseguinte, é esgotada pela descrição dessas dependências, que não são puramente dependentes, e o princípio da simplicidade requer que se leve a estrutura a uma rede de tais dependências. Essas dependências podem receber o nome de *funções*; as dependências puramente dependentes, o de *relações*. Em essência, há uma função entre o imperfeito do indicativo francês, de uma parte, e as duas significações do passado imperfeito e do "irreal" suposto, de outra; entre as duas significações há uma relação que decorre mecanicamente da função constatada. Basta, pois, constatar a função para que se possa concluir a relação. Descreve-se uma estrutura, descobre-se-lhe o mecanismo, reduzindo-se as dependências, que ela comporta, a *funções*.

O princípio que acabamos de enunciar vale para toda estrutura e para todo sistema. Mas estimamos que em matéria lingüística ele apresenta uma importância particular. Há duas considerações, sobretudo, que nos levam a insistir nisso:

1) A famosa máxima segundo a qual *tudo se baseia no sistema de uma língua* foi com freqüência aplicado de maneira demasiado rígida, demasiado mecânica e demasiado absoluta. Convém guardar as devidas proporções. Importa reconhecer que tudo se baseia, mas que nem tudo se baseia na mesma medida, e que ao lado das interdependências há também dependências puramente unilaterais, bem como puras constelações. O sistema lingüístico é de uma flexibilidade mais delicada do que a máxima pré-citada, tomada ao pé da letra, poderia fazer supor; e se é verdade que o sistema se mantém, a tarefa do lingüista é descobrir em que medida ela se mantém, e em que pontos não se mantém. A estrutura não se confunde com a interdependência; a própria noção de estrutura implica a possibilidade de uma independência relativa entre certas partes do sistema. Descrever a estrutura é levar em conta ao mesmo tempo dependências e independências.

2) Negligenciando o princípio, limitamo-nos, no domínio das significações, a uma descrição mecânica e exterior e corremos o risco de ignorar a face essencial do problema semântico. Negligenciar o fato de que a função entre a forma gramatical e as significações particulares privilegia a relação entre estas é hipostasiar essa relação e reduzir a definição semântica da própria forma a um simples repertório de significações diferentes; da mesma maneira se substituiria a significação fundamental, a idéia platônica encerrada na forma, uma família de significações particulares que se reduziria a um amontoado caótico, e isso não seria remediado pelo sucedâneo que consiste em designar-lhes, a título de nome de família, alguma significação geral, ou em conferir a uma dentre elas, escolhidas arbitrariamente, os títulos de chefe de família ou de significação principal; não seria mais razoável considerar a pretensa significação geral como um feixe de qualidades semânticas e conferir a uma delas, escolhida segundo um princípio não menos arbitrário, os títulos de marca pertinente (relevantes, *Merkmal*); tal procedimento, que parece estar-se tornando moda atualmente, por uma fonologização da semântica, não constitui mais do que um outro aspecto da teoria da família de

significações ou da significação principal, e sofre dos mesmos inconvenientes.

Uma variante (assim como uma qualidade) é sempre função de uma forma; uma significação particular (ou uma qualidade semântica) – seja ela "principal" ("pertinente") ou não – é sempre função de uma significação fundamental, que não se confunde com a significação "geral" mas dela difere por seu mais alto grau de abstração e da qual se pode, não separar mecanicamente, mas deduzir logicamente as significações particulares.

(Desde já, não dissimularemos que o método empírico implica a necessidade de um procedimento dedutivo; voltaremos a esse ponto [a 2]. As formas gramaticais e suas significações constituem em qualquer língua uma hierarquia que não se separa senão dedutivamente. É por isso que nos é possível mostrar aqui como o princípio enunciado poderia se aplicar ao exemplo acima invocado: as duas significações particulares constatadas no imperfeito do indicativo francês se deduzem da significação fundamental dessa forma; mas, por sua vez, a significação fundamental do imperfeito se deduz da do aspecto em geral, e a do aspecto se deduz da dos morfemas ditos verbais, e assim por diante. A definição semântica de qualquer forma gramatical pressupõe todo um procedimento dedutivo e irreversível que só conhece sua própria ordem e para a qual não existe senão uma entrada possível.)

1.1.2. As funções constituem, pois, o princípio que se acha por trás do da dependência; são, em conseqüência, o verdadeiro princípio inerente e constitutivo da estrutura. É em razão dessa circunstância que a tarefa do lingüista consiste em reduzir as dependências a funções. Isso permite precisar o que se deve entender pelo método que denominamos empírico: é o método que se coloca desde o início no terreno das *funções* e as toma como norma de todas as classificações. Qualquer outro método negligenciaria o princípio fundamental da própria estrutura e seria apriorístico. Em face de uma estrutura, o método empírico é o método *funcional*.

O sistema lingüístico é um sistema semiológico. Num tal sistema, a função principal, a que serve para diferenciar o sistema semiológico de qualquer outro sistema e lhe constitui a *differentia specifica* e o traço fundamental, é a função que estabelece o *signo* enquanto tal, a função que reúne o significante e o significado ou a expressão e o conteúdo, noutros termos, o liame que reúne cada significado com o seu ou os seus significantes respectivos, e inversamente, e o próprio fato de que um pensamento pode tornar-se significado e de que uma fonação pode tornar-se significante. A condição mais elementar de um método empírico é, pois, respeitar essa função fundamental e tomá-la como norma de todas as classificações.

Apenas essa função semiológica fundamental permite levantar, para um dado sistema lingüístico, o inventário dos valores que lhe pertencem, por meio desse procedimento a que chamamos prova da *comutação*[1] e que consiste em reconhecer tantos valores quantas forem as quantidades semânticas que, substituindo-se umas às outras, podem conduzir a uma mudança da expressão. Se em um nome do grego antigo se substitui a idéia de "vários" pela idéia de "dois", essa substituição pode conduzir a uma mudança da expressão (da forma exterior do nome), ao passo que a mesma substituição, operada num nome francês, não pode ter esse efeito; eis a razão necessária e suficiente para reconhecer que o grego antigo possui um número dual e que o francês não possui. A mesma prova nos obriga a reconhecer três gêneros no nome alemão, dois no nome francês e nenhum no nome inglês; três artigos (artigo "definido", artigo "indefinido" e artigo zero) em inglês, dois em grego antigo e nenhum em latim. É ainda essa prova que permite reconhecer que o latim não admite a distinção, admitida pelo grego, entre o subjuntivo e o optativo, e assim por diante.

A violação mais grave do método empírico seria, pois, a de negligenciar a própria função semiológica e a prova de comutação que dela decorre, desprezando o fato elementar que é a expressão (o significante), que decide do número e da delimitação dos valores do conteúdo (ou do significado). A gramática que não levasse em conta a expressão constituiria o mais flagrante modelo de uma gramática *a priori*.

Mas a função semiológica não é a única que conta no sistema de uma língua; há outras funções que se devem levar em conta ao mesmo tempo. Os valores minimais de que acabamos de falar (no caso, os morfemas) não são as únicas quantidades funcionais da língua. Um valor é função da categoria à qual pertence, e a categoria é por sua vez função de uma categoria mais ampla. Ainda aqui estamos em face da dedução hierárquica que só conhece sua própria ordem, e as delimitações que ela impõe não admitem

---

[1]. Ver principalmente nossos artigos "Neue Wege der Experimentalphonetik" (*Nordisk Tidsskrift for Tale og Stemme*, II), pp. 154, 158, e "Über die Beziehungen der Phonetik zur Sprachwissenschaft" (*Archiv für vergleichende Phonetik*, II, p. 128 (tiragem à parte, p. 14).

qualquer infração. Estabelecer uma categoria que apenas se reconhece pela função seria ainda negligenciar as exigências do método empírico; uma categoria é definida por sua função no seio de um sistema, isto é, por uma função entre signos, e qualquer outra categoria admitida pela teoria seria por definição uma intrusa apriorística.

Esses dois pecados contra o método – o de negligenciar a função semiológica e o de negligenciar a função das categorias – combinam-se facilmente, um conduzindo ao outro. Em virtude da interdependência das funções, a comutação deve sempre realizar-se no interior de uma só e mesma categoria. Ora, à força de negligenciar os limites entre as categorias (noutros termos, à força de negligenciar as funções que as separam), chega-se facilmente, e por um deslize por assim dizer imperceptível, ao relaxamento do controle da função semiológica e ao levantamento de um inventário de valores que não corresponde aos fatos objetivos. Pretender descrever o sistema morfológico de uma língua sem levar em conta a hierarquia funcional que a domina seria desconhecer a estrutura dessa língua.

Assim, a comutação possível das palavras francesas *deux* e *plusieurs* não prova a existência de um número dual nessa língua. Para sustentá-lo, seria preciso transpor a fronteira, interdita pela estrutura da língua, entre a categoria dos morfemas e a dos semantemas, para reunir arbitrariamente aquilo que a língua quer separar; desse modo, conseguir-se-ia enriquecer o inventário dos valores morfemáticos do francês com um elemento que na realidade não se encontra nela. Da mesma forma, aplicando-se mecanicamente, sem considerar as categorias, a prova da comutação ao verbo alemão, chegar-se-ia ao resultado segundo o qual as duas significações de aspecto contidas no imperfeito e no passado definido do francês podem respectivamente, substituindo-se uma pela outra, levar a uma mudança da expressão: à comutação entre *il parlait* e *il parla* pode corresponder a comutação entre *er sprach* e *er hat gesprochen*. Concluir pela existência de uma diferença de aspectos em alemão seria desconhecer o fato de, à diferença do francês, as significações em apreço não estarem encerradas em um morfema; para afirmá-lo, seria necessário provar o caráter morfemático do verbo *haben*, ou seja, negar o seu caráter de verbo. Se de um determinado ponto de vista os "tempos compostos" são tempos, e se os "aspectos compostos" são aspectos, acham-se eles num nível funcional bem diferente do da categoria dos morfemas flexionais.

Para que se possa levantar o inventário das preposições e o dos casos próprios de um estado de língua, não basta aplicar de maneira mecânica a prova da comutação. Cumpre saber distinguir, a princípio, através de um critério funcional, o que é semantema e o que é morfema. Um emprego particular de uma forma casual pode parecer totalmente sinônimo da preposição que pode regê-la (cp. *multīs cum lacrimīs* e multīs lacrimīs), *e ele só se separa* dela pela função. Sem levar em consideração os fatos de função, chegaríamos facilmente a identificar os diversos empregos do ablativo latino com as preposições sinônimas, bem como a separar o ablativo das respectivas preposições, a ponto de desconhecer a própria existência do ablativo, e negar, ao mesmo tempo, a existência das preposições em questão enquanto tais. De um ponto de vista oposto, poderíamos cindir uma preposição latina como *in* em duas, segundo o seu regime. Tanto na categoria dos casos quanto na das preposições, que com ela se confundiria, a negligência dos fatos funcionais que separam o semantema do morfema levaria quase que inevitavelmente à função semiológica fundamental: chegaríamos a reconhecer diferentes casos onde, no interior da categoria casual, a prova da comutação mostraria apenas a existência de um, já que os pretensos "casos" não são comutáveis. Chegaríamos desse modo a estabelecer um esquema sublingüístico cujas rubricas não mais abrangem os limites entre os signos; portanto, um esquema inadequado, extralingüístico e apriorístico. E tem mais. A experiência demonstra que no momento em que se deixa de respeitar as funções lingüísticas objetivamente dadas, fica-se comprometido com uma tendência em que não existe retorno possível, e a fim de salvaguardar a harmonia e o equilíbrio do esquema estabelecido aventura-se mais ao largo e acaba-se por estabelecer, seja apoiando-se no sistema das preposições, seja no sistema casual de outras línguas, seja ainda nalguma consideração "lógica" que escapa completamente ao controle, um esquema inteiramente aéreo que pode ampliar-se e subdividir-se indefinidamente[2].

É evidente que não se trata apenas de respeitar objetivamente as categorias mais fundamentais e mais amplas, como a dos semantemas e a dos morfemas, mas também as categorias mais estreitas que delas se derivam, e que se distinguem igualmente por critérios funcionais. Assinalemos particularmente a im-

---

2. Cf. as observações feitas em nosso livro *La catégorie des cas*, I (*Acta Jutlandica*, VII, I, Aarhus-Copenhague, 1935), pp. 90 e ss.

portância desse princípio no domínio das "partes do discurso" e suas subcategorias.

É com toda a evidência que as categorias conhecidas sob o nome tradicional de "partes do discurso" são em princípio de ordem funcional. Nas línguas em que elas existem, as duas grandes partes do discurso, bem como algumas subcategorias no interior do nome, como o substantivo e o adjetivo, distinguem-se pela função diferente[3]. As partes do discurso assim definidas constituem um sistema de categorias funcionais, que faz parte da estrutura morfológica da língua. O que as define no seio dessa estrutura é a sua função, e não a sua significação. Seria, pois, legítimo fazer figurar nesse sistema, ao lado das categorias funcionais e ao mesmo nível que elas, outras que não apresentem uma função específica, assim como considerá-las, apesar dessa circunstância, coordenadas ou subordinadas em relação às categorias funcionais. Seria esse um método ao mesmo tempo ilógico e apriorístico.

Por exemplo, seria ilegítimo introduzir o nome próprio no sistema das partes do discurso, pois não se pode definir e delimitar essa categoria por qualquer critério de função. Elevá-lo ao mesmo nível que o nome e o verbo e considerá-lo coordenado a eles (ou mesmo superior a eles) seria totalmente arbitrário e não se leva em conta; quando muito, poderíamos considerá-lo uma subcategoria no interior do nome. Poderíamos defini-la por sua imobilidade em relação à categoria do número ou dos artigos, por exemplo. Ora, é certo que num bom número de línguas a categoria funcional assim estabelecida não se recobriria com o nome próprio *dane* o sentido tradicional desse termo. Quase nunca o nome próprio é uma parte do discurso. Sustentá-lo não é negar a existência do nome próprio; é dar-lhe o lugar que lhe cabe, no exterior da estrutura morfológica da língua.

Outro exemplo. As preposições podem ser definidas como unidades que, não sendo verbos, determinam um caso (ou, de uma maneira mais geral mas menos precisa, um termo nominal primário). De um ponto de vista rigoroso, cumpre reservar um lugar à parte a essas pretensas preposições, que, possuindo a faculdade indicada, nem sempre a realizam (por exemplo, latim, *ab*, que desempenha também o papel de pré-verbo); distinguem-se elas funcionalmente das preposições cujo regime nominal é cons-

---

3. Ver nossos *Principes de grammaire générale (Det Kgl. Danske Videnskabernes Selskab, Historiskfilologiske Meddelelser*, XVI, I, 1928), pp. 198 e ss., pp. 296 e ss.

tante e necessário (por exemplo, latim, *sine*). As preposições se subdividem ainda segundo o seu regime: há, por exemplo, em latim, uma subcategoria que compreende as preposições que determinam o acusativo e outra que compreende as que determinam o ablativo. Todas essas subdivisões são justificadas e necessárias. Mas seria apriorístico e ilegítimo operar, no interior da categoria das preposições, outras subdivisões além daquelas que se impõem pelos fatos de função, e deixar-se guiar, por exemplo, por alguma consideração puramente semântica para estabelecer, no seio da categoria, um nó que compreenda as preposições "verdadeiras" que indique apenas a chamada relação pura, sem nada acrescentar.

O que é característico do método apriorístico é que nele negligenciam a função que constitui o signo e as funções que se operam entre signos; noutros termos, que se negligenciam a estrutura da língua e, conseqüentemente, a própria língua. Todo fato de língua é por definição função do signo; o método apriorístico consiste em considerá-lo função de outra coisa. O lingüista que quisesse proceder segundo esse método abandonaria o ponto de vista semiológico e deixaria de ser lingüista.

A função semiológica fundamental serve para distinguir as duas classes mais amplas e menos simples da língua: o plano do conteúdo (do significado) e o da expressão (do significante). Falamos até aqui das categorias que se observam no plano do conteúdo, porque é no interior desse plano que se coloca o problema da estrutura morfológica. Mas o que acabamos de dizer sobre o plano do conteúdo vale para o plano da expressão igualmente, e convém insistir nisso desde o princípio a fim de fazer ver que o princípio da estrutura lingüística ultrapassa os quadros da estrutura morfológica, que não constitui senão uma realização particular desse princípio.

A prova da comutação aplica-se ao plano da expressão em ordem inversa: consiste em reconhecer tantos valores quantas sejam as quantidades fônicas (gráficas), que, substituindo-se uma à outra, possam acarretar uma mudança do conteúdo, princípio esse que foi largamente utilizado pela fonologia[4]. Desse modo é o conteúdo que decide do número e da delimitação dos valores da expressão; o fonema (grafema) é distintivo em relação ao conteúdo, como o valor do conteúdo (por exemplo, o morfema) é distintivo em relação à expressão. O grande mérito da fonologia é haver insistido no fato de que diferentes variantes fônicas ou "sons" são funções de um valor de expressão, definido pela função semiológica, assim como as diferentes variantes semânticas ou "significações particulares", que são funções de um valor de conteúdo, definido pela função semiológica. A variante de expressão comporta-se em relação ao seu valor como a variante semântica em relação ao dela; a dependência entre as variantes de um mesmo fonema não é uma função, mas uma simples relação, dirigida, do mesmo modo que a re-

---

4. Ver A. MARTINET nas *Acta Linguistica*, vol. I, fasc. I, 1939.

lação entre as diversas significações particulares reunidas sob um mesmo valor, pelo princípio do arbitrário do signo e, por conseqüência, variando de um estado de língua para outro.

A fonética que negligencia esse princípio semiológico e funcional é uma disciplina apriorística que não leva suficientemente em conta fatos de língua. A tarefa do lingüista não consiste nem em apresentar um amontoado caótico de sons particulares, nem em estabelecer famílias de sons munidas de uma etiqueta geral que compreendem um membro principal, nem em estabelecer feixes de qualidades fônicas que conferem a uma dentre elas, escolhida arbitrariamente, os nomes de marca pertinente. No domínio que nos ocupa, a tarefa do lingüista consiste em descobrir para cada fonema uma fonação fundamental da qual se possam deduzir logicamente as fonações particulares ou variantes.

É, pois, a função que deve ser tomada como norma de todas as classificações. Estabelecer um quadro de sons sem levar em conta funções – estabelecer um quadro eterno de sons da linguagem – seria um procedimento apriorístico em todos os pontos análogo ao apriorismo que consiste em estabelecer um quadro de significações ou um quadro de "categorias lógicas" válidas para qualquer pensamento.

Mas, ainda aqui, a função semiológica não é a única que conta. Existem outras, que se devem levar em consideração ao mesmo tempo, e se é ilegítimo estabelecer categorias de valores de conteúdo definidas unicamente pela significação, sem levar em conta limites prescritos pela estrutura funcional, não é menos ilegítimo estabelecer categorias de valores de expressões definidas pelos fatos fônicos apenas, sem consideração pelos limites prescritos pela estrutura funcional. O procedimento habitual da fonologia consiste em estabelecer inicialmente, com o apoio de critérios puramente fônicos, categorias de oposições entre os fonemas pela prova da comutação; uma vez estabelecidas tais categorias, procede-se imediatamente, numa outra disciplina chamada morfonologia, ao exame do rendimento funcional dos fonemas. Segundo esse procedimento, os fonemas não são definidos por seu rendimento funcional, mas por seu caráter fônico. Convém, entretanto, inverter os termos e estabelecer as categorias de acordo com a funções. No plano da expressão como no do conteúdo, é a função, e só ela, que conta. Negligenciando-se esse fato, incorre-se fatalmente num método apriorístico que não é adequado à realidade da língua.

1.1.3. Os métodos apriorístico e empírico poderiam receber também as denominações *subjetivo* e *objetivo*, respectivamente: toda classificação apriorística é feita com todas as peças e sem verificação possível; sua única razão de ser está na apreciação subjetiva e arbitrária do teórico. Que tal apreciação se origine nalguma consideração metafísica ou no "sentimento lingüístico" – que resulte de reflexão ou de introspecção – pouco importa. Não apenas toda metafísica, mas todo psicologismo é por definição apriorístico. A estrutura de uma língua é um dado objetivo; à maneira de qualquer outro dado objetivo, ela se presta a interpretações diversas: à interpretação objetiva, conforme o seu objeto, e a qualquer interpretação objetiva, conforme qualquer idéia preconcebida, teórica ou prática, inteligente ou ingênua, intelectual ou sentimental, consciente ou não. Convém desconfiar da interpretação subjetiva, em seus variados aspectos: por vezes ela toma um aspecto quase-objetivo, agindo sob a aparência de alguma objetivação artificial.

Os métodos apriorístico e empírico poderiam ser qualificados também como *transcendental* e *imanente*, respectivamente. Voltaremos a essa distinção (*b* 1).

A distinção entre método apriorístico e método empírico não se confunde com aquela entre método *dedutivo* e *indutivo*. Discutiremos esta última mais adiante (*a* 2).

1.2. A disciplina estabelecida pelos gregos sob o nome de *gramática* é uma teoria largamente apriorística. Não se trata de saber se o é completamente ou em parte; basta saber se ela é rigorosamente empírica ou não. Uma teoria a meio caminho entre o apriorismo e o empirismo é por definição apriorística, isto é, inadequada a seu objeto, e não se poderia remediá-la por meio de alguma acomodação que servisse para corrigir os erros mais evidentes sem chegar a constituir uma totalidade coerente. Para estabelecer uma teoria empírica, deve-se fazer tábula rasa de toda teoria apriorística possível ou anterior, mesmo que a teoria apriorística em questão encerre certos elementos que poderiam, a rigor e se tomados isoladamente, ser qualificados como empíricos. Para avaliar uma teoria em relação à distinção entre o apriorismo e o empirismo, não se trata de dosar a parte exata de cada um desses dois métodos; trata-se de responder sim ou não.

É a gramática greco-latina que constitui a base da gramática européia. A gramática clássica, mesmo sob seus aspectos mais modernos e científicos, repousa sobre essa contradição forte e inveterada. A crítica da gramática clássica foi feita em muitos aspectos. Mas é difícil libertar-se dela, e estamos longe de tê-lo conseguido, até aqui. Da doutrina clássica, passou a lingüística para uma época crítica, mas o novo classicismo que daí deverá surgir delineia-se apenas vagamente, e as tentativas feitas para estabelecer uma doutrina nova incorrem ainda fatalmente, e quase sempre sem ter consciência disso, no regime da doutrina clássica. É difícil saber esquecer.

A gramática, ou teoria apriorística do conteúdo lingüístico, define com mais freqüência (totalmente ou em parte, não importa) as categorias pelas significações, e não pelas funções, e as categorias que ela estabelece segundo esse método não se confundem com as categorias reais⁵. Se em certa medida as partes do discurso, por exemplo, foram mais bem definidas em Dionísio de Trácia que na gramática moderna, é porque os critérios adotados pelo autor da Τέχνη não parecem válidos para as línguas modernas. Descobriu-se que as demarcações funcionais encontradas na língua grega não são universais, e para salvar a doutrina clássica foi preciso insistir cada vez mais nos caracteres semânticos, que são aparentemente mais constantes, porque mais universais. Afasta-se, desse modo, cada vez mais da estrutura morfológica.

Contudo, acabou-se por descobrir que a constância desses fatos semânticos é uma ilusão, e que constituem um ponto de reparo extremamente vago e fugidio. "Tomado em si mesmo, o pensamento é como uma nebulosa onde nada é necessariamente delimitado"⁶. Os fatos ontológicos, por mais interessantes que possam parecer, não fornecem o meio de dar uma definição precisa de uma categoria lingüística⁷. As conseqüências que se podem tirar desse fato são várias. Certos gramáticos fazem do caráter flutuante dos fatos semânticos sua doutrina fundamental e procuram estabelecer a gramática sobre as bases da psicologia. Outros declaram-se resoluta e abertamente contra o empirismo e estabelecem um quadro de categorias constante e eterno, emprestado a alguma doutrina lógica (por vezes mesmo à doutrina aristotélica), e da qual reconhecem abertamente o caráter apriorístico. Essas duas correntes dominam hoje, apoiando-se, em última análise, uma na teoria de Wundt⁸, outra num racionalismo metafísico. De ambos os lados, fecham-se os olhos para os fatos de função e para a estrutura morfológica da língua. Hipostasiam-se os fatos ontológicos e semânticos e negligenciam-se os fatos funcionais e gramaticais.

Por uma reação positivista contra tais métodos (e contra a qual esses métodos reagiram por sua vez), apega-se ao caráter específico da expressão a fim de aí encontrar um ponto de apoio mais sólido e tangível. Esquece-se, aqui, que o objeto de que se trata de examinar resulta do conteúdo, e não da expressão da língua. A prova da comutação pretende que, para que sejam pertinentes, duas quantidades podem provocar, substituindo-se uma à

---

5. Ver nossos *Principes de grammaire générale*, pp. 28 e ss.
6. F. DE SAUSSURE, *Cours de linguistique générale*² (Paris, 1922), p. 155.
7. Cf. *Principes de grammaire générale*, p. 29, nota.
8. Ver as palavras justíssimas pronunciadas em 1908 por A. SECHEHAYE, *Programme et méthodes de la linguistique théorique* (Paris), pp. 33 e ss.

outra, uma mudança no plano oposto, mas uma mudança qualquer, sem considerar o caráter específico dessa mudança. Para estabelecer dois fonemas, basta saber que sua substituição mútua pode acarretar alguma mudança do conteúdo, seja ela qual for, e na realidade a mudança do conteúdo é bem diferente quando se passa de um caso para outro. Da mesma forma, para estabelecer duas quantidades de conteúdo (por exemplo, dois morfemas), basta saber que sua substituição mútua pode acarretar alguma mudança da expressão, seja ela qual for, e o caráter específico dessa mudança permanece sem importância para o estabelecimento e a definição das quantidades do conteúdo. As diversas desinências da flexão latina não dissimulam a identidade dos morfemas que elas exprimem; identificam-se eles por sua função idêntica. A oposição entre a interrogação e a asserção pode exprimir-se, numa mesma língua ou em duas línguas diferentes, de maneiras diversas: aqui por modulações, ali por afixos, acolá pela ordem das palavras; pouco importa: a oposição é estabelecida se puder exprimir-se de uma maneira ou de outra, e mesmo que a expressão difira de um caso para outro, a interrogação e a asserção envolvem no plano do conteúdo funções análogas que bastam para provar que se está em presença de categorias idênticas. Num outro domínio da morfologia, a ordem das palavras serve, em inglês, por exemplo, para distinguir morfemas cujas funções são em todos os pontos análogas àquelas devolutas aos afixos casuais do latim ou do pronome inglês; as funções bastam para identificar a categoria dos casos, sem embargo da expressão diferente. A gramática que se apóia no caráter específico da expressão é pois tão apriorística quanto a que se funda apenas na significação.

A gramática européia começou por ser uma teoria idiossincrônica. Toda gramática européia é ainda atualmente, em grande parte, uma consideração de um sistema moderno do ponto de vista do mecanismo greco-latino. Quer dizer, toda gramática européia constitui até aqui um exemplo de *squinting-grammar*[9], calcando o sistema de uma língua sobre o de uma língua diferente. O decalque é feito, não se separando em grego e em latim algum princípio fundamental do qual se poderiam deduzir os fatos particulares da estrutura de qualquer língua, mas transportando de maneira superficial e exterior os próprios fatos particulares do grego e do latim para generalizá-los com mão firme. Mesmo os

---

9. O. JESPERSEN, *The System of Grammar* (Londres-Copenhague, 1933), p. 46 [= *Id., Linguistica* (Copenhague, 1933), p. 345].

fatos particulares e arbitrários da expressão específica são generalizados tais e quais. Como a ordem das palavras em latim e em grego é livre, servindo apenas para efeito de ênfase e estilo, conclui-se daí que em qualquer língua a ordem das palavras nada tem a ver com as categorias morfemáticas reconhecidas pela gramática clássica. Poder-se-ia pretender também que, na declinação de toda língua, -*m* e -*n* só podem exprimir o acusativo e o nominativo. Se não se tira essa conseqüência lógica, é porque o jogo das desinências é, mesmo em grego e em latim, demasiado variado para que alguém se arrisque a fazer afirmações. Pelo contrário, em grego e em latim a ordem das palavras é um fato à parte, que não expressa as categorias gramaticais reconhecidas. Eis por que na teoria a ordem das palavras tem sido um fato à parte desde a Antiguidade.

Os fatos particulares da expressão específica em grego antigo e em latim tiveram repercussões fatais na gramática européia. É, com efeito, a estrutura singular e aberrante desses dois dialetos indo-europeus que decidiu a estrutura da teoria gramatical de hoje, e da qual se proclama atualmente o valor universal. A estrutura da teoria dobra-se facilmente à estrutura particular do grego e do latim. Para uma análise primitiva, tal como já foi feita pelos filósofos pré-históricos e que permanece em princípio até nossos dias, o grego apresenta dois grandes fatos relativamente autônomos: a Palavra, ou seja, a etiqueta de uma coisa (ὄνομα), e a Proposição, que se confunde com o pensamento (λόγος). Portanto, tudo indica que se deve estudar, de um lado, a palavra, compreendendo, à proporção que a teoria progride, suas diversas "cadências" ou "casos", também chamados flexões (πιώσεις), e de outro lado, independentemente desse estudo, numa disciplina que se chama "composição", o agrupamento das palavras na proposição (συνταξις). É a autonomia da palavra nos antigos dialetos indo-europeus, evidenciada por Gauthiot (autonomia, aliás, que é apenas relativa), que constitui a *conditio sine qua non* dessa separação. Se o grego e o latim haviam sido de caráter "analítico", "polissintético", "aglutinante" ou "isolante", não teriam induzido a essa organização da teoria; em todos esses tipos de línguas os fatos paradigmáticos e sintagmáticos emaranham-se demasiadamente para que se possa conseguir estabelecer compartimentos estanques entre a morfologia e a sintaxe, a ponto de fazer delas duas disciplinas autônomas e independentes. Para isso, é preciso poder fundamentar-se nesse "tipo de língua" chamado flexional; aliás, é este um "tipo" bem à parte, pois (Gauthiot o demonstrou) não se conhecem outros exemplos desse tipo a não ser os antigos dialetos indo-europeus; somente neles é que a palavra guarda essa autonomia relativa que forma a base da teoria. Um tipo morfológico – e um tipo morfológico único no mundo – decidiu a estrutura da teoria.

A gramática apriorística, dividida em morfologia e sintaxe, evoluiu. Ela admite nuanças. As definições da morfologia e da sintaxe formigam e estão ainda sujeitas a discussão. Por acaso, as duas noções fundamentais que erguem o edifício, a Palavra e a Proposição, permanecem ainda por definir. A teoria se enriquece cada vez mais mediante o conhecimento íntimo de um número de línguas cada vez maior. A prática se adapta a esses conhecimentos na medida do possível. Hoje em dia, é verdade, morfologia e sintaxe se definem diferentemente em teoria; a definição prática foi adquirida: em todas as teorias, e segundo todas as definições teóricas propostas, a morfologia é a teoria das formas, e a sintaxe, a do rendimento funcional das formas reconhecidas em morfologia. A sintaxe só pode ser abordada por aquele que conheça antecipadamente os fatos da morfologia.

A estrutura da teoria da expressão acaba por dobrar-se à da teoria do conteúdo. Descobre-se que também na expressão existem formas; estas são estudadas na fonologia; coroam-se tais estudos estabelecendo-se uma sintaxe fonológica, chamada morfonologia, que estuda posteriormente o rendimento funcional dos fonemas.

No entanto, já o dissemos, convém inverter os termos. Todo mecanismo compreende dois tipos de dependência: a dependência paradigmática (é a dependência "ou-ou" entre os termos alternativos ou a disjunção lógica) e a dependência sintagmática (é a dependência "e-e" entre termos coexistentes ou a conjunção lógica); é a dependência entre esses dois tipos de dependência que constitui o mecanismo e lhe condiciona e determina o jogo. Fazendo abstração, como convém, das simples relações, as funções paradigmáticas são as correlações, e as funções sintagmáticas são as relações. Ora, essas duas sortes de função constituem função uma da outra; o sistema, que é por definição paradigmático, só existe em virtude da conjunção sintagmática[10].

Assim, a categoria, classe fundamental da paradigmática, é definida pela faculdade de seus membros de entrar em relações específicas; e a unidade, classe fundamental da sintagmática, é definida pelo fato de cada um de seus membros pertencer a uma categoria específica. A categoria dos morfemas e a dos semante-

10. Cf. F DE SAUSSURE, *Cours de linguistique générale*^{2}, pp. 177-180, 185-188.

mas definem-se reciprocamente pela relação específica contraída na cadeia entre os membros pertencentes a cada uma das duas categorias. O sintagma minimal (que freqüentemente se confunde com a palavra) consiste numa base (expressa por um tema) semantemático e numa característica (expresso muitas vezes por uma desinência) morfemática; é o fato de que a base e a característica são funções uma da outra, e de que a característica serve para determinar a base, que define o semantema e o morfema respectivamente. Não há outra definição possível, e o fato em questão não compreende outra realidade objetiva. A categoria dos semantemas define-se pela faculdade de seus membros de se combinar para formar unidades suscetíveis de serem determinadas por uma característica, ou seja, por sua faculdade de formar bases; e a categoria dos morfemas define-se pela faculdade de seus membros de se combinar para formar unidades suscetíveis de determinar uma base, ou seja, por sua faculdade de formar características.

Mas o que vale para o sintagma minimal vale para todo sintagma. Tudo o que é conhecido sob os nomes de recção e concordância é uma relação que é função de categorias de regimes e regentes. A categoria das preposições é definida pela faculdade de seus membros de reger casos de uma maneira específica, e o sintagma constituído pela proposição e seu caso decorre da existência dessas categorias. Seria fácil multiplicar os exemplos.

O que vale para o conteúdo vale em princípio para a expressão igualmente (cf. F. de Saussure, *Cours*^{2}, p. 180). O acento é função da sílaba que ele caracteriza, e inversamente; no interior da sílaba, certas consoantes podem entrar em grupo com outras, certas vogais podem formar ditongo, e essas unidades consonantais e vocábulos são funções umas das outras. As categorias dos acentos, das consoantes, das vogais e suas subcategorias são assim definidas pela faculdade de seus membros de entrar em unidades relacionais. Não existe outra definição empírica possível, e ela se impõe imediatamente.

É assim que a estrutura da gramática reflete a de um estado de língua particular e de uma análise superficial desse estado de língua. A gramática comparativa do indo-europeu soube superar numa larga medida esse inconveniente; fê-lo, porém, substituindo o tradicionalismo por um diacronismo que considera todo sistema do ponto de vista indo-europeu primitivo. A *squinting-grammar* tradicional foi substituída por uma *squinting-grammar* indo-européia. Apenas uma nuança a separa.

2. Método indutivo e dedutivo

A distinção entre método indutivo e dedutivo não se confunde com a distinção entre método empírico e apriorístico. O movimento que vai do particular para o geral, ou inversamente, do geral para o particular, é independente do caráter apriorístico ou aposteriorístico do geral e do particular.

Se tal princípio é verdadeiro de um modo geral, ele se impõe em matéria lingüística com uma força particular. As categorias da língua são fatos ao mesmo tempo gerais e aposteriorísticos, ao mesmo tempo abstratos e objetivos. Na língua, como em qualquer sistema semiológico, a forma dentro da qual o pensamento escoa é um dado empírico que se impõe objetivamente. Impossível, por conseguinte, confundir nesse domínio empirismo e indução.

Já se viu, ademais, que em matéria de lingüística o método empírico implica o método dedutivo. Reconhecer uma estrutura é separar a hierarquia que domina, descendo dedutivamente das categorias mais amplas e abstratas (já dissemos acima, as mais simples, o que dá na mesma) para as categorias cada vez mais estreitas e menos abstratas (por conseqüência, cada vez mais complexas). A estrutura da língua impõe-se imediatamente ao espírito observador e tem portanto todos os caracteres de um objeto empiricamente acessível. Pois o método empírico é aquele que parte das evidências verificáveis para progredir até os fatos menos evidentes à primeira vista, mas que se verificam mais tarde. É assim que algumas grandes categorias simples, abstratas e fundamentais da estrutura lingüística foram reconhecidas bem cedo e por assim dizer imediatamente: conteúdo e expressão, semantema e morfema, as diversas categorias morfológicas. Pôde-se precisá-las posteriormente, e poder-se-á precisá-las ainda mais; foram reconhecidas pelo próprio fato de que se impõem. Há algumas evidências primitivas para as quais não fechamos os olhos. Por outro lado, as categorias mais inferiores, as mais complexas e menos amplas, foram reconhecidas posteriormente pela lingüística, tais como os sons, cujo estudo pormenorizado só surgiu no século XIX. Ocorre que esses fatos, ao mesmo tempo mínimos e complexos, não são imediatamente acessíveis por meio de um método empírico, e, com efeito, é por um apriorismo que foram introduzidos.

Por outro lado, viu-se que o empirismo da lingüística clássica é firmemente restrita e não constitui nenhum método conseqüente; o empirismo dessa época não passa do empirismo inevitável, aquele que consiste em reconhecer superficialmente as evidências que entram pelos olhos. Em princípio, o método é apriorístico. E por ser apriorístico, torna-se em grande parte indutivo.

É verdade que em princípio as duas distinções operadas são independentes uma da outra. Pode-se, com efeito, conceber uma gramática ao mesmo tempo apriorística e dedutiva: uma gramática que tenha seu ponto de partida em algum sistema extralingüístico (seja ele, aliás, real ou não) para dele deduzir os fatos lingüísticos. Toda gramática que confunde "lógica" e lingüística lhe pertence por definição, desde Aristóteles até o racionalismo metafísico professado por certos contemporâneos. Pode-se conceber, por outro lado, uma gramática ao mesmo tempo apriorística e indutiva; esta é representada pela confusão da lingüística com a psicologia; mas ela é representada, de maneira mais geral, por toda doutrina que tenha seu ponto de partida apenas nas significações, sem encerrar idéias preconcebidas; portanto, por toda gramática que se contente com um amontoado caótico de significações particulares sem tomar consciência do liame funcional que as reúne.

Pode-se conceber a seguir uma gramática ao mesmo tempo empírica e indutiva. Esta desapareceria bem depressa, fracassando diante das insuficiências da indução incompleta. Para as razões que desenvolvemos, ela não desempenha na história da morfologia nenhum papel.

Há, enfim, o método ao mesmo tempo empírico e dedutivo, que é o único adequado à realidade e se impõe necessariamente. Um valor semântico, por exemplo, não se reconhece pelas significações particulares; um valor não se reconhece senão por sua oposição a outros valores, e a oposição, por sua vez, decorre de sua categoria somente e somente por ela se explica. Nunca se poderia reconhecer o valor coletando escrupulosa e pacientemente, segundo um procedimento indutivo, todas as significações particulares que se podem encontrar para depois concluir do particular para o geral. Tal possibilidade é uma ilusão; nunca se conseguiria coletar todas as significações particulares de uma valor, e a conclusão jamais ocorreria, pois a indução permanece, por definição, incompleta. Impossível saber se a coleta está completa ou não; ou melhor, pode-se ter a certeza de que não o estará nunca, visto que não se trata de coletar as significações particulares realizadas num dado texto, mas de coletar as significações particulares *possíveis*. E o número das significações possíveis ultrapassa por definição o das significações realizadas. As significações possíveis estão potencialmente encerradas no valor de que emanam, e jamais se possuirá a totalidade do particular sem se colocar desde o início no ponto de Arquimedes fornecido pelo geral.

Impossível, pois, concluir indutivamente da fala para a língua, impossível concluir dedutivamente do *uso* para a *norma*; a latitude de variabilidade é sempre menor no uso que na norma, e um dado uso não constitui mais que uma realização de certas possibilidades admitidas pela norma, sem esgotá-las[11].

3. Gramática geral e gramática universal

Nos parágrafos anteriores, considerou-se o método a empregar para reconhecer a estrutura de uma língua. Todavia, as pretensões da lingüística são mais altas: pretende-se reconhecer a estrutura da linguagem em geral. Ora, o que foi dito vale para a gramática geral do mesmo modo que para a gramática particular.

Ainda aqui, o método *empírico* se impõe, o método apriorístico predomina. Uma gramática geral não se faz alegando-se algum princípio extralingüístico, seja ele de ordem lógica, psicológica, biológica, sociológica ou emprestado a essa ou àquela teoria filosófica. Uma gramática geral não se faz, igualmente, pelas generalizações prematuras da *squinting-grammar*, e a gramática geral não se confunde com a gramática greco-latina, nem com a do indo-europeu primitivo. A gramática geral só de desincumbirá de sua tarefa sob a condição de tornar-se *gramática comparativa*. É a comparação das línguas que permite estabelecer a gramática da linguagem.

Mas, também aqui, o método empírico implica o método *dedutivo*. Sob pena de permanecer para sempre na indução incompleta, a gramática comparativa de que falamos deve ser desde o início uma *gramática geral*. De certo ponto de vista, a língua está para a linguagem assim como a fala está para o uso e o uso para a norma: é a realização de um realizável. O sistema da linguagem é um sistema de realizáveis gerais, e não um sistema de realizados universais. A gramática geral não se confunde com a gramática *universal*. A gramática geral é feita pelo reconhecimento dos fatos realizáveis e das condições imanentes da sua realização[12].

Ora, para estabelecer a gramática geral, basta reconhecer o realizável por trás do realizado; ou melhor, deduzir o realizado multiplicando o realizável por sua condição. Ainda aqui, o método empírico consiste em reconhecer o geral evidente verificável e dele deduzir o particular.

---

11. Ver *La catégorie des cas*, I, pp. 51, 88.
12. Cf. *Principes de grammaire générale*, pp. 103 e ss., 268 e ss.

Para tanto, importa saber remontar ao último princípio a cada passo da observação. A esse propósito, lembremos este dito de Goethe, do qual o presidente fez a divisa do último Congresso[13].

Willst du dich am Ganzen erquicken,
So musst du das Ganze im Kleinsten erblicken.

Aqui, a lingüística partilha a sorte de toda ciência. O fim de toda ciência é saber concluir do constatado para o possível, prever a possibilidade de uma realização, erguer um edifício cujos quadros são ao mesmo tempo demasiado estreitos para excluir tudo o que lhe permanece estranho e demasiado espaçoso para neles se instalar toda possibilidade e para resguardar-se das surpresas não previstas pela indução.

É pela combinação dos métodos empírico e dedutivo que se superarão a escolástica e a gramática clássica e se resolverá objetivamente o problema da estrutura morfológica.

b) DELIMITAÇÃO

1. Morfologia e lingüística (semiologia)

Tomada ao pé da letra, *estrutura morfológica* é uma denominação ao mesmo tempo demasiado ampla e nitidamente pleonástica. Não há nem estrutura sem forma, nem forma sem estrutura. O problema da estrutura morfológica é o problema da *forma* pura e simples. O conhecimento de um objetivo pressupõe o conhecimento de uma forma e ocorre por intermédio de uma forma. O fenômeno amorfo não tem nenhuma existência (existência = conhecimento imediato possível). Conhecer a verdadeira natureza de um objeto é encontrar a forma da qual ele é função. Nessa circunstância, o problema da *forma* lingüística é *o* problema lingüístico (semiológico) em sua integralidade absoluta.

A língua é uma forma, e nada mais. O termo *morfologia*, no sentido que recebe habitualmente em lingüística, é uma sobrevivência que está longe de responder aos nossos conhecimentos atuais. Cenemática, fonemática, fonêmica, fonética (da escola de D. Jones), fonologia (da escola de N. Trubetzkoy), fonometria – sem enumerar ainda as múltiplas nuanças apresentadas por algumas dessas diversas disciplinas – concordam em reconhecer que a

---

13. *Actes du IVe Congrès International de Linguistes*, p. 29.

expressão comporta uma forma tanto quanto o conteúdo. A forma da expressão acrescenta-se à do conteúdo. Tudo na língua é forma. Toda lingüística é morfologia.

A forma se define pelas funções e opõe-se à *substância*[14]: no plano do conteúdo, à substância das idéias; no plano da expressão, à dos sons (ou de outros meios de expressão). Uma substância só se reconhece por uma forma, apriorística ou aposteriorística. A forma aposteriorística de que se pode deduzir a substância das idéias ou as significações é a forma do conteúdo lingüístico, a única forma aposteriorística em matéria de ontologia. Por conseguinte, só a morfologia lingüística permite o estabelecimento de uma ontologia empírica. Não existe filosofia sem lingüística.

Toda forma pode revestir uma substância. A norma permite-lhe em princípio revestir qualquer substância: o signo é um princípio arbitrário. Mas o uso tem suas preferências e tende a realizar uma afinidade entre uma forma dada e a substância na qual se manifesta.

O valor, de que tratamos mais acima, é apenas a projeção de uma forma na substância, a manifestação usual de uma forma (ou seja, para repetir, de um fato funcional). O mesmo sucede com a significação particular, porquanto as variantes também são, por seu turno, as manifestações de uma forma; para as variantes combinatórias (por exemplo, o genitivo adnominal e adverbial em latim), isso é evidente, pois envolvem relações diferentes; no entanto, o mesmo ocorre com as variantes ditas livres, visto que se repartem segundo a lei da contingência descoberta em fonometria por E. e K. Zwirner.

À morfologia acrescenta-se, portanto, a teoria da substância ou, no domínio que nos ocupa, a semântica, e à teoria da norma acrescenta-se a do uso. A tarefa da lingüística estrutural não se esgota, portanto, deduzindo-se forma de forma; pode-se deduzir igualmente a substância possível da forma, e o uso possível da forma.

A lingüística clássica e a lingüística crítica que a sucedeu estropiaram os termos técnicos – por vezes desde a sua criação – a ponto de torná-los inutilizáveis no campo da teoria exata. Eis por que propomos o termo *glossemática* para indicar a lingüística ao mesmo tempo empírica e dedutiva, que por esse método se opõe à gramática e à fonologia.

---

14. Cf. F. DE SAUSSURE, *Cours de linguistique générale*[2], p. 169.

O método glossemático não vale senão para a lingüística. É utilizável e necessário para qualquer semiologia, e é nessa base ampliada que cumpre estabelecê-lo. O método dedutivo exige que se parta dos termos mais gerais possível. Não se poderia estabelecer uma lingüística imanente no sentido estrito do termo. O que se deve dizer é semiologia imanente, e é somente sob essa reserva que se pode reclamar o método *imanente* (cf. 1.1.3).

2. A morfemática e seus diversos aspectos

A introdução do termo *glossemática* para designar de maneira geral o estudo, necessariamente empírico e dedutivo, da forma semiológica permite-nos voltar, sem possibilidade de mal-entendido, à análise da noção de *morfologia* na acepção tradicional, e que nos cabe precisar à luz do método glossemático.

À primeira vista, a morfologia se distingue:

1) da teoria dos semantemas, ou melhor, da teoria dos não-morfemas compreendidos na base do sintagma; em terminologia tradicional, da *lexicologia*. Em oposição a essa disciplina, a morfologia tradicional tem por único objeto os elementos compreendidos na característica, também chamados *morfemas*. Na medida em que ela ultrapassa tais limites e penetra no domínio da base, é unicamente para estabelecer as categorias de bases definidas por sua faculdade de entrar em relação com certas características, vale dizer, as partes do discurso, e nunca para analisar a própria base e determinar-lhe os elementos. De nossa parte, não acreditamos que tal demarcação seja sustentável. De um lado, o método dedutivo exige que se parta do conjunto global, devendo ser considerado mesmo em suas subdivisões, como uma totalidade; de outro lado, a lexicologia, ciência eminentemente mecânica e caótica até aqui, encontraria seu princípio estrutural aproximando-se da morfologia e tomando-a por modelo; a esse propósito, acrescentemos que a demarcação não se faz de maneira mecânica ou exterior: existem unidades como as preposições, as conjunções, os pronomes, que relacionam intimamente com os dois domínios, e se a lexicologia tem grande necessidade de uma análise estrutural, a morfologia não a tem menos de uma análise mais aprofundada da base[15]. Com efeito, nós constituímos a teoria glossemática do conteúdo como uma disciplina global, a *pleremática*; os

---

15. Cf. F. DE SAUSSURE, *Cours de linguistique générale*², pp. 186 e ss.

elementos pleremáticos (que chamamos de plerematemas) são de duas espécies: os *pleremas*, destinados a formar as bases, e os *morfemas*; contudo, entrevemos a presença possível de morfemas não somente na característica (*morfemas fundamentais*) como também na base (*morfemas convertidos*)[16]. Dizemo-lo aqui de passagem. Contentemo-nos em constatar que o objeto da discussão que nos ocupa é o *morfema*, em oposição ao plerema. Pode-se tirar daí uma conseqüência terminológica: é possível abandonar desde já o termo ambíguo *morfologia* e substituí-lo pelo termo, mais preciso, *morfemática*;

2) da teoria da expressão ou *cenemática*, que se opõe à pleremática e constitui o seu correlato. Em terminologia tradicional: a morfologia distingue-se da fonologia (no sentido amplo desse termo).

Resta, porém, fazer importantes distinções negligenciadas pela gramática clássica, bem como suprimir outras mantidas por ela.

A morfemática distingue-se, com efeito, por definição:

1) da *semântica*. Os morfemas não se definem por sua significação nem por seu valor semântico, mas por suas funções. Valor e significações possíveis deduzem-se da forma, e não inversamente. O uso deduz-se da norma. A substância do conteúdo fica à parte e não entra na estrutura;

2) da teoria dos *formantes*, isto é, das unidades cenemáticas que servem para exprimir as unidades morfemáticas. A teoria dos formantes não se confunde nem com a morfemática, ramo da pleremática, nem com a semântica, nem com a cenemática ou teoria da norma da expressão. O estudo morfemático da preposição latina *sine* consiste em reconhecer as correlações pleremáticas de que ela faz parte: a descrição é esgotada em princípio ao dizer-se que ela é uma preposição, que ela determina o ablativo e que ela entra eventualmente em correlação com outras preposições que têm as mesmas relações. O estudo semântico da preposição *sine* consiste em assinalar-lhe um valor, correlativo com outros valores da mesma categoria, e em demonstrar como as significações particulares podem deduzir-se dela. O estudo morfemático e o estudo semântico que dele deriva são feitos independentemente do fato de que a preposição em questão se exprime por uma unidade que encerra um s, um i, um n e um e, apresentando uma relação definida ("ordem" definida) entre essas quantidades. Constatá-lo é indicar o *formante* da unidade mor-

16. Ver p. 172.

femática que nos interessa. Por sua vez, o estudo dos formantes é diferente da cenemática: o estudo do formante não demonstra que *s* e *n* são consoantes, entrando, segundo as combinações possíveis, em duas categorias consonantais diferentes, e que *i* e *e* são vogais, entrando, segundo as leis dos ditongos latinas, em duas categorias vocálicas diferentes. A estrutura e a norma da expressão, estudadas pela cenemática, não decorrem do estudo dos formantes. Os formantes derivam do uso, e não da norma, e, com efeito, o formante poderia mudar a ponto de tornar-se desconhecível sem acarretar nenhuma mudança nem na definição morfemática e semântica de nossa preposição, nem no sistema cenemático da língua.

Por outro lado, é preciso, como vimos, abandonar a distinção entre morfologia e *sintaxe*, bem como reconhecer a interdependência primordial das relações e das correlações.

Para estudar a estrutura morfemática e sua tipologia, cumpre então, a princípio, proceder a uma revisão profunda da doutrina tradicional. Ainda deste ponto de vista, o termo tradicional presta-se a equívocos: pode-se entender por "morfologia": 1) o estudo da função dos morfemas; 2) o estudo do valor e das significações dos morfemas (estudo que pressupõe a noção mesma de morfema e que, conseqüentemente, é uma disciplina subordinada à primeira, da qual é deduzida); 3) o estudo dos formantes ou das unidades adotadas pelo uso para expressar os morfemas (mesma observação que a do 2).

c) PROCEDIMENTO

1. Os aspectos do problema e a ordem de seu tratamento

Para atender às exigências do método dedutivo, o estudo da norma deve preceder o do uso; o estudo do conteúdo deve preceder o de sua expressão; o estudo da função pleremática deve preceder o da substância pleremática (valor e significação).

Para atender às exigências do método empírico, o estudo das relações deve preceder em princípio o das correlações.

2. Pontos de vista sincrônico e evolutivo

É preciso separar rigorosamente esses dois pontos de vista. Para atender às exigências do método empírico, o estudo sincrônico deve preceder o estudo evolutivo. Este consiste em justapor estados sucessivos (Meillet). Ademais, no estudo evolutivo convém distinguir a evolução da norma ou *metacronia* e a do uso (compreendendo a substância) ou *diacronia*[17]. A metacronia estuda as condições de mudança interiores, contidas na estrutura funcional da própria língua; a diacronia estuda a intervenção dos fatores extrínsecos. Sem operar essa distinção, e sem que a metacronia preceda dedutivamente a sincronia, não será possível dosar a parte exata dos fatores extrínsecos, condição indispensável para poder reconhecer a causalidade interna da evolução.

O que foi dito vale para a morfemática geral, assim como para a morfemática particular, representando esta, em última análise, apenas a dedução daquela. A morfologia geral visa estabelecer a estrutura da linguagem e sua *tipologia*, isto é, as condições de realização. É, primeiro, uma tipologia sincrônica, aplicável depois aos fatos evolutivos. A tipologia não poderia ser em si mesma evolutiva; a tipologia das línguas da humanidade não se confunde com a evolução dessas línguas. A estrutura da linguagem não se confunde com sua origem. Mantê-la seria abandonar indevidamente a distinção necessária e fundamental entre sincronia e evolução.

d) CONCLUSÃO

O estudo da estrutura morfemática deve desaguar, como se viu, numa tipologia geral de ordem sincrônica, que poderá distinguir os caracteres universais e específicos e estabelecer as solidariedades entre fatos específicos, dos quais se poderão extrair as leis gerais que dirigem a evolução, determinando os *optimums* absolutos e relativos da forma pura e da afinidade entre forma e substância e entre forma e expressão. Para atingir esse fim, torna-se necessário, a princípio, dispor de uma teoria empírica apropriada. Tal teoria ainda não foi estabelecida, e seria portanto inútil querer construir hoje hipóteses tipológicas ou evolutivas de ordem geral. A lingüística, neste particular, há muito tempo é obrigada a contentar-se com intuições espirituais e generalizações indutivas; a nosso ver, é chegado o momento de estabelecer a lingüística como uma ciência.

A história da lingüística, neste aspecto, ainda está em seu prólogo, e o que acabamos de apresentar constitui também, for-

---

17. Ver *La catégorie des cas*, I, pp. 109 e ss.

çosamente, um prólogo. De nossa parte, limitamo-nos a apresentar o problema do método e a salientar os termos em que se deve colocar o problema que nos ocupa.

O próprio problema permanece por resolver, e primeiramente o da teoria. De nossa parte, propusemos uma teoria que pudesse atender às exigências metódicas que acabam de ser expostas. Ver nosso *Essai d' une théorie des morphèmes*, nas *Actes du IVe Congrès International de Linguistes*, pp. 140 e ss.[18]; comparar também, para o procedimento dedutivo da glossemática, *Proceedings of the Third International Congress of Phonetic Sciences*, pp. 271 e ss., e, para a função entre o paradigmático e o sintagmático, nosso artigo sobre *La notion de rection*, nas *Acta Linguistica*, vol. I, fasc. 1, 1939[19], bem como nossa conferência no presente congresso, tratando do "caráter linear" do significante[20]. Remetemos, outrossim, a L. Hjelmslev e H. J. Uldall, *An Outline of Glossematics*. Assinalamos finalmente a conferência que será apresentada ao nosso congresso por H. J. Uldall, que tratará do sistema morfemático do *maidu* e constitui uma aplicação de nossa teoria.

Teses:

I. No estudo da estrutura morfológica, o método apropriado é aquele que faz da função a norma de todas as classificações.

II. A função lingüística é um dado aposteriorístico e evidente. O método funcional é, pois, um método empírico.

III. A gramática foi até aqui, em princípio, de ordem apriorística.

IV. O método empírico implica a necessidade de um método dedutivo.

V. A estrutura morfológica constitui uma hierarquia que conhece apenas sua própria ordem e que só pode ser reconhecida através de um procedimento irreversível.

VI. A estrutura morfológica é uma rede de funções paradigmáticas e sintagmáticas que estão em função umas das outras.

VII. A gramática geral não é uma gramática universal, mas sim a teoria dos realizáveis e de suas condições.

18. Ver pp. 169-182.
19. Ver pp. 155-167.
20. N° 48 da bibliografia.

VIII. A forma lingüística, definida pela função, é arbitrária em relação à substância (à significação); entre forma e substância existe apenas uma afinidade.
IX. O morfema não se confunde com o seu conteúdo; as significações devem ser deduzidas das formas, e o uso, da norma.
X. O morfema não se confunde com sua expressão; o morfema procede da forma, e sua expressão, do uso.
XI. O estudo das evoluções distingue-se radicalmente do estudo sincrônico. Comporta o estudo metacrônico, que examina a evolução da norma, e o estudo diacrônico, que examina a evolução do uso. A metacronia sobrepuja a diacronia.
XII. A tipologia não se confunde com o estudo das evoluções.
XIII. O estabelecimento de uma teoria ao mesmo tempo empírica e dedutiva é a condição indispensável de toda hipótese de ordem sincrônica, evolutiva ou tipológica.

10. A NOÇÃO DE RECÇÃO*
(1939)

> *Está para ser feito um grande trabalho visando ordenar os fatos lingüísticos sob o ponto de vista da própria língua.*
>
> A. Meillet[1]

1. – *A recção em lingüística estrutural.* O termo lingüística estrutural assinala, ainda hoje, antes um programa que uma realização. Nascida ontem, a lingüística estrutural ainda se acha longe do completo desenvolvimento ou da organização sob forma definitiva. Seria mesmo prematuro e temerário formular desde agora, de maneira precisa e pormenorizada, o programa no qual ela se inspira. Não é senão a divisa que se apresenta ao espírito imparcial, e para enunciá-la é preciso ater-se a uma fórmula muito ampla e forçosamente provisória: é lingüística estrutural toda lingüística que distingue numa língua uma estrutura, e que faz da estrutura a norma de todas as suas classificações.

* *La notion de rection*, nº 50 da bibliografia.
1. *Linguistique historique et linguistique générale*, I, p. viij.

Basta essa definição, com efeito, para caracterizar, de um só golpe, os esforços feitos nesse domínio, e para servir de etiqueta prévia à nova orientação da lingüística, nascida de necessidades interiores sentidas de maneira demasiado intensa para assegurar que, do ponto de vista adotado, não haverá retorno possível.

Por outro lado, é certo ser a definição apenas provisória, não satisfazendo a exigências mais rigorosas. Se o fim é atingido, os meios ainda permanecem sujeitos a discussão. Se a lingüística estrutural tem por objeto a estrutura, este objeto ainda está por estudar e definir. A divisa desencadeará a ação, e o programa, a realização. É para servir a semelhante empresa que nossa revista vem à luz.

De nossa parte, indicamos em outro lugar[2] quais são as principais conseqüências lógicas do ponto de vista adotado e esboçamos os quadros de um método estruturalista, insistindo sobre as diferenças que o separam do método da lingüística clássica. Cremos haver destacado que a estrutura de uma língua é uma rede de dependências, ou, para dizê-lo de uma forma ao mesmo tempo mais exata, mais técnica e mais simples, uma rede de funções. A estrutura constitui uma hierarquia que apenas conhece sua própria ordem, e para a qual só existe um acesso possível; para reconhecê-la segundo seu princípio inerente, cumpre proceder de maneira ao mesmo tempo dedutiva e irreversível, descendo gradativamente dos fatos mais abstratos (gerais, simples) para os fatos cada vez mais concretos (particulares, complexos). O método que se limita estritamente a observar essa hierarquia foi por nós classificado de empírico. Ajuntemos, ademais, que tal classificação nada implica de metafísico. O princípio da simplicidade, válido para todas as ciências, pretende que, sendo todas as coisas iguais, a solução mais simples seja preferida a todas as outras mais complexas. Ora, o método empírico, ou método semiológico imanente, que vê na função de signo o fato fundamental do objeto estudado, constitui solução mais simples que qualquer método apriorístico que, aos fatos semiológicos, acrescente fatos extra-semiológicos, que servem apenas para complicar inutilmente, de um lado devido à sua própria presença, de outro pela impossibilidade de sua verificação acerca da matéria semiológica. O método empírico é então aquele que, simplesmente, observa o princípio da simplicidade[3].

2. Ver pp. 127.
3. Para o método empírico, todo fato lingüístico é função do signo. Mas podem-se conceber métodos apriorísticos que considerem os fatos lingüísticos como função de outra coisa. Ou seja, pode-se conceber uma

Não insistiremos mais, aqui, sobre essas conseqüências lógicas da lingüística estrutural. Basta assinalá-las brevemente para demonstrar que é apenas sob o ponto de vista estrutural, e pelas conseqüências lógicas daí decorrentes, que a lingüística conseguirá enfim alçar-se à posição de ciência, libertando-se em definitivo das apreciações subjetivas e vagas, das instituições espirituais e das generalizações indutivas e prematuras das quais ela tem sido prisioneira até aqui. A lingüística estrutural, e somente ela, poderá pôr termo à deplorável situação tão bem caracterizada por Meillet: "Cada século possui a gramática de sua filosofia... Existem tantas lingüísticas quantos lingüistas". Uma vez realizada a lingüística estrutural, ela acarretará de um golpe a objetivação de nossa ciência.

Se a lingüística estrutural constitui um ponto de vista novo, e se o método concomitantemente dedutivo e empírico daí decorrente não foi até agora praticado de forma conseqüente ou lógica, nem por isso todo liame com o passado se acha definitivamente rompido. Se, em grande parte, a lingüística clássica procedeu segundo métodos indutivos e apriorísticos, não se segue que ela o tenha feito em detrimento de toda tentativa dedutiva ou empírica. Há, com efeito, funções semiológicas que se impõem com tamanha evidência, que nunca se conseguirá negligenciá-las por completo. A função semiológica não é, então, uma noção nova; novo é o ponto de vista estrutural que coloca a função semiológica em primeiro plano e a considera traço constitutivo da língua.

Eis por que será útil, adotando-se o ponto de vista estrutural com todas as conseqüências decorrentes, conservar o contato com o passado e partir das conquistas da lingüística clássica onde quer que elas se afirmem como frutíferas. Haverá sempre ocasião, assim, de penetrar a história de nossa ciência e de dosar a parte exata das *noua et uetera*. Prevemos também estudos desse gênero na presente revista.

Para o presente estudo, tomamos uma noção suscetível de, ao mesmo tempo, elucidar as relações que unem a lingüística estrutural e a lingüística clássica e de demonstrar a maneira como pretendemos entender a lingüística estrutural: a saber, a noção de *recção*, de importância capital tanto para a lingüística clássica quanto para a lingüística estrutural. Sendo uma função entre sig-

---

lingüística ao mesmo tempo apriorística e funcional, uma lingüística que opere sobre funções sem observar o princípio inerente da estrutura propriamente lingüística. É principalmente por essa razão que o termo, freqüentemente utilizado, *lingüística funcional* parece-nos demasiado amplo para que possa ser adotado tal e qual sinônimo de *lingüística estrutural*.

nos, a recção é, com efeito, um fato estrutural reconhecido pela doutrina clássica, portanto uma dessas noções que convém conservar, submetendo-a a uma análise mais estrita e conseqüente.

Não nos perderemos nos detalhes do histórico de nosso problema. Na ordem de idéias que nos vai ocupar, as nuanças que separam as diversas correntes da lingüística clássica interessam menos que a conformidade aí observada. Vista de cima, a lingüística clássica evoluiu muito pouco desde a Antiguidade remota, e hoje constitui uma doutrina hermética e absoluta, que deverá ser relacionada com a da lingüística estrutural.

2. – *A recção em lingüística clássica*. A lingüística clássica se divide, como sabemos, em dois ramos principais: a *fonologia* (termo utilizado desde os primórdios do século XIX[4] e consagrado a partir de Schleicher[5]) e a *gramática*. Em ambos os ramos, alguns fatos estruturais, particularmente evidentes, se impuseram ao espírito desde o começo dos estudos. Em fonologia, a forma funcional foi reconhecida em princípio desde a primeira análise da língua, mas foi em parte negligenciada, incidentemente, na última metade do século XIX[6]; nesse domínio, a lingüística estrutural luta ainda para recuperar as posições perdidas. Em contrapartida, na gramática, os fatos funcionais foram sempre observados numa certa medida. É, pois, em gramática, que as relações possíveis entre a lingüística estrutural e a lingüística clássica, considerada à primeira vista, são sobretudo evidentes.

O que constitui a particularidade da fonologia da última metade do século XIX é que, ao menos em parte, fecham-se os olhos à forma, definida pela função, para ater-se de maneira bastante exclusiva ao estudo da substância destinada a preencher a forma (no caso da substância fônica). Ademais, essa particularidade subsiste ainda no início do século XX, e a fonologia de nossos dias, definindo os elementos por critérios tão-somente fônicos, traz-lhe manifestamente a marca. Por outro lado, parece que em gramática a insuficiência das definições por substância (no caso, substância ontológica ou significação) sempre foi sentida, e notou-se a necessidade de supri-las por meio de definições funcionais, determinando a forma destinada a incorporar a substância. Assim, ao lado de definições semânticas, que não deixaram

---

4. Ver CHRISTEN MØLLER, "Thesen und Theorien der Prager Schule" *(Acta Jutlandica*, VIII, 2, Aarhus, 1936), p. 5.

5. *Compendium der vergleichender Grammatik*, p. 1.

6. Ver *Archiv für vergleichende Phonetik*, II, pp. 111 e ss.

de gozar de uma enorme consideração, admitem-se definições de função pura. Distinguem-se casos adnominais, casos adverbiais, casos preposicionais. De maneira geral, existe a tendência freqüente, sobretudo na Idade Média[7], de definir os casos como regimes; inversamente, tal concepção influencia inevitavelmente a da diátese, que está em função do caso. Ademais, define-se o modo pela subordinação, portanto igualmente pela recção, e, ao lado da definição por substância, segundo a qual o subjuntivo é o modo do irreal, admite-se uma definição por forma, segundo a qual o subjuntivo é o modo da subordinação. É-se mesmo levado, com freqüência, a admitir a superioridade das definições funcionais, ou por forma, em relação às definições semânticas, ou por substância, que se prestam amiúde a equívocos e permanecem esquivas e dificilmente manejáveis. Não poderíamos citar, sob esse aspecto, exemplo melhor que o do gênero gramatical: aqui, a definição semântica parece insuficiente ou mesmo impossível, e não é senão a definição funcional, determinando o gênero como um índice de concordância, que fornece um ponto de referência sólido e verídico.

É com fundamento em tais considerações que a gramática consegue – pelo menos, *grosso modo*, de maneira rudimentar – apresentar o "paradigma", estabelecer em parte a "categoria" e reconhecer, com uma nitidez particular, o fato da *recção*.

3. – *Categoria e recção*. É fácil notar – ainda que a gramática não extraia conscientemente tal conseqüência – que essas três noções se condicionam mutuamente. A categoria é um paradigma munido de uma função definida, o mais das vezes reconhecida por um fato de recção. Se as preposições constituem uma categoria particular no seio do sistema, é que elas constituem um paradigma definido pela faculdade que seus membros possuem de reger casos; além do mais, as preposições se alinham naturalmente em subcategorias, conforme os casos que regem. Se as conjunções constituem uma categoria, é porque igualmente constituem um paradigma cujos membros podem reger uma proposição (um verbo, os modos ou tempos); com toda a evidência, as conjunções se alinham em subcategorias segundo o seu regime (segundo a natureza da proposição regida; segundo o modo ou o

---

7. Ver, do autor, *Principes de grammaire générale* (*Det Kgl. Danske Videnskabernes Selskab, Historisk-filologiske Meddelelser*, XVI, I, Copenhague, 1928), p. 159.

tempo que elas regem). O adjetivo e o advérbio são categorias pelo fato de seus membros poderem determinar ou (o que é o mesmo, na prática) ser regidos por um substantivo e um verbo, respectivamente. Em todos esses casos, e em muitos outros, a categoria é estabelecida pela recção, e não pela significação; há outras palavras além das preposições e das conjunções que indicam a relação, e há outras palavras além do adjetivo e do advérbio que indicam a qualidade. Se, em conseqüência, pretendemos definir uma categoria pela significação, fazemo-lo consignando uma etiqueta semântica a uma categoria estabelecida de início por critérios funcionais. A significação é um fato só reconhecível dedutivamente, e pressupõe a função.

Em todos os casos observados, podem-se inverter os termos. Se as preposições e suas subcategorias são definidas pelo fato de definirem certos casos, estes casos constituem, com toda a certeza, uma categoria, por admitirem a função de regime preposicional. A categoria dos casos pode definir-se como um paradigma do qual alguns membros sofrem a recção de preposições e de verbos. Os verbos constituem categorias segundo o seu regime: verbos transitivos e intransitivos, verbos que regem dativo, etc. O modo e o aspecto podem ser definidos como paradigmas dos quais alguns membros sofrem a recção de conjunções. O substantivo pode ser definido por sua faculdade de ser determinado por (ou de reger) um adjetivo; o verbo, por sua faculdade de ser determinado por (ou de reger) um advérbio. Não asseguramos que essas definições sejam definitivas; basta-nos assinalar que elas são possíveis e que constituem, por assim dizer, a conseqüência natural e lógica das vagas sugestões da gramática.

Categoria e recção se acham, pois, em função uma da outra. A categoria se reconhece, enquanto tal, pela recção, e esta, por sua vez, em função da categoria. O sintagmático e o paradigmático se condicionam constantemente. Assim, malgrado todos os esforços, nunca se conseguiu separar completamente a morfologia e a sintaxe. Não poderíamos fazê-lo senão abandonando resolutamente todo método empírico ou imanente. Com a condição de conservar, por pouco que seja, um procedimento objetivo, somos forçados a introduzir considerações manifestamente *sintáticas* em *morfologia* – por exemplo, as categorias da preposição e da conjunção, cuja única razão de ser se encontra no sintagmático – e de ordenar na *sintaxe* fatos plenamente *morfológicos* –, reservando forçosamente à *sintaxe* a definição de quase todas as formas que pretendemos ter reconhecido em *morfologia*.

4. – *Crítica da noção tradicional de recção*. Na gramática, o ponto de vista funcional, fazendo-se valer em certa medida, na realidade aparece apenas vagamente e não reivindica ainda todos os direitos que lhe tocam. Não constitui o ponto de vista fundamental e único. É assim que a própria noção de recção, necessária a toda consideração funcional, permanece mal definida, e que, antes de ser utilizada em lingüística estrutural, deve ser submetida a uma análise crítica. Indiquemos brevemente os principais defeitos da noção tradicional de recção, tal como se apresenta em gramática.

1º) *A extensão das unidades inseridas na recção não é nitidamente delimitada*. É o defeito mais visível, e que pode ser remediado com maior facilidade: evidentemente, convém sempre fixar a *extensão minimal*. Assim, pode-se dizer – e em gramática se diz indiferentemente – que uma conjunção rege uma proposição, que rege o verbo dessa proposição e que rege o modo ou o tempo desse verbo; que uma preposição rege um nome, e que rege o caso desse nome; que um termo primário (substantivo) rege um termo secundário (adjetivo), e que o caso, o número e o gênero do termo secundário estão em concordância com os do termo primário. Evidentemente, para precisar e para escolher entre essas diversas possibilidades, é preciso considerar a unidade minimal: é a concordância entre os morfemas fundamentais dos termos primário e secundário que constitui sua função mútua; a base fica à parte e só se define após a conclusão, como base de termo primário (de substantivo) e de termo secundário (de adjetivo) respectivamente, pelo caráter de regente ou de regime dos morfemas aos quais ela é suscetível; da mesma forma, é o caso e não o nome inteiro que é regido pela preposição; é o modo ou o tempo, e não o verbo inteiro ou a proposição inteira, que é regido pela conjunção. Com freqüência, convém fazer rigorosamente a separação: em *uolō puerī lūdant*, o presente de *lūdant* é regido por um morfema fundamental (o presente) de *uolō*, enquanto o subjuntivo de *lūdant* é regido pela base do verbo *uolō*. Dizer simplesmente que o tempo e o modo da proposição subordinada são regidos pelo verbo da proposição principal seria misturar fatos que convém separar.

2º) *A gramática estabelece erradamente uma diferença essencial entre a recção e a concordância*. Para a concordância entre o gênero, o número e o caso dos termos primário e secundário, foi preciso abandonar há muito tempo essa distinção, devolvendo a concordância ao princípio geral da recção[8]. Mas o fato é mais geral. Se se reconhece a concordância entre a pessoa do pronome e a do verbo em *ego sum*, e a concordância entre o elemento demonstrativo compreendido no pronome, de um lado, e o artigo definido, do outro, em οὗτος ὁ ἀνήρ, não se vislumbra nenhum obstáculo para admitir sob o mesmo caráter uma concordância entre a preposição e seu caso, ou entre a conjunção e seu modo. Poderíamos fazer duas objeções aparentes: de um lado, poderíamos extrair um argumento do fato de a preposição não ser definida pela simples significação do caso que ela rege, mas encerrar, com toda a certeza, ainda outros elementos, e, de forma análoga, a conjunção é mais complexa que o modo por ela regido, encerrando mais elementos que a significação simplesmente modal; mas o argumento não é decisivo, visto que, com toda a probabilidade, o pronome não se reduz também à simples significação de primeira pessoa e de demonstrativo, respectivamente, mas encerra também elementos ulteriores. Para delimitar com precisão a unidade *inserida* na *recção*, e para fixar-lhe a extensão mínima, convém antes constatar que há na preposição um elemento casual, e na conjunção um elemento modal, que regem um elemento idêntico contido no seu regime. Assim, a recção se reduz a uma concordância. Visto ser impossível definir indutivamente os fatos de significação, os fatos funcionais da recção nos forçam antes a constatar na unidade regente um elemento semântico definido por sua concordância com o regime. Só este procedimento está em conformidade com o princípio de simplicidade e com o método empírico.

Por outro lado, poder-se-ia tentar destacar que, na recção de pessoa entre pronome e verbo e na recção de forma demonstrativa entre pronome e artigo, só há um único regente e um único regime, enquanto freqüentemente muitas preposições e muitas conjunções regem um mesmo caso e um mesmo modo (ou tempo) respectivamente, ou vice-versa. Mas isso seria invocar um fato de estatística, e não um fato de princípio. Que uma preposição possa reger um, dois ou mais casos ou que um caso seja regido por uma, duas ou mais preposições, não altera em nada o fato de que a preposição ou o caso em questão possam conter um elemento idêntico a um elemento do outro termo da recção; a diferença entre os diversos casos regidos por uma mesma preposição, ou entre as diversas preposições que regem um mesmo caso, não pode estar no elemento responsável pela recção, mas deve ser

---

8. *Principes de grammaire générale*, pp. 141 e ss.

buscado em qualquer outro elemento contido na mesma unidade. Há, então, entre a recção de termo a termo e a recção de série a série, apenas uma diferença gradual, e, ainda aqui, a diferença entre recção e concordância se reduz a nada.

De maneira geral, os limites entre a recção e a concordância são flutuantes e não desempenham qualquer papel do ponto de vista estrutural.

3º) *A gramática não define de forma lógica ou uniforme a orientação da recção.* A noção de recção implica por definição a noção de uma orientação ou de um sentido definido; a recção é o movimento lógico e irreversível de um regente a um regido. Não saberíamos, então, definir uma dada recção sem poder indicar, segundo um princípio uniforme, qual dos termos é o regido e qual o regente. Sob esse ponto de vista, a gramática não nos fornece nenhum critério utilizável, e, na prática, procede de maneira manifestamente arbitrária. Isso não é fortuito: a orientação depende da própria natureza da recção, e seria impossível conhecer a orientação da recção sem primeiro definir a recção mesma; ora, neste como em alguns outros casos, onde se coloca a questão das definições teóricas, a lingüística clássica nos desampara completamente.

Procurando encontrar o fato que determine a orientação, convém partir de um princípio simples e claro. Um deles é fornecido pela relação entre certas preposições e seus casos e entre certas conjunções e seus modos. Achamo-nos em presença de um fato de concordância, e perguntamos por que é necessário conceber essa concordância como unilateral e definir a preposição como regente e o caso como regido, sem que o inverso seja possível. Parece não haver senão uma só resposta a impor-se: com toda a evidência, *o termo regido é um dos dois que é atraído necessariamente pelo outro*. Uma preposição latina como o *sine* atrai necessariamente o ablativo, enquanto este não atrai necessariamente a preposição *sine* (ou qualquer preposição da mesma ordem)[9]. Parece que a recção se define como uma *atração necessária*, o que explica a necessidade de distinguir um atraente e um atraído.

De início, apliquemos nosso resultado a um exemplo mais complexo e, por conseguinte, menos claro ao primeiro contato: a

---

9. Segue-se que convém fazer abstração dos acidentes da palavra e ater-se unicamente aos fatos da norma; a idéia de obrigação, implícita na de apelo necessário, evidencia por definição apenas a norma. É assim que antes de abordar a análise dos fatos em questão se torna necessário proceder a uma *catálise* (ver p. 170; *Archiv für vergleichende Phonetik*, II, p. 218).

relação entre o termo primário e o termo secundário (ou entre substantivo e adjetivo). Aqui, a concordância de gênero, número e caso não é independente, mas pressupõe a existência da junção: para que haja a concordância em questão, cumpre haver inicialmente um termo primário e um termo secundário que possam operar sua contração. Ora, considerando apenas o termo primário e secundário em si mesmos, e com a prévia abstração da concordância, torna-se evidente ser o termo secundário o atraente, e o termo primário o atraído: um termo primário pode aparecer sem o termo secundário, mas o inverso é impossível. É então o termo secundário que rege o termo primário. O contraste com a teoria clássica não é tão grande quanto poderia parecer à primeira vista; considerando, não os termos em si mesmos, mas a concordância de gênero, número e caso, só levada em conta pela doutrina clássica, a recção toma a orientação inversa. Tal concordância só pode ocorrer, como dissemos, se já existirem um termo primário e um termo secundário. Nessas condições, pois, é evidentemente o gênero, o número e o caso do termo primário que regem o gênero, o número e o caso do termo secundário, pelo menos em toda língua onde o substantivo pode ser imóvel (indeclinável) em relação a esses morfemas (fato que, com freqüência, se observa particularmente quanto ao gênero). Seria errôneo pretender, por exemplo, que o adjetivo secundário determine o gênero de *templum*, o número de *tenebrae*, o caso de *nefas*, porque os morfemas em questão já foram determinados de uma vez por todas pelas bases às quais se juntam. São, pois, os morfemas do termo primário que regem os do adjetivo, e não o inverso[10].

Podemos afirmar, em conclusão – empregando uma terminologia que se mostrará útil –, que a recção (ou concordância) é, nos casos estudados, uma *determinação*[11]. A preposição determina o seu caso, o termo secundário determina o seu termo primário; o gênero, o número e o caso do termo primário determinam os do termo secundário adjetivo.

Os casos até agora examinados não esgotam todos os fatos que, na gramática, são compreendidos sob o termo geral de recção. Mas isso nos faz passar a outro ponto de nossa argumentação.

10. [Concebemos agora o problema de maneira menos complicada: é, de todos os pontos de vista, o termo secundário (epíteto) que "rege" (seleciona) o termo primário, e essa seleção pode definir-se ocorrendo entre as característica (ou morfemas). Cf. p. 226 (1956)].

11. Essa terminologia acha-se em conformidade com a de Charles Bally *(Linguistique générale et linguistique française*, Paris, 1932, pp. 43 e ss.).

4º) *A noção de recção não esgota as funções possíveis*. Logicamente, a determinação, ou atração necessária, de um termo por outro não é a única possibilidade funcional que se apresenta. A determinação é uma dependência unilateral e obrigatória. Mas é possível conceber, por contraste, de um lado uma *interdependência* ou dependência bilateral e obrigatória, de outro uma pura *constelação* ou dependência facultativa. Com efeito, ambos os casos são freqüentes, e, além disso, um exame dessas possibilidades mostra que a concepção da recção é ainda muito esquiva e varia de um caso para outro conforme o ponto de vista adotado. Se considerarmos, por exemplo, o ablativo latino, e se, em lugar de tomar à parte cada fato de recção (como fizemos acima para a preposição *sine*), estabelecermos uma categoria que abranja todos os termos que podem entrar numa relação de recção com o ablativo (preposições, verbos), veremos que entre essa categoria global e o ablativo existe *interdependência* (de vez que o ablativo não aparece fora das recções; mesmo num caso como *Roma venire*, nada impede que se conceba o ablativo como contraindo uma relação de recção com o verbo). Se, por outro lado, em lugar de considerar a preposição *sine*, escolhermos uma preposição como *ab*, constataremos entre esta e o ablativo uma pura *constelação*, já que o ablativo não atrai necessariamente essa preposição nem ela atrai necessariamente o ablativo (sabe-se que ela desempenha também o papel de prevérbio). Isso nos leva imediatamente ao ponto seguinte.

5º) *A extensão das categorias contidas na recção não está delimitada com precisão*. Parece que, sem uma delimitação mais precisa das categorias contidas na recção estudada, não poderíamos decidir se nos achamos em presença de uma determinação, de uma interdependência ou de uma constelação. Mas o critério é encontrado facilmente. Já vimos que a recção está em função da categoria, e que esta se define como um paradigma munido de uma função definida; noutras palavras, para reconhecer a recção sem ambigüidade, "os termos considerados não devem ser mais amplos que um paradigma, nem menos amplos que uma categoria". A "categoria global" que estabelecemos acima, compreendendo as preposições e os verbos regentes do ablativo, ultrapassa manifestamente os limites de um só paradigma (uma vez que os verbos e as preposições não são intercambiáveis no mesmo local da corrente). Por outro lado, o argumento invocado para a diferença entre *sine* e *ab* conserva o seu valor: por sua função diferente, essas duas preposições pertencem a duas categorias distintas, das quais nenhuma ultrapassa os limites de um paradigma. (É verdade que simplificamos bastante o assunto ao considerarmos *ab* em situação isolada: é a categoria de *ab, dē, ex*, etc., que cumpre dizer. *Sine* constitui, parece, uma categoria de um só termo.)

6º) *A recção é uma noção insuficiente, pois engloba apenas as relações heterossintagmáticas.* É aqui que o termo determinação, introduzido acima, se revela útil. De conformidade com a terminologia tradicional, podemos conservar o termo "recção" para designar a "determinação heterossintagmática"[12]. Mas no interior de um mesmo sintagma encontramos tanto determinações quanto interdependências e constelações que são em todos os pontos análogas às que se observam entre os sintagmas. Assim, a característica determina a base (de vez que uma palavra pode compreender uma base sem característica, como as preposições e as conjunções), e os elementos derivativos determinam o radical. Entre os morfemas de uma mesma característica há, mais freqüentemente, interdependência (por exemplo, entre caso, gênero e número no substantivo latino). E pode haver constelação entre as palavras-bases de um composto. Tais fatos não se distinguem dos analisados acima senão pela circunstância de ser homossintagmáticos.

5. – *Categoria e relação.* Determinação, interdependência e constelação são observadas no paradigmático (rede de funções entre termos alternados) tanto quanto no sintagmático (rede de funções entre termos coexistentes). O próprio paradigmático determina o sintagmático, pois, de maneira geral e em princípio, pode-se conceber uma coexistência sem alternância correspondente, mas não o inverso. É por essa função entre o paradigmático e o sintagmático que se explica o seu condicionamento recíproco. A *relação*, ou função sintagmática, e a *correlação*, ou função paradigmática, se acham em função recíproca. O *sistema* da língua é estabelecido pelo conjunto das correlações e das *categorias* por elas constituídas, e as categorias, por sua vez, se definem sintagmaticamente. A lingüística estrutural não é, então, unicamente a teoria do sistema lingüístico, mas forçosamente, e

---

12. Num trabalho anterior, substituímos o termo recção pelo termo *direção*, e no mesmo trabalho dissemos *determinação bilateral* em vez de *interdependência* (ver pp. 171 e ss.). Lembremos de passagem que o termo *combinação* pode ser utilizado para a constelação sintagmática; para maior simplicidade, não utilizamos no presente trabalho termos especiais para distinguir as funções sintagmáticas (relações) e paradigmáticas (correlações).

ao mesmo tempo, a teoria dos fatos sintagmáticos que lhe constituem a contrapartida.

6. – *A função semiológica*. Essas distinções permitem definir de maneira mais precisa a função semiológica, aquela que reúne o plano do conteúdo e o da expressão. Tal função é uma relação, porque os dois planos são coexistentes, e não alternantes. Entre ambos há interdependência, pois que são complementares. Mas entre as unidades dos dois planos há constelação (porque a idéia não evoca necessariamente o significante, e este não evoca necessariamente aquela).

7. – *A recção no plano da expressão*. Observam-se relações tanto no plano da expressão quanto no do conteúdo. Já demos, noutro lugar[13], exemplos que servem para demonstrar que entre os acentos e as modulações existe determinação sintagmática. Esta é de ordem heterossintagmática, já que ultrapassa a fronteira da sílaba, sintagma minimal da expressão[14]. Achamo-nos, assim, em presença de uma recção. Mas o fato das relações homossintagmáticas se acha no igualmente bem conhecido plano da expressão[15]. A vogal de uma sílaba é determinada pelas consoantes, assim como, no plano do conteúdo, o radical é determinado pelos derivativos. Entre as vogais de um ditongo e entre as consoantes de um grupo pode haver determinação, interdependência ou constelação, segundo os casos que se observem[16].

8. – *Conclusão*. Nos dois planos, o mecanismo lingüístico está exaurido pela descrição das relações e correlações e de suas funções mútuas. Essa descrição independe da substância na qual se manifestam os termos das funções. Destarte, a lingüística estrutural libertou-se de todas as idéias metafísicas preestabelecidas sobre a substância do conteúdo (eterno quadro das categorias do pensamento) e sobre a substância de expressão (eterno quadro dos sons da linguagem). Libertou-se, pois, de todo apriorismo e de toda indução e organiza-se como ciência autônoma.

---

13. *Proceedings of the Third International Congress of Phonetic Sciences*, pp. 268 e ss.
14. *Op. cit.*, p. 270.
15. *Op. cit.*, pp. 267 e ss.
16. Ver p. 171, e H. J. ULDALL *nos Proceedings of the Third International Congress of Phonetic Sciences*, pp. 273 e ss.

11. ENSAIO DE UMA TEORIA DOS MORFEMAS*
(1938)

A língua é uma forma organizada entre duas substâncias[1], servindo uma delas de *conteúdo* e a outra de *expressão*. Os elementos dessa forma, ou *glossemas*, são então, por um lado, elementos formadores do conteúdo, ou plerematemas (de πλήρης: que podem ser preeenchidos por um conteúdo), e, por outro, elementos formadores da expressão, ou *cenematemas* (de κενός: que não podem ser preenchidos por um conteúdo). Os dois *planos* da língua assim constituídos, o plano pleremático e o plano cenemático, oferecem em sua estrutura uma perfeita analogia.

Sabe-se que o mecanismo da língua[2] é estabelecido por uma

---

* *Essai d' une théorie des morphèmes*, nº 35 da bibliografia. Comunicação apresentada no IV Congresso Internacional de Lingüistas.

1. F. DE SAUSSURE, *Cours de linguistique générale*, pp. 155-169 (2ª ed., Paris, 1922).

2. F. DE SAUSSURE, *op. cit.*, pp. 176-184.

rede de relações sintagmáticas e paradigmáticas[3], que se condicionam mutuamente; seja, em cenemática:

$$
\begin{array}{c}
l\bar{u}d\check{o} \\
c \\
n \\
s
\end{array}
$$

e em pleremática:

puer	*I*		lūd-		*unt*			
= "puer"	"nom."	"plur."	"lud"	"3.ª pes."	"ativo"	"pres."	"plur."	"ind."
"domin."	"ac."	"sing."	"curr"	"1.ª pes."	"passivo"	"imp."	"sing."	"subj."
–	–	–	–	–	–	–	–	–
–	–	–	–	–	–	–	–	–
–	–	–	–	–	–	–	–	–

Cada um dos glossemas e cada uma de suas categorias se definem por sua *função*, isto é, por suas relações sintagmáticas possíveis; a função pode ser heteroplana (função de um plano a outro[4]) ou homoplana (ocorrendo no interior de um só e mesmo plano da língua). Possuindo os glossemas uma mesma função homoplana, constituem uma *categoria*, ou seja, um paradigma funcional. A relação paradigmática entre os membros de uma categoria pode ser chamada *correlação*. Tal relação é a que se encontra na base do sistema lingüístico. Todo glossema é definido pelo fato de pertencer a uma dada categoria, isto é, por sua localização dentro do sistema.

Os dois planos são as categorias mais amplas e mais simples, definidas por uma função heteroplana[5]. Descendo ao interior de cada uma dessas categorias, passamos sucessivamente por categorias ao mesmo tempo mais restritas e mais complexas. No entanto, a estrutura dessa hierarquia é, nos dois planos, exatamente a mesma.

Para podermos avaliar de maneira eficaz o produto das diversas funções que definem as categorias, cumpre de início proceder a uma *catálise*, isto é, a uma operação mediante a qual a cadeia sintagmática seja completada de modo a satisfazer a todas as

---

3. F. DE SAUSSURE, *op. cit.*, pp. 170-175. É para evitar o psicologismo adotado no *Cours*, de F. de Saussure, que substituo o termo "relação associativa" por "relação paradigmática".

4. Esta sorte de comutação é que se revela pela "comutação". Ver *Studi Baltici*, VI, p. 9; do autor, "Die Beziehungen der Phonetik zur Sprachwissenschaft", *in Archiv für vergleichende Phonetik*, II, julho de 1938; do autor, "Neue Wege der Experimentalphonetik", *in Nordisk Tidsskrift for Tale og Stemme*, II, pp. 153 e ss.

5. Mais exatamente: por uma combinação heteroplana. Ver mais adiante.

funções que condicionam a forma da cadeia. Uma cadeia como *lūdunt* pode ser catalisada em *puerī lūdunt* ou em *līberī meī lūdunt*, pois a função entre o "sujeito" e o "verbo" é que é responsável pelo número e pessoa de *lūdunt*.

Como as "palavras" introduzidas pela catálise encerram, na maioria das vezes, certos elementos que permanecem sem importância para a função considerada (já que, por exemplo, a escolha entre *puer-* e *līber-* não é pertinente para a escolha da pessoa e do número de *lūdunt*), a catálise depende não apenas dos fatos de função, mas ainda da situação na qual a cadeia é atualizada (vale dizer, do conjunto do "contexto", no sentido amplo deste termo). Para que a catálise seja admissível, duas condições precisam ser preenchidas: a cadeia estabelecida pela catálise deve ser lingüisticamente possível (no emprego considerado) e a catálise não deve acarretar nenhuma alteração de sentido. Destarte, seria inadmissível catalisar *lūdō*, em *ego lūdō*, pois esta ampliação acarretaria uma alteração do sentido (introdução de um elemento enfático). Pode-se perceber a diferença metódica entre a catálise e a teoria clássica do "subentendido", que dava livre curso ao arbitrário.

Na hierarquia das categorias, distinguem-se de início, em ambos os planos, a categoria dos *expoentes* e a dos *constituintes*. O tipo de função que vamos considerar aqui é a *direção*, definida a seguir.

As funções são de várias espécies. Sem pretender abordar por enquanto a classificação completa das funções possíveis, assinalaremos a distinção evidente entre as funções *facultativas* e as funções *obrigatórias*. Em toda função existem duas categorias que se atraem mutuamente; tal atração pode ser necessária ou não. Se não o é, de um lado ou de outro, a função é facultativa. Se uma das duas categorias participantes da função atrai necessariamente a outra e/ou inversamente, existe função obrigatória. Deixando de parte, previamente, os fatos de defectivação e simplificação (função que condiciona os sincretismos), a função facultativa pode receber o nome de *combinação*, e a função obrigatória, o de *determinação*. Há combinação cenemática, por exemplo, entre as consoantes *f* e *l*, no francês: elas podem entrar em função mútua para constituir um grupo (cf. *fleurs*), mas o *f* pode aparecer sem o *l* (cf. *faire*) e o *l* sem o *f* (cf. *leur*). Há combinação pleremática entre as palavras-bases de uma cadeia (comumente a escolha e o agrupamento das palavras são livres, do ponto de vista da língua, e regulamentados somente por considerações de lógica e de realidade). Numa língua que só admite sílabas fechadas, haverá determinação cenemática entre o ponto vocálico e o consonantismo final. Há, de ordinário, determinação plaremática entre a palavra-base e o morfema flexional, e ainda em todos os casos comuns de "recção"[6].

De acordo com um outro ponto de vista, cumpre distinguir a função *homossintagmática* (que ocorre no interior de um só sintagma) e a função heterossintagmática (função entre elementos pertencentes a sintagmas diferentes). No plano pleremático, a relação da palavra-base com os morfemas que lhe pertencem é um fato de função homossintagmática, enquanto na maioria das línguas os fatos conhecidos pelo termo clássico "recção" constituem fatos de função *heterossintagmática* (de vez que na maioria das línguas a "palavra" corresponde ao sintagma minimal).

O agrupamento livre das palavras-bases na cadeia é um fato de combinação heterossintagmática. A combinação homossintagmática é encontrada em alguns tipos de compostos. Se, em latim, a categoria dos casos e dos gêneros[7] coexistem sempre num sintagma, deparamos com uma determinação (bilateral) homossintagmática. Num exemplo como *līberī meī* existe, ao contrário, uma determinação heterossintagmática entre caso, gênero e número em *līberī*, as mesmas categorias em *meī*. É à determinação heterossintagmática que, para maior brevidade, chamo *direção*[8].

Portanto, é a direção que define o expoente, por oposição ao constituinte. Esses paradigmas, cujos membros podem entrar numa relação de direção, são paradigmas de *expoentes*. Os paradigmas que não apresentam tal particularidade são paradigmas de *constituintes*. No plano cenemático, os expoentes são os prosodemas (cujas unidades são os acentos e as modulações), e os constituintes são os cenemas (cujas unidades são as vogais e as consoantes). No plano pleremático, os expoentes são os morfemas, e os constituintes são os pleremas (cujas unidades podem ser divididas em radicais e derivativos[9], correspondendo à divisão cenemática em vogais e consoantes). Os *morfemas*, que consti-

---

6. Evito o termo clássico "recção", que é mal definido e se presta por vezes a equívocos, sobretudo quando se trata de constatar qual dos termos é "regido" e qual é o "regente".

7. Para ser exato, cumpre acrescentar: fundamentais. Ver mais adiante.

8. Na última redação da teoria, o termo *direção* é reservado para designar a "direção néxica" (ver p. 173), enquanto o termo *recção* é empregado para designar qualquer seleção heterossintagmática. Cf. p. 166, nota 12.

9. Seria ilícito assimilar os derivativos aos morfemas, como habitualmente se fez até aqui.

tuem o objeto de minha exposição, são assim os expoentes pleremáticos e correspondem aos prosodemas no plano cenemático.

Se, em determinadas condições, um expoente faz parte de um paradigma do qual nenhum membro pode ser dirigido, o expoente se diz *convertido*[10]. A base de um pronome encerra freqüentemente morfemas convertidos[11]. Se, em determinadas condições, um expoente faz parte de um paradigma cujos membros podem ser dirigidos, o expoente se diz *fundamental*. O morfema (flexional) ordinário é um morfema fundamental.

A distinção feita entre expoentes e constituintes permite definir o *sintagma*: é sintagma uma unidade composta de um tema e dos expoentes fundamentais que o caracterizam, e que podem ser chamados de *característica* do sintagma.

Os expoentes fundamentais se dividem em duas categorias definidas pela função homossintagmática. Os expoentes *extensos* são aqueles que podem caracterizar um enunciado catalisado; os expoentes *intensos* são aqueles que não possuem tal faculdade. Os prosodemas extensos fornecem as modulações: os prosodemas intensos fornecem os acentos. *Grosso modo*, os morfemas extensos são os morfemas *verbais*; os morfemas intensos são os morfemas *nominais* (ver quadro sinótico.) Diz-se *sintagmatema* um sintagma cuja característica é uma unidade minimal de expoentes intensos; no plano cenemático, é a *sílaba*, e no plano pleremático, o *nome* comum[12]. Diz-se *nexo* um sintagma cuja característica é uma unidade minimal de expoentes; no plano pleremático, o *nexo* encerra por vezes um núcleo sobre a qual a característica extensa tende a se concentrar: trata-se do *verbo*. Mas nem por isso deixa ela de poder caracterizar o conjunto do enunciado catalisado. Em *nōs lūdimus*, a primeira pessoa caracteriza o conjunto do enunciado. Em *Caesar uīcit Gallōs* e em *Gallī a Caesare uicti sunt*, tudo o que é enunciado é que se concebe na voz ativa ou na voz passiva. O mesmo acontece quanto ao aspecto e ao modo: com maior freqüência, é o conjunto do enunciado que se reveste de certa concepção temporal, aspectual, modal. A ênfase, enfim, pode servir para realçar um enunciado completo por oposição a outro.

Prosseguindo, cada uma das duas grandes categorias que acabamos de estabelecer, as intensas e as extensas, se dividem em quatro categorias possíveis, segundo os fatos de direção. Para tal distinção, a direção *néxica* é decisiva.

10. Ver *Studi Baltici*, VI, p. 41.
11. Ver pp. 211-218.
12. Ver, do autor, *La syllabation en eslave*. *Belićev Zbornik*, Belgrado, 1937, pp. 315 e ss.

Sabe-se que os sintagmas podem agrupar-se em unidades mais amplas: vários nexos (*grosso modo*, "frases"), cujas características (extensas) contraem uma relação de direção, constituem *nexia* (*grosso modo*, "período"); vários sintagmas, cujas características contraem uma relação de direção, constituem uma *sintagmatia*. Segundo esse ponto de vista, um enunciado catalisado constituído de um único nexo é uma *nexia simplexa*, e um sintagmatema que, num enunciado catalisado, não contrai direção com outros sintagmatemas, é uma *sintagmatia simplexa*. Entendemos por *direção néxica* uma direção que se presta a estabelecer uma nexia; exemplos óbvios são fornecidos pela relação entre "sujeito" e o "predicado" ou, por exemplo, a relação modal entre o verbo da "proposição principal" e o verbo da "subordinada". Uma direção que não sirva para estabelecer uma nexia pode ser denominada *direção juncional*, e a sintagmatia estabelecida por ela pode receber o nome de *junção*[13].

A categoria intensa dos *casos* e a categoria extensa de *pessoa* e de *diátese* definem-se pelo caráter *homonexual* da direção néxica que ambas contraem, sendo que esta última nunca pode ultrapassar as fronteiras de um único nexo.

Caso: Um caso pode ser dirigido por um caso (fato de concordância) ou por uma preposição (*i.e.*, por um caso convertido), o que assegura seu caráter de morfema fundamental. Por outro lado, essas espécies de direção, decisivas para a distinção dos casos fundamentais e convertidos, constituem em sua maioria direções juncionais e não podem ser consideradas quando se trata de definir a categoria dos casos por oposição às demais categorias morfemáticas. As únicas direções néxicas comumente contraídas pelos casos são: a que ocorre entre caso e diátese e a que ocorre entre o caso do "sujeito" e o do "predicado". Ora, as unidades que contraem essas direções pertencem sempre a um só e mesmo nexo. No nexo *Caesar uīcit Gallōs* e *Gallī uictī sunt*, os casos nominativo e acusativo devem sua presença às relações de direção (entre caso e caso e entre caso e diátese) puramente homonexuais.

Pessoa: A pessoa do verbo pode ser dirigida por um pronome pessoal sujeito (pessoa convertida), o que assegura seu caráter de morfema fundamental. Ademais, essa direção é de caráter néxico e presta-se a definir a pessoa como categoria de direção né-

---

13. Os conceitos de "nexo" e "junção", assim definidos, não correspondem senão, *grosso modo*, ao "nexo" e à "junção" de Jespersen. Diferem pelo fato de ser definidos do ponto de vista da forma e não do da substância (pleremática).

xica homonexual; em *nōs uicīmus*, a pessoa fundamental de *uīcimus* é dirigida pela pessoa convertida de *nōs*, pertencente ao mesmo nexo. Por outra parte, se a pessoa pode contrair uma direção heteronexual, tal direção é sempre de caráter juncional. Na nexia *eu, que não sou casado, cuido freqüentemente da casa*, a primeira pessoa do verbo *sou* repousa numa direção heteronexual, mas depende unicamente de um só membro do nexo vizinho, a saber,

Quadro sinótico		Categorias intensas, objetivas	Categorias extensas, subjetivas
Relação (direção néxica homonexual: categoria dinâmica)	1.ª dim. (dinâmica): direção (aproximação – afastamento) 2.ª dim. (estática): coerência – incoerência 3.ª dim. (subjetiva) subjetividade – objetividade	caso	pessoa e diátese
Intensidade (direção néxica heteronexual; categoria estática)	Dimensão: intensidade forte – intensidade fraca	comparação	ênfase
Consistência (direção néxica homonexual e heteronexual; categoria estática)	1.ª dim. (estática): estado discreto – estado compacto 2.ª dim. (dinâmica): expansão – concentração 3.ª dim. (subjetiva): maciço – pontual	número e gênero	aspecto (compreendendo o tempo)
Realidade (direção néxica homonexual ou heteronexual; categoria nem estática nem dinâmica)	1.ª dim. (estática: não-realidade – realidade 2.ª dim. (subjetiva): realização desejada – negação de realização desejada 3.ª dim. (dinâmica): não-realização – realização	artigo	modo

de eu (não há direção de pessoa entre *cuido* e *sou*; cf. *Sou eu quem o fez*, torneio que demonstra não ser obrigatória a concordância de pessoa entre verbos). Em conseqüência, essa espécie de direção não pode ser considerada quando se trata de definir a categoria das pessoas por oposição às outras categorias morfemáticas, e não compromete a definição da pessoa como uma categoria de morfemas extensos de direção néxica puramente homonexual.

Diátese: Comumente, as diáteses só contraem direções com os casos (já vimos isso ao falar dos casos). Em latim, por exemplo, *uenītur*, "é vindo", demonstra que uma diátese pode estar presente sem a coexistência de um nominativo sujeito; isto é, o caso é que atrai obrigatoriamente a diátese, e não o inverso: a diátese é dirigida pelo caso, e não o inverso, o que basta para defini-la como fundamental. Outrossim, essa direção é néxica e invariavelmente homonexual.

A categoria intensa da *comparação* e a categoria extensa da *ênfase* se definem pelo caráter *heteronexual* da direção néxica que elas contraem, sendo que esta última sempre ultrapassa, necessariamente, as fronteiras de um único nexo.

Comparação: O enunciado *Pedro canta melhor que Paulo* deve ser a princípio catalisado em *Pedro canta melhor que Paulo canta*, cadeia que consiste desde já em dois nexos. Ora, é a presença do nexo vizinho, que comporta a conjunção *que*, a responsável pela presença do comparativo; o comparativo é, aqui, dirigido – portanto, fundamental –, e a direção é de ordem néxica e de caráter heteronexual.

Ênfase: Em *É Pedro, não é Paulo*, a ênfase do termo *Paulo* dirige a do termo *Pedro*. Portanto, pode a ênfase ser dirigida, sendo, pois, fundamental. A direção é heteronexual e pode ser néxica (cf. também *ele grita, não canta*). Uma ênfase de um termo pode ser catalisada em uma ênfase de dois termos heteronexuais.

A categoria intensa do *número* e do *gênero* e a categoria extensa do *aspecto* (e do *tempo*) se definem pelo caráter *simultaneamente homonexual e heteronexual* da direção néxica que elas contraem.

Número e gênero: Na nexia catalisada *cum Caeser ad Gallōs uēnisset, iī sē eī trādidērunt*, existe direção néxica entre o sujeito e o verbo de cada um dos dois nexos, e direção néxica entre os dois nexos. O caráter fundamental do gênero e do número do sujeito é evidente; no verbo (gênero e) número é mais freqüentemente convertido. Em decorrência, para demonstrar o caráter simultaneamente homonexual e heteronexual da direção néxica, é necessário escolher uma nexia complexa. Numa nexia simplexa, a faculdade que têm o número e o gênero de contrair uma direção néxica simultaneamente homonexual e heteronexual não pode ser explorada; além disso, todo morfema pode existir fora das direções; as funções são, como todos os fatos do sistema lingüístico, puras possibilidades, que podem ser ou não utilizadas, de acordo com as circunstâncias.

Aspecto (e tempo): O aspecto verbal pode ser dirigido por uma conjunção (que encerra, conseqüentemente, um morfema convertido); cf., em latim, *dum*, seguido do presente; trata-se de uma direção néxica homonexual. Ademais, o aspecto do verbo pode, numa "subordinada", ser dirigido pelo aspecto da "proposição principal", conforme a regra da *consecutio temporum*; temos aí uma direção néxica heteronexual. Destarte, esses dois tipos de direção que, tomados à parte, constituem apenas uma situação onde as possibilidades não são todas utilizadas ao mesmo tempo, podem combinar-se[14].

A categoria intensa dos *artigos* e a categoria extensa dos *modos* se definem pelo caráter *alternadamente homonexual e heteronexual* da direção néxica que elas contraem.

Artigo: Em ουτος ο ανηρο artigo convertido de ουτος dirige o artigo de ὁ ἀνήρ; esse fato elementar é um exemplo de direção juncional que, em conseqüência, não conta senão quando se trata de definir a categoria dos artigos por oposição às demais categorias morfemáticas; por outro lado, é suficiente, para assegurar o caráter fundamental (freqüentemente contestado) do artigo no sintagmatema ὁ ἀνήρ. A direção néxica se encontra em sua forma homonexual na relação entre sujeito e predicado; uma vez que o sujeito pode permanecer sem predicado, mas não o inverso (levando-se em conta a catálise), aqui é o artigo do predicado que dirige o artigo (comumente, é o conjunto da categoria dos artigos) no sujeito; por exemplo, no dinamarquês *mand-en er gammel-0* ("o homem é velho"), *en-mand er gammel-0* ("um homem é velho"), com o "artigo zero" no predicado. (Se, ao contrário, dizemos *mand-en er den gaml-e* – "o homem é o velho, o antigo", o artigo "definido" do predicado deve sua existência à força dirigente de um termo heteronexual que pode, com mais freqüência, ser relevado pela catálise. Por outro lado, sabe-se que o artigo "definido" se presta freqüentemente para indicar aquilo que é conhecido pelo interlocutor: *o homem* é o homem que você conhece, o homem do qual já lhe falei; trata-se, pois, sempre do homem a quem já se fez menção em um nexo precedente. Cf., por exemplo: *Havia um homem no quarto; o homem tinha uma faca na mão*. Verifica-se aqui uma direção néxica heteronexual. Portanto a categoria dos artigos admite indiferentemente a direção néxica homonexual e heteronexual, mas, ao contrário da

---

14. Cf. STOLZ & SCHMALZ, *Lateinische Grammatik*, 5ª ed., M. Leumann & J. B. Hofmann, Munique, 1928, p. 702.

categoria do número e do gênero, não admite sua combinação.

Modo: Em *uolō (ut) puerī lūdant*, o modo subjuntivo é dirigido por uma unidade heteronexual, *uolō* (que comporta um modo convertido, caso comum nos verbos chamados modais). Em *utinam lūdant*, o subjuntivo é dirigido por uma conjunção homonexual (que também comporta um modo convertido). Diferentemente dos aspectos, os modos não admitem a combinação dos dois procedimentos.

Se descermos mais longe na hierarquia das categorias, cada uma das categorias morfemáticas que acabamos de estabelecer se divide em *dimensões*[15]. As dimensões são definidas por uma determinação bilateral. Por exemplo, um morfema de pessoa e um morfema de diátese estão sempre juntos, abstração feita da pessoa convertida do pronome, e um morfema de número e um morfema de gênero estão igualmente sempre juntos, abstração feita do número convertido do verbo.

Em suma, parece que conseguimos definir cada uma das categorias morfemáticas mediante critérios puramente funcionais e formais, sem levar em conta a substância do conteúdo, isto é, das "significações". São essas definições que, por si sós, asseguram à lingüística um método objetivo[16]. É com base nessas definições puramente morfológicas que se pode proceder ao exame, não menos indispensável para a lingüística, da substância do conteúdo, que é em si mesmo amorfo mas pode ser descrito através das demarcações fixas colocadas pela forma lingüística.

Entre forma e substância não existe qualquer liame necessário, permanecendo o signo lingüístico arbitrário, em princípio; o que não impede, por outro lado, possa haver aí um liame possível. Assim é que, sem que haja conformidade absoluta entre as categorias que acabamos de estabelecer e certas categorias nocionais, existe todavia certa *afinidade*, seguindo-se que uma categoria nocional se preste com particular facilidade a formar numa dada categoria morfológica; assim é que se pode prever um *optimum* lá onde essa afinidade atinja uma harmonia absoluta entre forma e substância.

Esse *optimum* – quase sempre realizado, aliás – é que é focalizado no quadro sinótico em que delineei as significações fundamentais que parece possível estabelecer para cada uma das cate-

---

15. Ver, do autor, *La catégorie des cas*, I (*Acta Jutlandica*, VII, I, Aarhus-Copenhague, 1935), pp. 95 e ss., 127 e ss.

16. Ver, do autor, *Principes de grammaire générale* (*Det Kgl. Danske Videnskabernes Selskab, Historisk-filologiske Meddelelser*, XVI, I), Copenhague, 1928, sobretudo p. 28.

gorias, descendo da categoria intensa e da categoria extensa até as dimensões. Daqui decorre que tais definições semânticas devem achar-se num grau de abstração tal, que permitam explicar, por simples dedução, todas as *variantes* (significações particulares) manifestadas e possíveis. *A priori*, torna-se evidente que a concepção tradicional, segundo a qual o número indica a quantidade, o gênero indica o sexo, e o aspecto, o tempo, é um erro fundamental. Semelhantes fatos constituem meras variantes que se manifestam, é verdade, com bastante freqüência, mas não sem exceções, e se apresentam como possibilidade somente para aquelas que se acham contidas, em germe, na significação geral ou no valor dos morfemas em questão.

No quadro sinótico, as dimensões foram situadas arbitrariamente, na ordem observada quanto às categorias intensas. Nestas, a dimensão designada como a primeira é a que possui mais resistência, a que sempre está presente ao realizar-se a categoria. Nas categorias extensas, as dimensões são *subvertidas*: a hierarquia das dimensões se desdobra na ordem inversa. O valor da pessoa gramatical é o de subjetividade-objetividade; o valor principal das diáteses é o de coerência-incoerência (por exemplo, há coerência pelo menos entre sujeito e verbo). No aspecto, a dimensão mais resistente é a do maciço e do pontual. Nos modos, a dimensão mais resistente é a da não-realização/realização (significação dubitativa ou assertiva, expressa em muitas línguas por meio de entonações – por exemplo, a interrogação), e a segunda dimensão é a da realização desejada e sua negação (há, por exemplo, realização desejada no imperativo). A terceira dimensão – a menos resistente – sob o modo é a da não-realidade/realidade (conhecida, por exemplo, pela conjunção negativa de algumas línguas); ela é, ao mesmo tempo, a primeira dimensão sob o artigo, servindo o artigo "definido" para designar a realidade psicológica (porém objetiva) de um conceito.

A diferença entre as dimensões pertencentes a uma mesma categoria se resume a uma diferença entre o ponto de vista subjetivo (avaliação puramente subjetiva da parte do sujeito falante) e o ponto de vista objetivo, e, no interior do ponto de vista objetivo, em uma diferença entre o ponto de vista dinâmico e o ponto de vista estático. Considerando a hierarquia das dimensões e da subversão das categorias, as categorias intensas tornam-se categorias objetivas, ou seja, categorias nas quais as dimensões mais resistentes são as que comportam o ponto de vista objetivo, e as categorias se tornam categorias subjetivas, ou seja, categorias nas quais as dimensões mais resistentes são as que comportam o ponto de vista subjetivo. Porém, esta dimensão absoluta tende a se desfazer na descida pelo eixo vertical, e assim é que, sob o artigo e sob sua subvertida, o modo, a dimensão subjetiva ocupa a posição mediana.

As categorias de direção néxica homonexual são aquelas cuja primeira dimensão coloca em primeiro plano o ponto de vista dinâmico. As categorias de direção néxica heteronexual são simultaneamente estáticas e dinâmicas. As categorias que admitem ao mesmo tempo a direção néxica homonexual e heteronexual são aquelas cuja primeira dimensão coloca em primeiro plano o ponto de vista estático. As categorias, enfim, cuja direção néxica é alternadamente homonexual e heteronexual podem ser definidas como não sendo nem nitidamente estáticas nem nitidamente dinâmicas. Pode-se perguntar se aqui não aparece o verdadeiro *optimum*, e se esta repartição não decorre antes de um acidente estatístico. Em todo caso, a situação descrita é a mais comumente observada.

As categorias morfológicas que enumeramos são *gerais*, e não *universais*. Não se realizam no sistema de qualquer estado de língua, mas residem no sistema da linguagem como possibilidades[17]. Tais categorias são mutuamente *autônomas*; não, porém, *complementares*, isto é, muito embora as categorias não se realizem todas em uma determinada língua, podemos apontar as que o fazem; e, muito embora, num caso extremo, uma única categoria se realize, podemos constatar-lhe a existência e identificá-la em relação ao sistema da linguagem. Por isso, as categorias de que falamos se opõem aos simples *plerematemas*, que não são autônomos, mas complementares; eis por que, por exemplo, um sistema de três gêneros será organizado de maneira diversa de um sistema de dois gêneros; eis por que, também, não poderíamos imaginar uma língua de um só gênero gramatical; se o número de gêneros é inferior a dois, os gêneros desaparecem. É verdade que as *dimensões*, categorias gerais minimais, ocupam quanto a essa distinção uma situação à parte: a existência de uma só dimensão pode ser constatada, mas não poderíamos, do ponto de vista morfológico, identificá-la em relação às demais dimensões da mesma categoria. Tal identificação torna-se possível apenas por meio dos fatos de significação.

As categorias ou correlações até aqui mencionadas são, pois, categorias ou correlações *preestabelecidas* da linguagem, *preexistentes* à língua, gerais e realizáveis. São as combinações e as de-

17. Ver, do autor, *Principes de grammaire générale*, p. 271.

terminações que as realizam em uma dada língua. Mas no interior de cada dimensão podem haver categorias ou correlações menores, constituídas pelos sincretismos ou fatos análogos. Essas categorias e correlações são de natureza diversa. Sem preexistirem na linguagem, elas se estabelecem em cada língua tomada à parte. São as defectivações e as simplificações que estabelecem numa dada língua.

Isso nos permite proceder à classificação completa e definitiva das *funções*:

1) *Seleção*: função que realiza uma correlação. Os membros de uma correlação desse tipo são autônomos.

a) *Combinação*: seleção facultativa.

b) *Determinação*: seleção obrigatória (unilateral ou bilateral).

2) *Dominância*: função que estabelece uma correlação. Os membros de uma correlação desse tipo são complementares.

α) *Defectivação*.

β) *Simplificação*.

Acrescente-se que é justificável dizer que as categorias estabelecidas pela dominância são correlações. Pode-se demonstrar que os *sincretismos*, resultados da simplificação, só podem ocorrer entre um termo intensivo e um termo extensivo. No sistema por mim estabelecido em outro trabalho[18], e que sou obrigado a repetir aqui, os termos intensivos são α β γ, os termos extensivos A B T. Para dar um exemplo, citemos o gênero do adjetivo em latim. Trata-se de uma dimensão que compreende três termos: o feminino, o masculino e o neutro: *ea, is, id*. Em *bonam, bonum*, existe sincretismo entre o masculino e o neutro. Em *gravis, grave*, há sincretismo entre o feminino e o masculino. Nunca existe sincretismo particular entre o feminino e o neutro. A razão está em que o feminino e o neutro são, ambos, intensivos. Por conseguinte, os sincretismos exigem o sistema

βf. Bm. γn.,

o qual se acha, efetivamente, em conformidade com as significações.

Afirmar que nenhum sincretismo e nenhuma correlação estabelecida pela simplificação preexiste na linguagem não é, portanto, negar a presidência de um princípio estrutural.

A teoria aqui esboçada, que constitui uma análise integral de que só pudemos delinear os contornos[19], terá por certo con-

---

18. *La catégorie des cas*, I, pp. 112 e ss.
19. O conjunto da teoria será desenvolvido em LOUIS HJELMSLEV & H. J. ULLDALL, *Outline of Glossematics*.

seqüência tanto para a lingüística quanto para a filosofia. Faço questão de insistir, por último, nas conseqüências filosóficas. Resumindo as dimensões no interior de cada categoria, chegamos a um quadro de quatro categorias apriorísticas e fundamentais: a da *relação*, a da *intensidade*, a da *consistência* e a da *realidade*. Os fatos da linguagem nos conduziram aos fatos do pensamento.

A língua é a forma mediante a qual concebemos o mundo. Não há teoria do conhecimento, objetiva e definitiva, sem o recurso aos fatos da língua.

Não há filosofia sem lingüística.

12. O VERBO E A FRASE NOMINAL*
(1948)

O verbo "ser" constitui o centro necessário de toda teoria do verbo.

Por um lado, o verbo "ser" parece representar, em todas as línguas em que existe, a idéia no estado puro, o verbo por excelência; se quiséssemos estabelecer uma hierarquia semântica dos verbos, o verbo "ser" constituiria o seu ápice – o verbo mais ligeiro, o que encerra em si o mínimo de elementos significativos e os elementos que podem ser essenciais a qualquer verbo; eis por que foi qualificado desde cedo (é verdade que com uma terminologia pouco prática) de *verbo substantivo*. O fato se reflete com freqüência no próprio significante; assim, o indo-europeu possui duas séries de desinências, a série em *-mi* e a série em *-õ*, das quais a primeira parece ser reservada aos verbos mais ligeiros ou "abstratos", que encerram menor número de elementos semânticos, enquanto a série *-õ* é reservada aos verbos mais "concre-

---
* *Le verbe et la phrase nominale*, nº 129 da bibliografia.

tos", de estrutura semântica mais complexa; ora, não somente o verbo "ser" pertence desde a origem aos verbos em *-*mi*, como, onde quer que a conjugação em *-*mi* se reduza ou tenda a desaparecer, é o verbo "ser" o que mais obstinadamente resiste.

Por outro lado, o verbo "ser" parece realizar, mais nitidamente que qualquer outro, e, por assim dizer, no estado nu, a função essencial do verbo na frase: a predicação, no seu sentido lato. Verbo de existência, faz-se também *cópula* e constitui o que parece o centro da frase chamada nominal (*pater bonus est*). Ora, essa cópula pode, por sua vez, fazer-se supérflua; ela se reduz a zero, dando assim existência à *frase nominal pura (omnia praeclāra rāra; uōx populī uōx deī*). Aqui a abstração e o desaparecimento do conteúdo essencial do verbo ultrapassam seus limites e termina por abolir a própria idéia verbal.

Quando, em 1910, J. Marouzeau publicou sua tese sobre *La phrase à verbe "être" en latin*, tratou de um assunto que se acha no centro mesmo do problema geral do verbo. Nesse estudo fundamental, Marouzeau examinou não apenas a ordem das palavras, que o absorveu mais tarde, mas ainda o problema da frase nominal pura[1]. Pôde-se apoiar, para seu estudo, na memória com a qual A. Meillet fundara, em 1906, a teoria da frase nominal[2], e que fora seguida pelos trabalhos de Jules Bloch, Robert Gauthiot e C. Sacleux sobre a frase nominal (e o verbo "ser") em sânscrito, fino-ugriano e banto, respectivamente[3]. É sabido que, mais tarde, Meillet por duas vezes voltou ao problema, a fim de situá-lo mais explicitamente no conjunto de uma teoria geral do verbo[4] e da frase[5].

Esses autores inauguraram, na lingüística moderna, os estudos sobre a frase nominal e o verbo. As reflexões que neste trabalho pretendemos oferecer a respeito de um deles visam tão-

---

1. J. MAROUZEAU, *La phrase à verbe "être" en latin*, Paris, 1910, pp. 133 e ss., 285 e ss.

2. A. MEILLET, *La phrase nominale en indo-européen* (*M.S.L.*, 14 [1906-1908], pp. 1-26).

3. JULES BLOCH, *La phrase nominale en sanskrit* (*ibid.*, pp. 27-96); ROBERT GAUTHIOT, *La phrase nominale en finno-ougrien* (*M.S.L.*, 15 [1908-1090], pp. 210-236); C. SACLEUX, *Le verbe "être" dans les langues bantoues* (*ibid.*, pp. 152-160).

4. A. MEILLET, *Sur les caractères du verbe*, 1920 (= *id., Linguistique historique et linguistique générale*, I, Paris, 1921, pp. 175-198).

5. A. MEILLET, *Remarques sur la théorie de la phrase*, 1921 (= *id., Linguistique historique et linguistique générale*, II, Paris, 1936, pp. 1-8) (sobretudo pp. 4-5).

somente reinterpretar, à luz da teoria mais recente, os fatos por eles legados. Apresentamos essas reflexões – forçosamente sumárias e incompletas –, tomando como ponto de partida a teoria clássica (1, 2), examinando em seguida a frase nominal (pura) (3). Tal exame nos permitirá tirar certas conclusões com respeito aos morfemas ditos verbais (4), às relações entre verbo e nome (5) e à definição do verbo (6). Terminaremos esboçando algumas generalizações que possibilitem situar nossa concepção do verbo dentro de uma teoria de conjunto válida para a estrutura lingüística considerada sob um aspecto mais amplo (7).

1.1. Nossa teoria se afasta, em dois pontos essenciais, da doutrina clássica. Negamos, por um lado, o caráter verbal dos morfemas de conjugação e consideramos que esses morfemas caracterizam, não o verbo, mas a proposição inteira. Por outro lado, reconhecemos a presença desses morfemas mesmo na frase nominal pura, que, conseqüentemente, não podemos considerar desprovida de elementos "verbais", tomado esse termo em sua acepção clássica.

1.2. Para confrontar esses pontos de vista com a doutrina clássica, será útil recordá-la brevemente, embora não a reproduzindo, mas apenas inserindo-a numa fórmula. Reproduzir as teorias dos autores seria patentear antes a nuanças que as separam que a idéia comum a elas; seria trabalho inútil para o nosso alvo. Útil e necessário para se poder avaliar a gramática clássica do ponto de vista moderno é indagar em que medida as doutrinas por ela enunciadas propiciam uma formulação válida em lingüística geral, ou (empregando um termo saussuriano) pancrônica. Buscando semelhante fórmula, cumpre todavia zelar para não comprometer a doutrina clássica, oriunda da consideração de algumas línguas (grego e latim primeiro, indo-europeu depois), e, portanto, "idiocrônica"[6], porém sustentável duradouramente apenas sob a condição de tornar-se pancrônica.

1.3. A lingüística de hoje se propõe a meta principal de enunciar as proposições pancrônicas: seu objeto não se acha mais circunscrito a fronteiras regionais; seu objeto não é esta ou aquela língua, mas a *língua* simplesmente. Ora, podemos avançar duas espécies de enunciados pancrônicos.

---

6. Para a terminologia, ver, principalmente, A. SOMMERFELT, em *Norsk tidsskrift for sprogvidenskap*, 9 (1938), pp. 240-249.

1.º) Enunciados *universais*, ou seja, válidos para qualquer língua e destinados a descrever fatos (que se supõem) *realizados* em toda parte, sem nenhuma condição.

2.º) Enunciados *gerais*, ou seja, válidos para qualquer língua de uma determinada estrutura e destinados a descrever fatos (que se supõem) *realizáveis* em toda parte onde prevaleçam idênticas condições.

2.1. A doutrina clássica do verbo e da frase pode ser reduzida a quatro proposições, a saber: duas definições (uma universal, outra geral), um teorema e uma lei (ambos de ordem geral). Podemos formulá-la da seguinte maneira:

Definição universal: É *verbo* uma palavra que, onde (I) quer que conserve sua significação, indica um "processo" e que, nos contextos onde essa significação desaparece, serve de instrumento gramatical para a predicação[7]. – Esta definição é universal, pois implica todas as línguas possuidoras de verbos. A definição pretende que todo verbo, de qualquer língua, pode indicar um "processo", mas que alguns verbos, em algumas línguas, admitem duas variantes[8]: uma que conserva tal significação, outra que a perde, reduzindo-se a mero índice da predicação. Dessas duas variantes, a primeira (e os verbos que só admitem essa significação) é chamada, por definição, *verbo real*, e a segunda *verbo cópula*[9]. (Assim, o verbo "ser" é, enquanto verbo de existência, um verbo real, reduzindo-se noutras condições a um verbo de cópula.)

Definição geral: É *verbo* uma palavra conjugada (II) (ou conjugável)[10]. Esta definição é geral, pois implica que uma língua sem conjugação não possui verbo[11].

---

7. Cf. sobretudo MEILLET, *Linguistique historique et linguistique générale* [I], pp. 175, 179; II, p. 4; *M.S.L.*, 14, p. 1; *Introduction à l'étude comparative des langues indo-européens*, 5ª ed., Paris, 1922, pp. 156, 316, 318; MAROUZEAU, 1910, p. 24, *L'ordre des mots dans la phrase latine*, II, Paris, 1938, p. 5.

8. É verdade que a teoria clássica não distingue de maneira explícita as variantes e as invariantes.

9. MAROUZEAU, 1910, p. 25, *L'ordre des mots dans la phrase latine*, I, Paris, 1922, p. 7.

10. MEILLET, *Linguistique historique et linguistique générale* [I], p. 176. Desde a Antiguidade, a flexão temporal tem sido considerada a conju-

Teorema geral: Os verbos constituem uma classe (III)
de palavras (ou parte do discurso) principal que se opõe
essencialmente à dos nomes (o nome admite a definição
universal de palavra indicadora do que não é "processo", e a definição geral que o determina como palavra
declinada [ou declinável]).

Lei geral: O centro da proposição é constituído por (IV)
um verbo finito. [Esta parte da lei pode transformar-se
numa definição enunciadora de que a proposição é uma
frase que comporta um verbo finito.] Mas, em certas
condições, encontramos frases que, embora equivalentes a proposições, não comportam elementos verbais;
chamam-se (por definição) *frases nominais* (puras)[12].

gação por excelência, e o verbo é definido na maioria das vezes como a palavra temporal (*Zeitwort*). Todavia, A. Schleicher, que num estudo pormenorizado (*Die Unterscheidung von Nomen und Verbum in der lautlichen Form
= Abh. d. philol.-hist. Cl. d. Kön. Sächs. G. d. W.*, IV, V, 1865), fez-se de-
fensor da definição (II), via na flexão pessoal o traço constitutivo do verbo.

11. Schleicher admitia explicitamente essa conseqüência (*op. cit.*, p.
506). Seu vasto estudo comparativo dá como resultado que, entre as línguas
do mundo, as línguas indo-européias são a únicas que conhecem um verbo
no sentido próprio do termo.

12. A partir do trabalho de Meillet (*M.S.L.*, 14) (cf. *Linguistique historique et linguistique générale* [I], p. 179; II, p. 5), os lingüistas de língua
francesa têm o hábito de chamar toda frase predicativa, com ou sem cópula,
frase nominal (pater bonus est e *omnia praeclara rara)*, e de reservar o termo
frase verbal às outras proposições (do tipo *pater dicit*). Tal terminologia parece-nos pouco lógica e apta a criar inconvenientes. Para designar a frase
predicativa sem cópula, importa recorrer ao termo incômodo *frase nominal
pura* (MEILLET, *M.S.L.*, 14, p. 1; MAROUZEAU, 1910, p. 133; J. VEN-
DRYES, *Le langage*, Paris, 1921, p. 144, etc.). Marouzeau sente-se mesmo
obrigado a destacar uma *frase nominal pura propriamente dita* (1910, pp.
136 e ss., 294). – Parece-nos mais lógico e mais simples falar de *frases nominais* tão-somente nos casos em que o verbo falta (as frases do tipo *pater
bonus est* deveriam então ser designadas como frases verbais [predicativas])
e, portanto, substituir o termo *frase nominal pura* por *frase nominal*, simplesmente. Na *Linguistique*, Paris, 1921, p. 48; 2ª ed., Paris, 1944, pp. 36 e
ss., Marouzeau tende para esse emprego simplificado; C. Bally o adota
(*Linguistique générale et linguistique française*, Paris, 1932, p. 130; 2ª ed.,
Berna, 1944, pp. 162 e ss.). De nossa parte, vamos adotá-la a partir de agora.

Em inglês, o termo *nominal sentences* é empregado para designar as
frases predicativas sem cópula por O. JESPERSEN (*Philosophy of Grammar*, Londres, 1924, p. 120). M. L. BLOOMFIELD (*Language*, New
York, 1933, p. 173) distingue as *predicações narrativas* e as *predicações
equacionais*, sendo as últimas as frases predicativas sem cópula; tal inovação
afigura-se-nos pouco feliz.

2.2. Uma crítica aprofundada dessas quatro proposições consistiria, antes de tudo, em extrair as premissas (em parte implícitas) sobre as quais repousam. No lugar de tal crítica, negativa em princípio, escolheremos aqui o processo mais positivo que consiste em introduzir outras premissas, cuja discussão permitirá, ao mesmo tempo, privar a doutrina clássica de uma parte do seu fundamento.

No entanto, antes de proceder a essa crítica implícita das quatro proposições, poderemos desde já afastar a primeira: a definição universal (I). Tal definição não é utilizável, por duas razões:

1.ª) Ela depende da definição do "processo", que permanece vaga[13] e cuja natureza não é de molde a oferecer critérios objetivos ou praticamente manipuláveis.

2.ª) Todas as tentativas para definir o "processo" de forma a satisfazer a definição universal do verbo se chocam com o fato de existirem palavras manifestamente indicadoras dos "processos", convindo porém guardar uma definição que assegure seu caráter nominal: *fuga, conversão, pensamento*.

Pode-se observar outrossim que as duas definições citadas (I-II) não se excluem mutuamente, uma vez que operam em níveis distintos: a definição universal é de ordem semântica, e a geral é de ordem estrutural (ou gramatical) (no sentido restrito desses termos). Afastamos então a definição semântica (I), restando-nos tão-somente a definição estrutural (II) entre as definições tradicionais do verbo.

O resultado a que chegamos implica que as duas últimas proposições – o teorema (III) e a lei (IV), que repousam na definição dada do verbo – não são sustentáveis, nos quadros da gramática clássica, senão à medida que a definição geral (estrutural) por ela proposta possa ser mantida.

3.1. A definição estrutural (II) implica uma solidariedade entre verbo e conjugação, ou, por outras palavras, entre o verbo e os morfemas ditos verbais. Essa solidariedade é contestável. Bas-

---

13. Mesmo que o "processo" seja especificado por outros termos, tais como "ato" ou "estado", ou "passagem de um estado a outro" (MEILLET, *M.S.L.*, 14, p. 1; *Linguistique historique et linguistique générale* [I], p. 175), e, com razão ainda mais forte, se for substituído pela fórmula enigmática "*rd*", que V. Brøndal nos propunha (*Ordklasserne*, Copenhague, 1928, p. 104; resumo francês, p. 251) (a teoria de Brøndal é apenas uma repetição da doutrina clássica em termos ainda mais obscuros, que o autor não tomou o cuidado de definir).

ta um exame da frase nominal[14] para demonstrá-lo. Acreditamos, com efeito, poder manter a seguinte proposição:

Lei geral: Toda frase nominal[15] comporta em seu (VI) conteúdo[16] certos elementos que a gramática tradicional deveria logicamente reconhecer como elementos verbais, sem que comporte necessariamente um verbo.

3.2. Consideremos os exemplos em latim de que já nos servimos como modelos prévios da frase nominal.

omnia praeclāra rāra (Ex. 1)
vōx populī vōx deī (Ex. 2)

Analisando o conteúdo do exemplo (I), é evidente que se deve contar, afora os diversos elementos encerrados nas três palavras *omnia, praeclāra* e *rāra*, pelo menos três elementos ainda, a saber: *infectum*, "presente" e "indicativo"[17]. A prova é fornecida pelo fato de que, desejando-se substituir o *infectum* por outro aspecto, o presente por outro tempo, ou o indicativo por outro modo, a expressão mudaria necessariamente ao mesmo tempo. Entre esses elementos possíveis do conteúdo, há, com efeito, comutação segundo as fórmulas[18].

(a)   *"infectum"* ; *"perfectum"*
  ∃   0   ; *fuēre*

(b)   *"presente"* ; "pretérito"; "futuro"
  ∃   0   ; *erant* ; *erunt*

(c)   "indicativo" ; "subjuntivo"
  ∃   0   ; *sint*

14. Isto é, frase nominal pura, cf. p. 187, nota 12.
15. Isto é, frase nominal pura (cf. p. 187, nota 12) de uma língua que conhece também as frases verbais.
16. Em vez de *significado* e *significante*, dizemos *conteúdo* e *expressão*, respectivamente. Nossa lei não implica necessariamente que os elementos em questão comportem uma *significação*; são *formas*, que podem ser providas ou desprovidas de "substância".
17. Essa constatação, fácil em si mesma, não é, está visto, a nossa (comparar, por exemplo, MEILLET, *M.S.L.*, 14, p. 20; MAROUZEAU, 1910, pp. 161 e ss.; J. VENDRYES, *op. cit.*, p. 146; C. BALLY, *loc. cit.*); parece-nos, porém, que não se insistiu suficientemente até aqui, e que não se tirou dela todas as conseqüências necessárias.
18. Nas fórmulas desse tipo, a primeira linha dá o conteúdo, a segunda, a expressão; ∃ significa "expressão por"; o ponto e vírgula (;) é escolhido para designar a comutação.

É fácil perceber que uma constatação análoga pode ser feita em relação ao exemplo (2); os morfemas de aspecto de tempo e de modo são os mesmos do primeiro exemplo, apesar de as comutações acarretarem outras expressões (*fuit, erat, erit, sit*).

3.3. Podemos indagar, a tal respeito, se entre os dois exemplos estudados existe uma diferença que corresponda à existente entre as duas séries de comutações. Estas duas séries diferem pelo número gramatical; será legítimo concluir daí pela existência de um morfema "verbal" de número em nossos exemplos? Se o problema não admite uma solução nesses termos, isto se deve a que o número "verbal" é, em todas as frases desse tipo, um fato de acordo. Problema análogo é o da pessoa gramatical[19]. Será necessário retomar essas duas questões sob outro ponto de vista a fim de encontrar um argumento decisivo (3.6).

Outro problema que se apresenta de imediato é o da diátese. Ao abordá-lo, descobrimos que as séries de comutações estabelecidas acima não são as únicas possíveis; há outras, válidas pelo mesmo motivo: o zero do exemplo 1 entra em comutação, não apenas com *fuēre, erant, e erunt, sint*, mas também como *dicta sunt, dicēbantur* e *dicentur, dicantur*, e com *habita sunt, habēbantur* e *habēbuntur, habeantur*. Assim, não se poderia dizer se o zero de nosso exemplo exprime o ativo ou o passivo. Ainda aqui, o problema não pode ser resolvido nesses termos; retomá-lo-emos (3.6).

Portanto, o que por ora podemos afirmar é que o conteúdo de nossos exemplos comporta os três elementos: *infectum*, presente e indicativo.

3.4. Essa afirmação vale para qualquer frase nominal predicativa do latim pré-clássico e clássico. Seria inútil multiplicar exemplos; basta percorrer as matérias examinadas por Marouzeau para perceber imediatamente que todos os exemplos permitem a mesma análise.

Verdade é que, em princípio, poderíamos prever certas exceções, ou antes, certos casos contrários que, embora existindo realmente, seriam bem definidos e não colocariam dificuldades. Contudo, parece que mesmo esses casos são inexistentes, ou ex-

---

19. Quase não é possível colocar a categoria de pessoa no mesmo pé em que as de aspecto, tempo e modo, como a exposição de Meillet poderia levar a crer (*M.S.L.*, 14, p. 20); a construção: *Quoius tu seruos. – Seruos ego?* (MAROUZEAU, 1910, p. 163) deve ser considerada normal.

cessivamente raros. É fácil circunscrever as condições desses casos possíveis:

1.º) Poderíamos prever uma reserva para as construções que Marouzeau qualificou, com razão, de elípticas[20]. Tratar-se-ia, por um lado, daquelas construções onde um mesmo verbo, efetivamente documentado no contexto, vale para duas ou mais frases paralelas ou conexas: *Meum illuc facinus, mea stultitia est*. Poderíamos esperar que tal construção pudesse se transportar mecanicamente ao *perfectum*, ao pretérito, ao futuro e ao subjuntivo, conservando o zero da expressão. Seria como se se dissesse, em francês: *Moi j'étais là, et ma femme également* ("Eu estava aqui, e minha mulher também"). Por outro lado, tratar-se-ia de uma frase nominal enquadrada num contexto que lhe asseguraria uma perspectiva de passado ou de futuro, assim como um contexto narrativo em que tudo se reportasse ao passado. Tratar-se-ia neste caso de um mesmo morfema temporal, que, efetivamente documentado no contexto, valesse para duas ou mais frases paralelas ou conexas. — Mas parece que esses casos possíveis raramente ocorrem: o latim evita a elipse desde que não se trate do presente do indicativo; não o evita senão para o presente histórico[21].

2.º) Poder-se-ia esperar que *perfectum*, pretérito, futuro e subjuntivo fossem, em princípio, admissíveis no conteúdo de uma frase nominal, uma vez que as regras mecânicas da construção latina obrigariam a interpolá-las no conteúdo do zero. Tratar-se-ia então, de um lado, de todas as espécies de *consecutio temporum et modorum*, e, de outro, de fatos de recção como, por exemplo, do subjuntivo com *ut*. Ora, Marouzeau não destacou senão um só exemplo de uma frase nominal de *consecutio*, a saber: *Non potis, si accesserit* (Plauto, *Miles Gloriosus*, 1270), que comporta um futuro expresso por zero[22]. Para o subjuntivo com *ut*, existe um exemplo de zero em Terêncio, *Andria*, 119-120: *Et uoltū, Sosia, adeō modestō, adeō, uenustō, ut nihil supra*. É verdade que Marouzeau pensa poder eliminar mesmo este exemplo supondo uma interrupção[23].

Conquanto esses casos não sejam inteiramente documentados, parece recomendável fazer as reservas teóricas que acabam

---

20. *Marouzeau*, 1910, p. 136.
21. *Marouzeau*, 1910, p. 162.
22. *Marouzeau*, 1910, p. 154.
23. *Marouzeau*, 1910, p. 162.

de ser apontadas: ignora-se, com efeito, em que medida a palavra pôde libertar-se da norma que nos foi transmitida pelos textos.

Porém, feitas essas reservas, nossa regra se mostra sem exceção.

3.5. Visando fixar desde já o caráter desses elementos mal conhecidos que extraímos do conteúdo da frase nominal predicativa do latim clássico e pré-clássico, insistamos nos aspectos seguintes:

1.º) Todos esses elementos se exprimem por zero. Esse zero de expressão é uma variante, que, em determinadas condições, toma o lugar das expressões explícitas do mesmo elemento (ou do mesmo grupo de elementos). Assim, o presente *infectum* é expresso em latim, conforme as condições, pela desinência *-m (sum, amem*, etc.), pela desinência *-0-ō*[24] *(amō, scribō,* etc.) e por zero (frase nominal), constituindo essas diversas expressões outras tantas variantes das quais cada uma está ligada a determinados círculos. Eis um fenômeno absolutamente banal; pode-se comparar, com efeito, que "nominativo-vocativo singular" se exprime, conforme as condições, por diversas desinências como *-a (puella, -s (uōx),* etc. e por zero *(consul).* Os elementos em questão são, por conseqüência, uma vez dentro de uma frase nominal, homônimos; o "presente" se exprime por um zero, o *infectum* por outro zero, o "indicativo" por um terceiro zero; a expressão dos elementos em questão pode ser feita, se for o caso, por 0-0-0, assim como *consul* pode ser notado *consul*-0-0, onde um zero exprime o número, e o outro, o caso.

2.º) Os elementos em questão estão efetivamente presentes, da mesma forma que os elementos expressos por zero na palavra *consul.* Constatamo-los de imediato, pela prova da comutação e sem recorrer a nenhuma interpolação; não é preciso proceder a uma catálise[25] para revelá-los.

3.º) Todos esses elementos são membros do paradigma ordinário da conjugação; destarte, o conteúdo da frase *omnia praeclāra rāra* compreende exatamente os mesmos morfemas "presente", *infectum,* "indicativo" que uma frase verbal como *lībenter*

---

24. O zero diante de *-ō* opõe-se a diversos elementos explícitos que se podem intercalar, tais como *-u-er-* de *ama-u-er-o-*, *-s-er-* de *scrip-s-er-o*, *-b-* de *ama-b-o*.
25. Ver p. 170.

hominēs id quod uolunt crēdunt, e as comutações possíveis são exatamente as mesmas nas duas frases: há, numa e noutra, um membro da categoria do termo, um da do aspecto e um da do modo. Ademais, o papel funcional desses elementos é exatamente o mesmo em ambas as frases: trata-se, nos dois casos, de *morfemas fundamentais*, isto é, elementos pertencentes, cada um, a um paradigma do qual pelo menos um membro pode ser dirigido por uma outra unidade do contexto[26].

3.6. Numa frase verbal, os morfemas fundamentais formam uma característica cuja base (2) é, segundo a gramática tradicional, idêntica à base do verbo. Tal característica compoē-se, em latim, de um morfema de tempo, aspecto, pessoa, modo e diátese, ao passo que o número expresso no verbo é um morfema convertido, não fazendo parte da característica[27]. Na frase nominal, deve igualmente tratar-se de uma característica; até aqui, encontramos nessa característica três elementos: um morfema de tempo, aspecto e modo; assinalamos, provisoriamente (3.3), o problema da possível existência, nessa característica, de um morfema de número, pessoa e diátese; é hora de retomar esse problema.

Há, numa característica, solidariedade entre as categorias de morfemas que a formam; assim, na característica de uma frase verbal do latim, existe solidariedade entre a categoria do tempo, a do aspecto, a do modo, a da pessoa e a da diátese; para cada frase verbal, sem exceção, cada uma dessas categorias fornece um representante para fazer parte da característica. Em face da frase nominal, duas interpretações são possíveis *a priori*: ou a característica da frase nominal é menos rica que a da frase verbal, só comportando três morfemas diante dos cinco da frase verbal; ou a situação da frase verbal pode ser generalizada e valer também para a frase nominal. Dentre essas duas interpretações possíveis, escolhemos a última, por duas razões: primeiro, a generalização proposta não comporta qualquer contradição; segundo, tal interpretação, e apenas ela, permite compreender um fato observado acima (3.3), isto é, introduzindo-se experimentalmente um verbo na frase nominal, este exige às vezes o ativo, às vezes o passivo. Não compreenderíamos esse fato senão supondo na frase nominal um *sincretismo insolúvel* entre as duas diáteses; a categoria da

---

26. Permitimo-nos aqui remeter às definições dadas às pp. 172 e ss. 213 e ss.

27. Ver p. 176.

diátese está, então, representada. Estamos, pois, aqui, em presença de um sincretismo de diáteses expresso por zero, assim como em *consul*-0 estamos diante de um sincretismo de "nominativo" e de "vocativo" expresso por zero. Com efeito, em *consul* só se admite este representante da categoria dos casos por uma generalização inteiramente análoga à que acabamos de fazer para a frase nominal; sabe-se que, na característica dos outros nomes latinos, a categoria dos casos é solidária com a do número, e que esta característica é solidária com uma base de substantivo; generaliza-se, introduzindo essas categorias em *consul*, onde seus representantes são expressos por zero.

Segue-se, logicamente, que a característica de uma frase nominal comporta, em latim, tal como a de uma frase verbal, um morfema de terceira pessoa; mas, conforme o contexto, pode tratar-se também das demais pessoas gramaticais[28]; então, fazendo-se abstração dos contextos particulares, trata-se de um sincretismo solúvel das três pessoas. Por outro lado, nada autoriza a introduzir na característica da frase nominal um morfema de número; é verdade que um verbo finito do latim compreende, em seu conteúdo, um morfema de número; mas esse morfema é convertido[29] e pertence à base do verbo, e não à característica. A questão de saber se a frase nominal comporta semelhante morfema convertido de número depende, pois, inteiramente da questão da presença ou da ausência de uma base verbal numa tal frase; por ora, basta-nos constatar que, se a frase nominal comporta um tal morfema, não pertence à característica; ver-se-á ademais que a frase nominal não o comporta (3.8).

3.7. Pode-se, portanto, concluir que as frases nominais estudadas encerram uma característica que compreende cinco morfemas fundamentais, expressos, nas circunstâncias, por zero (cf. 3.5, 1.º). Dentre esses cinco morfemas, três (tempo, aspecto, modo) são imediatamente observáveis pela prova da comutação (3.5, 2.º), enquanto os morfemas de pessoa e diátese são interpolados por catálise[30]. Sob o ponto de vista do membro pelo qual se fazem representar na característica da frase nominal, as cinco categorias morfemáticas em questão não se comportam da mesma

---

28. Comparar p. 190, nota 19.
29. Seguimos a terminologia que propusemos à p. 155. (Na redação definitiva de nossa teoria, diremos *tematizado* ao invés de *convertido* no sentido aqui atribuído a esse termo.)
30. Comparar p. 192, nota 25.

maneira. A categoria da pessoa pode se fazer representar por qualquer membro: a frase nominal pode estar na primeira, segunda ou terceira pessoas. A categoria da diátese goza, em princípio, da mesma liberdade, mas pode, além disso, fazer-se representar por um sincretismo insolúvel de seus membros. Por outro lado, a categoria de tempo se faz sempre representar pelo presente, com exclusão do futuro e do passado; do mesmo modo, a categoria de aspecto se faz sempre representar pelo indicativo, e não pelo subjuntivo. A limitação imposta a essas três categorias coloca um problema particular: pode-se perguntar se existe uma razão que comanda essa escolha do presente, do *infectum* e do indicativo, com exclusão dos outros tempos, do outro aspecto e do outro modo. É significativo o fato de que, com toda a evidência, os morfemas escolhidos para preencher esse papel são justamente, cada qual em sua categoria, os membros mais extensivos (termos "não-marcados" por excelência). A esta constatação, fácil de fazer, não falta interesse. Por razões diversas, cuja explicação demandaria um longo tempo, pensamos, entretanto, ser temerário erigir essa observação em regra geral. Trata-se antes, se não incorremos em erro, de uma tendência (manifesta e bastante difundida, é verdade, mas não necessariamente universal) de escolher, onde quer que as condições o permitam, o membro mais extensivo de uma categoria para desempenhar, de preferência, as funções que podem ser expressas por zero. É, ademais, uma tendência geral, observada também em outros casos, como por exemplo para os morfemas nominais de um bom número de línguas.

3.8. Estabeleceu-se que a frase nominal (predicativa) – do latim clássico e pré-clássico – comporta uma característica "verbal". Isto posto, cabe indagar se tal frase comporta uma base verbal igualmente. Noutras palavras, trata-se de saber se, ainda a esse respeito, a situação da frase verbal pode ser generalizada e valer também para a frase nominal.

Ao levantar essa questão, cumpre desde já observar que, na frase nominal do latim, não se poderia substituir o zero por uma expressão verbal explícita sem correr o risco de provocar uma mudança no conteúdo. Tal mudança é de *ênfase*, ou, para usar um termo quiçá preferível, de *realce*. O que distingue (ou pode distinguir) *omnia praeclāra rāra* de uma frase verbal possível, tal como *omnia praeclāra sunt rāra*, é a diferença entre o grau excessivo e o grau normal de relevo baixo; não pretendemos que essa diferença seja necessariamente realizada; ela *pode* realizar-se, e muitas vezes se realiza; a expressão zero representa o membro extensivo ("não-marcado") da correlação[31]. Uma vez que um dado verbo seja introduzido no estado explícito, o "relevo" pode mudar. A diferença constatada é comparável à que existe entre *sum* e *ego sum*, sem todavia confundir-se com ela: *sum* representa o relevo baixo, *ego sum*, o relevo alto do sujeito gramatical. Em ambos os casos, há comutação entre o zero e a expressão explícita.

Em face de tal situação, duas interpretações são possíveis *a priori*: pode-se considerar o zero como expressão, ou do relevo baixo excessivo, simplesmente, ou do verbo mais esse grau de relevo. Porém, o verbo que assim se introduziria no conteúdo diferiria de um caso para outro e permaneceria quase sempre indeciso: tratar-se-ia, com efeito, apenas de um *sincretismo* de todos os verbos teoricamente possíveis nas frases nominais da língua considerada (cf. 3.3; de maneira geral, o sincretismo seria, conforme o caso, solúvel ou insolúvel, o que em nada altera o princípio). Poder-se-ia, então, dizer que, de acordo com a última interpretação, o verbo seria expresso por zero por duas razões: porque a predicação deve ser entendida como relevo baixo excessivo e porque o verbo da frase em questão não é apenas um verbo determinado, mas um sincretismo de todos os verbos possíveis nessa posição.

A escolha entre essas duas interpretações possíveis não é uma questão de fato; nada existe nos próprios fatos que possa induzir à preferência de uma ou de outra; os fatos permanecem ambíguos; trata-se, pois, de uma questão unicamente de método. Ora, do ponto de vista do método, somos propensos a considerar a primeira interpretação como a mais prudente e fácil de justificar. Nossa razão teórica é que a introdução do sincretismo verbal

31. Pode-se resumir o sistema dos relevos no seguinte esquema, onde α indica os termos intensivos e A, os termos extensivos:

	α: relevo alto	A: relevo baixo
α: grau normal	expressão enérgica e reforçada	expressão "normal"
A: grau excessivo	expressão muito enérgica ou particularmente reforçada	expressão zero

O fato que se acaba de observar permite concluir que, sem ser devoluta exclusivamente ao verbo ou à frase, a categoria do relevo (ou da "ênfase") é uma categoria "verbal", devendo-se contar um morfema de relevo na característica "verbal". Essa situação já foi prevista antes (ver pp. 175, 176).

permaneceria conjetural no mais elevado grau, porquanto *repousaria numa catálise donde se parte de uma grandeza introduzida por uma catálise:* a interpolação de uma base verbal se justificaria pela existência de uma característica "verbal"; ora, tal característica foi, por sua vez, introduzida, *enquanto tal*, por uma catálise (3.6). Semelhante catálise de segundo grau não nos parece recomendável: ele complica, ao invés de simplificar[32].

A interpretação que propomos é, então, a que consiste em considerar o zero da frase nominal do latim como a expressão do relevo baixo excessivo da predicação, *sem que o conteúdo da frase comporte uma base verbal*.

Propomos essa interpretação mesmo para os exemplos do tipo *Certumnest? – Certum* (Plauto, *Stichus*, 613). Ainda aqui existe diferença de relevo: respondendo *certum est*, insistiríamos na predicação, por oposição à resposta simples *certum*. Quanto a estes pormenores, não perfilhamos a opinião de Marouzeau, que elimina esses casos ao qualificá-los de elípticos.[33]

3.9. Feitas essas reflexões, cabe agora fazer intervir outro tipo de frase nominal, a saber, aquela que, conforme a gramática tradicional, não é de natureza predicativa. Esse tipo difere do tipo predicativo pelo fato de, regra geral, não comportar sujeito explícito. Com freqüência reservamos o termo frase nominal (pura) para designar predicações; assim fazendo, contudo, separamos aquilo que constitui um conjunto e reunimos coisas radicalmente diversas. A gramática tradicional estabelece sem razão um abismo entre as frases monoremas e diremas; tal distinção não passa de uma herança da lógica clássica e não corresponde a nenhuma realidade lingüística; do ponto de vista lingüístico, a diferença essencial está entre as frases sem verbo, ou nominais, de um lado, e as frases verbais, do outro.

Enquanto uma frase latina como *fac, uixit, pluit, dormītur* é uma frase verbal absolutamente ordinária, as frases monoremas, do tipo *ostreãs, cauneãs*, são frases sem verbo e, em conseqüência, nominais. Com base nas reflexões precedentes, a interpretação desse novo tipo de frase nominal não constituirá maior dificuldade. O novo tipo é, com efeito, em princípio análogo ao que acabamos de estudar. Não se poderia introduzir um verbo explícito sem mudar o relevo; assim sendo, permanece válido que

---

32. Esse argumento é uma aplicação do *princípio de simplicidade*, que se encontrará nos *Prolégomènes à une théorie du langage* (edição dinamarquesa: *Omkring sprogteoriens grundlaeggelse*, Copenhague, 1943, p. 18).

33. Marouzeau, 1910, p. 136.

uma tal frase não comporte base verbal[34]. Por outro lado, o nome em acusativo pede um apoio, que é a característica da frase. Ora, tal característica possui de particular, comparativamente à do primeiro tipo de frase nominal, o fato de permanecer indecisa com respeito ao modo; introduzindo experimentalmente uma idéia verbal, hesitaríamos entre diversas possibilidades, tais como *emite* (imperativo), *emātis* (subjuntivo), *uenditō* (indicativo), etc. Há aqui, portanto, total sincretismo entre os modos[35]. Pode-se notar, por outro lado, que também deve haver sincretismo das pessoas gramaticais.

As mesmas razões que nos levaram a reconhecer na frase nominal predicativa a presença da uma característica "verbal", sem embargo da ausência de uma base verbal, induzem-nos, evidentemente, a concluir que uma frase como *cauneās*, sem comportar base verbal, comporta uma característica composta de um representante de cada uma das categorias morfemáticas "verbais": tempo, aspecto, modo, pessoa, diátese e relevo. Os representantes do relevo, do tempo e do aspecto são imediatamente constatáveis pela prova da comutação[36] (há, assim, comutação de relevo entre *cauneās* e *cauneās emite*, etc., comutação de tempo entre *cauneās* e *cauneās emerent*, etc., comutação de aspecto entre *cauneās* e *cauneās uenditāuī*, etc.[37], enquanto os morfemas de modo, pessoa e diátese são interpolados por catálise. O representante escolhido para cada uma das categorias está em função dessa situação metodológica: se o modo, a pessoa e a diátese não se fazem constatar diretamente, é porque o zero de *cauneās* exprime um sincretismo para cada uma dessas categorias: o sincretismo total impede necessariamente a aplicação da prova de comutação.

A regra geral válida para a frase nominal do latim, abstração feita do tipo de frase nominal da qual se pode tratar, é, por conseguinte, mais ampla que a formulada acima para a frase nominal predicativa.

---

34. Nosso resultado é, pois, na prática, o mesmo que o de MADVIG, *Sprogvidenskabelige Strøbemaerkninger*, Copenhague, 1871, conquanto a argumentação seja outra. O problema estrutural é diferente do problema psicológico do "subentendido".

35. Talvez não seja supérfluo assinalar expressamente que não reconhecemos como pertencente à categoria do modo senão formas finitas: as formas nominais do verbo serão estudadas à parte (5).

36. É verdade que para o aspecto é preciso fazer abstração da variante constituída pelo caso em que a frase se estende ao imperativo, visto que o imperativo, em latim, domina sempre um sincretismo dos aspectos.

37. Aqui, como em todas as partes de nossa exposição, a elipse propriamente dita permanece à parte (cf. 3.4, 1º).

Podemos concluir afirmando que toda frase nominal do latim compreende uma característica "verbal" (sem base verbal), e que esta característica compreende as seguintes grandezas: "relevo baixo excessivo" + "presente" + *infectum* + sincretismo (quase sempre solúvel) "indicativo/subjuntivo/imperativo" + sincretismo (muitas vezes solúvel) "1.ª pessoa/2.ª pessoa/3.ª pessoa" + sincretismo (solúvel ou insolúvel conforme o caso) "ativo/passivo".

Tal conclusão nos ajudará a compreender o que se passa ao longo da evolução ulterior do latim. Se na latinidade posterior se usam frases nominais do tipo *pāx uobiscum*, onde se observa uma variante que admite a interpretação "subjuntiva", esse fato não constitui uma inovação de princípio, senão simplesmente uma nova aplicação da antiga regra. Sempre foi possível, em latim, construir frases nominais onde o sincretismo modal permite a solução por "subjuntivo", consistindo a inovação tão-somente em tirar partido dessa possibilidade.

3.10. A pesquisa que acabamos de fazer acerca da frase nominal do latim (3.2, 3.9) presta-se, pois, a justificar a lei por nós estabelecida (3.1).

Essa lei não é particular do latim. Parece que, nas línguas possuidoras de morfemas "verbais", o conteúdo de uma frase nominal sempre comporta essa lei. O princípio é idêntico em toda parte, mas a aplicação varia: é o sistema da língua considerada, com seu efetivo de morfemas "verbais", que decide dos morfemas da frase nominal. Além dos morfemas que, a exemplo do morfema do relevo baixo excessivo do latim, são particularmente devolvidos à expressão zero, o zero de uma frase nominal só pode conter morfemas admitidos na mesma língua para um verbo de expressão explícita.

Parece, outrossim, que os morfemas contidos nesse zero constituem sempre uma característica "verbal" completa: cada uma das categorias morfemáticas, das quais encontramos um representante na característica "verbal" ordinária, se faz representar por um membro na característica correspondente da frase nominal. Cumpre, no entanto, notar o fato de que tal representante pode ser um sincretismo, e mesmo um sincretismo desconhecido da frase verbal (como o demonstram os modos, as pessoas e as diáteses do latim).

Este último fato é importante praticamente: permite prever um estado de língua possível em que a característica da frase nominal seria composta unicamente de sincretismos (solúveis ou insolúveis, conforme as circunstâncias); no estágio culminante, todos esses sincretismos seriam totais, isto é, cada um compreenderia todos os membros da categoria que representa. Tal eventualidade extrema constitui, com efeito, apenas a conseqüência lógica e inevitável das observações feitas; ao estabelecer uma teoria gramatical, cumpre, está visto, acolher essa eventualidade no cálculo. Tal situação, porém, embora evidentemente possível e previsível, não seria, ela mesma, diretamente constatável: em presença desse estado de língua, não disporíamos mais do artifício de que até aqui nos valemos como meio de investigação – faltaria a prova da comutação, sendo essa prova, por definição, impotente face aos sincretismos totais. Para semelhante estado de língua, não poderíamos, então, manter nossa lei a não ser mediante uma generalização, logicamente inevitável, que não comporta nenhuma contradição e é, por conseqüência, cientificamente legítima e necessária.

Em princípio, uma generalização análoga é aplicável numa língua em que uma parte das categorias morfemáticas "verbais" (por exemplo, uma só dessas categorias) é representada na frase nominal por um sincretismo total, enquanto as outras categorias se fazem representar por membros cuja presença a prova da comutação permite constatar.

É uma generalização desse tipo que acabamos de operar para o latim.

Estas reflexões permitem-nos ultrapassar o estágio da simples *hipótese* e sustentar nosso resultado como *lei*. A priori, é certo que nenhuma língua que contenha morfemas fundamentais de ordem "verbal" pode escapar a essa lei, e nossa afirmação não requer verificação indutiva. Pode-se concluir que *nossa lei (V) significa a refutação da lei (IV)*: numa língua cujo sistema compreende morfemas fundamentais "verbais", uma frase nominal os contém *necessariamente*: é, pois, falso pretender que tal frase seja despida de elementos "verbais".

Seria interessante, por outro lado, demonstrar em pormenor como a lei se efetiva em línguas de estruturas diversas. Seria mister, para ser completo, uma demonstração comparativa, o que ultrapassa os limites do presente estudo, mas à qual ele se destina a preparar o caminho.

3.11. Uma pesquisa sistemática desse tipo serviria, entre outras coisas, para demonstrar a enorme extensão tomada pela frase nominal nas línguas. A freqüência dos casos em que a encontramos ultrapassa todas as previsões . Poder-se-ia imaginar uma língua onde a verbalização fosse tão longe, que toda frase devesse ser necessariamente verbal. Daqui decorre, ademais, que tal tipo lingüístico deve estar compreendido em nosso cálculo teórico. A questão está em saber se essa possibilidade corresponde a uma realidade empírica. Tomando uma língua tão "verbalizada" como o esquimó, por exemplo, na qual toda predicação ordinária se faz por meio de uma derivação verbal (todo adjetivo ou substantivo atributo de nossas línguas se exprime comumente por um verbo: *ajorpoq*, "ele é ruim"; *uvigdlarner-uv-oq*, "ela é viúva", do tema verbal *uvigdlarner-uv-*, "ser viúva", formado sobre *uvigdlarneq*, "viúva"[38], *uvanga-uv-unga*, "sou eu", verbo na primeira pessoa, derivado de *uvanga*, "eu", etc.), vê-se, contudo, que, malgrado essa circunstância, a frase nominal ocupa um lugar entre as construções admitidas. Não somente a língua admite frases monoremas como *pûmik*[39] "[tragam] uma bolsa", *naiat* "[eis ali] gaivotas", como uma predicação normal com sujeito pronominal consiste na justaposição simples do pronome e do atributo (*serfaq una*, "isto é um mergulhão", *aqigssit uko*, "isto são perdizes brancas"[40]) e o uso assinala uma predicação manifesta por uma construção sem verbo finito, onde este é substituído por um particípio em função predicativa[41].

3.12. A pesquisa que realizamos apresenta para cada estado de língua os morfemas e sincretismos morfemáticos escolhidos para serem expressos pelo zero da frase nominal. Parece bastante raro que todas as categorias "verbais" de que dispõe a língua em apreço estejam na característica da frase nominal representada por um sincretismo total. Na maioria das línguas que conhecem a categoria gramatical do tempo, a frase nominal é entendida no presente, excluindo-se outros tempos gramaticais admitidos pelo sistema da língua; assim, em sânscrito[42], em russo, em banto[43],

---

38. Literalmente, "que perdeu seu marido", particípio de um derivado verbal de *uve*, "marido".

39. No nominativo, que em esquimó é o caso do objeto.

40. *Una* e *uko* são o singular e o plural respectivamente do pronome anafórico.

41. Ver L. L. HAMMERICH, *Personalendungen und Verbalsystem im eskimoischen* (= *Det Kgl. Danske Videnskabernes, Historisk-filologiske Meddelelser*, XXIII, 2), Copenhague, 1936, pp. 46 e ss., com remissões.

42. J. BLOCH, *op. cit.*, p. 93. – Tal é o caso mesmo para as construções bastante usadas do tipo *tenoktam*, "ele disse", literalmente *ab eo dictum* [*scil. est*]: aqui, é o particípio (*uktam*) que serve para indicar o pretérito, enquanto a predicação, expressa por zero, está no presente (no mesmo sentido em que se é autorizado a dizer que a frase francesa *il a dit* está no presente).

43. SACLEUX, *op. cit.*, pp. 152 e ss.

em húngaro[44], *manse (vugule)*[45], *khante* (ostíaco)[46], *komi (zyriene*[47]), *udmurt (votiak)* e *mari* (tcheremissa[48]), para nos atermos às línguas que fazem uso abundante da construção nominal e que foram suficientemente estudadas sob esse ponto de vista. Quanto às línguas que, como o latim, utilizam a construção nominal sem favorecê-la particularmente, pode-se aplicar a mesma observação; é o caso das línguas mais conhecidas da Europa Ocidental[49]. Acrescente-se que as línguas que admitem distinção de aspecto por vezes reservam a frase nominal (como o latim) a um só deles (comumente ao *infectum* ou ao *imperfectivo*). A construção nominal representa, outrossim, com bastante freqüência, um relevo particular (o menos acentuado conhecido pela língua em questão), salvo nas línguas que, como o russo, ignoram o verbo copulativo e se mostram capazes de operar uma distinção análoga à existente entre *beātus ille* e *beātus est ille*.

Todavia, afora as categorias de tempo, aspecto e relevo, o sincretismo é um fato freqüente. No tocante a modos e pessoas, a frase nominal *predicativa* favorece freqüentemente um só morfema, com exclusão dos demais (como o indicativo em grande número de línguas[50], e a terceira pessoa, por exemplo, em húngaro, em *mari*, e em *khante* setentrional, ao passo que, por exemplo,

44. GAUTHIOT, *op. cit.*, p. 202.
45. *Ibid.*, pp. 202 e ss.
46. *Ibid.*, pp. 206 e ss.
47. *Ibid.*, pp. 209 e ss.
48. *Ibid.*, p. 213. – Julgamos os fatos do *mordve* diversamente de GAUTHIOT (pp. 215 e ss.). O *mordve* é uma língua "verbalizada", cuja estrutura lembra a do esquimó; o fato de que a terceira pessoa do singular se exprima no presente por uma desinência zero não poderia, a nosso ver, constituir uma frase nominal; o atributo permanece verbal, e o *mordve kula-0* ("ele morreu") é diretamente comparável ao esquimó *toq-uv-oq* em que a desinência explícita desempenha o mesmo papel que a desinência zero do *mordve*.
49. Ajuntemos duas observações. Primeira, como para o latim (3.4, 1º), cumpre levar em conta o fato de que o presente admite por vezes a variação denominada presente histórico. Uma frase nominal pode, pois, designar o passado, mas apenas nos casos em que a mesma noção (somente. com a mudança de relevo) poderia ser traduzida na mesma língua por um presente histórico. Segunda, pode-se notar que o tempo "verbal", nas línguas modernas da Europa Ocidental, está muitas vezes convertido; encontrar-se-á esse caso adiante.
50. Viu-se que o latim pós-clássico apresenta um sincretismo do indicativo e do subjuntivo, a variante subjuntiva sendo realizada no tipo *pax uobiscum*. Cabe entretanto notar que as construções do tipo *pax uobiscum*, com o segundo elemento preposicional (ou, em certas línguas, com o segundo elemento casual entendido no sentido preposicional), ocupam um lu-

o russo, o *manse*, o *komi*, o *udmurt* e o *khante* meridional sincretizam as pessoas, podendo fazer entrar, como o latim, qualquer uma delas na frase nominal); contudo, desde que nos demos conta das outras frases nominais possíveis, tal predileção normalmente desaparece. Para os números, o sincretismo é normal, conquanto haja exceções: o *mari* só admite a frase nominal no singular.

Deve-se, porém, observar que o que acaba de ser dito é, forçosamente, provisório. Nosso balanço foi feito com base nas descrições gramaticais que representam nossos conhecimentos na atualidade, as quais não se encontram no mesmo nível e permanecem vagas nalguns pontos essenciais. Elas não permitem, entre outras coisas, distinguir os morfemas fundamentais dos convertidos. Pode, então, haver línguas em que alguns morfemas, enumerados nas gramáticas, não fazem parte da característica.

Por exemplo, em toda língua onde a *consecutio temporum* inexiste ou não é obrigatoriamente observada, impõe-se concluir que os morfemas de tempo assinalados são convertidos e contá-los entre os elementos de base. Parece que a maioria das línguas modernas da Europa Ocidental sofrem essa reserva. No entanto, coisa curiosa, a frase nominal está, na maioria delas, sempre no presente. Vale dizer, ela compreende, afora a característica, um elemento de base: a base verbal é constituída pelo próprio presente. Trata-se de uma situação diferente da que até agora examinamos, e quem sabe mais freqüente do que se julga. É verdade, por outro lado, que ela não muda nada a princípio – apenas acrescenta-se uma aplicação inesperada.

3.13. Uma pesquisa sistemática e comparativa da frase nominal nas diversas línguas serviria ainda para nos esclarecer com respeito às condições de existência de certos fatos lingüísticos, não somente da construção nominal mesma, mas também de certos fatos conexos que se relacionam com ela.

A construção nominal, possível, em princípio, em todas as línguas dotadas de morfemas fundamentais de ordem "verbal", não é, em si mesma, senão um simples fato de uso. Seja ou não

---

gar à parte e oferecem traços particulares. Muitas línguas manifestam certa predileção pela variante subjuntiva nas frases nominais predicativas desse tipo (cf. *fred med dit støv*, "paz às tuas cinzas"; *skidt med det*, "pouco se me dá", literalmente "que se dane"). Gauthiøt assinalou uma diferença interessante entre as línguas fino-ugrianas a tal respeito: o húngaro e o *manse* não admitem a construção sem verbo nesses casos; o *khante* hesita; o *komi*, o *udmurt* e o *mari* admitem-no; a situação do finlandês é curiosa: ele o admite justamente para esses casos, mas evita-o para as predicações ordinárias (GAUTHIOT, pp. 202, 208 e ss., 217 e ss., 219).

utilizada a possibilidade dessa construção, o esquema da língua[51] permanece o mesmo. Eis por que o emprego que se faz da frase nominal numa dada sociedade lingüística está sujeito a toda espécie de influências externas. Gauthiot já havia chamado a atenção para a gritante semelhança entre a construção nominal do russo (que é, em sua forma atual, uma inovação) e a das línguas fino-ugrianas, propondo atribuir-se o desenvolvimento russo a uma influência dessas línguas vizinhas[52]. Parece não menos evidente que o sucesso extraordinário da construção nominal em sânscrito se deve à influência dos idiomas dravidianos, em que a frase nominal no particípio é de regra[53]. De maneira geral, a história da frase nominal em cada língua e o papel que ela é chamada a representar em sociedades e épocas diversas explicam-se pelos fatos sociais e pelas tendências das populações.

Não quer isto dizer que a evolução assumida pela frase nominal seja independente da estrutura lingüística. A estrutura da língua é um dos fatos que podem influenciar-lhe a extensão, favorecendo ou entravando as tendências dos sujeitos falantes. As possibilidades da ordem das palavras num dado estado de língua e a presença ou ausência de certas categorias nominais, sobretudo a dos artigos, determinam em larga escala os destinos da construção nominal. O árabe distingue rigorosamente *el-bēt el-'ālī* ("a casa grande"), com a repetição do artigo, e *el-bēt 'ālī* ("a casa é grande"). O húngaro distingue *a magas ház* ("a grande casa") de *magas a ház* ou *a ház magas* ("a casa é grande"), fazendo intervir o artigo e a ordem das palavras para favorecer um emprego não ambíguo da frase nominal. O latim não goza de uma situação tão favorável: falta-lhe o artigo, e o fato da liberdade, absoluta em princípio, da ordem das palavras requer uma precisão que deve vir de fora e por vezes só pode ser dada pela cópula. Explica-se, pois, facilmente por que a construção do tipo *uirgō pulchra*, no sentido de "a moça é bonita" (Terêncio, *Phormio*, 104), não obteve muito sucesso em latim: ela se confunde com muita facilidade com a junção "a moça bonita".

Entre os fatos lingüísticos que se relacionam com a frase nominal, cumpre contar também o pronome pessoal e anafórico,

---

51. Ver pp. 79-91.
52. GAUTHIOT, *op. cit.*, pp. 224 e ss. (e *B.S.L.*, XIII, l, pp. XXVI e ss.).
53. Ver *Les langues du monde*, Paris, 1924, p. 358 (J. BLOCH); compare agora J. BLOCH, *Structure grammaticale des langues dravidiennes*, Paris, 1946, p. 88.

e, com maior razão ainda, a própria cópula[54]. Uma língua como o russo, que ignora a cópula, é por isso mesmo forçada a dar à frase nominal uma aparência muito mais rígida, estereotipada e mecânica do que uma língua que, em cada caso, para revestir um dado sentido de uma forma lingüística, dispõe de duas construções: uma nominal, outra verbal. O requintado jogo estilístico que disso pode resultar se observa principalmente nas línguas que acolhem esse duplo procedimento para todas as pessoas gramaticais; assim, o latim pode distinguir sutilmente *beātus ego* de *beātus sum*, como o lituano pode exprimir "eu estou reconhecido" dizendo *àš dēkīngas ou dēkìngas esù* (enquanto o russo está reduzido a dizer *ja blagodáren*) dando assim expressão a um complicado jogo de relevos[55].

4. – Nossa lei geral (3.1) permite concluir que a gramática tradicional cometeu um erro ao qualificar os morfemas que estudamos de morfemas verbais. Não existe qualquer solidariedade entre a base verbal e a característica de que falamos, porquanto o exame da frase nominal nos revelou a presença dessa característica e, ao mesmo tempo (na maioria dos casos), a ausência total de uma base verbal. Somos levados à seguinte conclusão:

Teorema geral: Os morfemas ditos "verbais" per- (VI)
tencem à frase considerada em seu todo, e não apenas
ao verbo. Chamamo-los, por definição, de morfemas
extensos fundamentais.

Destarte, a diferença entre *beātus ille* e *beātus est ille* consiste tão-somente em que a primeira frase não contém base verbal, enquanto a segunda a contém (o que acarreta uma mudança de relevo). Ambas as frases contêm indiferentemente uma característica que *é nos dois casos indiferentemente* uma característica *de frase*. Nessa característica, só existe um morfema que muda ao passar de uma frase para outra: o do relevo.

Nosso resultado justifica uma maneira de falar corrente na gramática escolar: diz-se com freqüência que uma *frase* está no subjuntivo, no presente, etc. Não seria possível expressar-se com mais propriedade.

---

54. O trabalho de Sacleux fez ver de maneira interessante as transições possíveis entre pronome e cópula.

55. Pode-se observar de passagem que, nas línguas desse tipo, onde o pronome pessoal (explícito) está a rigor na frase nominal com sujeito de primeira e segunda pessoa, o pronome pessoal (*ego,* etc.) não indica necessariamente o relevo alto (como em *ego amo*), mas qualquer relevo: é a forma explícita "enfática" que é extensiva ("não marcada"), e a forma sem pronome (forma "não enfática") (do tipo *amo*) que é intensiva ("marcada").

5. – Nosso resultado elimina completamente a noção tradicional do verbo. Este não é mais, como sempre se imaginou, uma base provida de uma característica. O verbo é, desde agora, *uma base nua*; o verbo se identifica com o que até aqui chamamos de base verbal. Tal base nua não permanece, entretanto, necessariamente nua em todas as condições. Ela pode, com efeito, em determinadas condições, revestir uma característica. Mas não se trata, nunca, de uma característica extensa (pois não se pode esquecer que em *dormītur, uixit*, etc., a característica é característica da *frase*); é, ao invés, uma característica *intensa*, ou seja, *nominal*. Desde o instante em que o verbo (base nua) reveste uma característica *que lhe é própria* e que não pertence à frase, o verbo se revela como um nome: é o gerúndio *(amandum)*, é o particípio, é o infinitivo (τὸ εἶναι, *das essen, le dîner*), e – já o dissemos – é o nome verbal (compreendendo *uōx, dicis causā*, etc.). Numa palavra, é o *verbo infinito*, em sentido amplo. Resumamos tudo isso numa fórmula:

Teorema geral: Todo verbo (base nua) pode, em (VII) princípio, ser transformado em um nome com a adjunção de morfemas "nominais" (mais exatamente: *morfemas intensos fundamentais*); preenchida essa condição, chamamo-lo, por definição, *verbo infinito*.

Esse teorema se acha em contradição com a definição (II): não é o verbo que é conjugado (ou conjugável), mas a frase. O verbo finito não tem morfemas de conjugação.

Segue-se que não negamos, *na expressão*, ser o verbo quem comumente recebe os afixos de conjugação. Nossa análise, porém, não termina na expressão; nosso resultado vale para o conteúdo. O fato de os morfemas extensos fundamentais expressos de forma explícita, e não por zero, se exprimirem por afixos ligados à expressão do verbo torna-se natural desde que compreendamos que o verbo não comporta características e que, em conseqüência, a expressão do verbo não necessita de afixos; nada mais natural, portanto, que escolher esse lugar livre na cadeia gráfica e fônica para aí introduzir a expressão dos morfemas extensos; trata-se, evidentemente, da solução mais indicada. Natural, ainda, porque o verbo é parte essencial da frase verbal e, com freqüência, a única necessariamente presente (cf. *dormītur, uixit, exī*), e porque é normalmente o verbo que domina os sincretismos e as defectivações da característica extensa (cf. *ōdī*, que pede o *perfectum, ūtor*, o *infectum*). Tais afixos vêm, pois, juntar-se à expressão do verbo porque este é o lugar conveniente, não havendo outro a escolher no conteúdo que os predestine àquela posição. Trata-se de um simples refúgio, que se apresenta e de que eles se servem.

Assim sendo, se a característica extensa pode estar presente sem verbo (como o atesta a frase nominal), o verbo, por sua vez (finito ou infinito), está sempre despido de característica extensa. Não há, pois, qualquer conexão entre ele e a característica externa, ou, do ponto de vista do conteúdo, entre ele e a conjugação. Eles não só não se atraem mutuamente: eles se repelem.

A gramática tradicional engana-se ao confundir morfemas fundamentais e morfemas convertidos, pois reconhece uma conjugação temporal (e aspectual) para certas formas nominais do verbo, como o particípio e o infinitivo[56]. Nas formas infinitas desse tipo, os fatos de direção demonstram que o tempo e o aspecto são convertidos – sendo, portanto, partes da base[57].

Mas o teorema (VII) se presta ao mesmo tempo à refutação do teorema (III). O limite entre verbo e nome tende a desaparecer, e é preciso notar bem que o motivo não é a existência do verbo infinito (ainda que este fato, reconhecido pela gramática tradicional, não deixe de lhe causar embaraços). A razão é mais profunda: todo verbo finito (base nua) é um nome potencial, e vice-versa; todo verbo pode transformar-se em nome, e todo nome (base nominal) pode transformar-se em verbo[58]. Transformação direta ou por derivação, mas transformação. Se afastamos a característica intensa compreendida no nome completo (nas línguas possuidoras de morfemas intensos fundamentais), a base nominal que permanece não se distingue mais do verbo, que é também uma simples base destinada a receber em determinadas condições uma característica nominal. Verbo e nome não são fundamentalmente idênticos. Ficamos com uma simples base, apta a desempenhar dois papéis diferentes: o de nome (com a característica intensa) e o do verbo finito (sem característica). Ficamos com uma simples base, que admite duas variantes: uma nominal e uma verbal.

---

56. Notemos de passagem que o infinitivo latino está à parte porque pode ser finito; a confusão tradicional, portanto, é aqui menos grave.

57. No substantivo inglês *see-saw*, "básculo", o tempo gramatical é igualmente convertido, o que não é de surpreender, aliás, porquanto ele o é também no verbo finito, cf. 3.12. O tempo gramatical, com efeito, encontra-se com extrema freqüência no estado convertido.

58. Essa possibilidade é utilizada pelas línguas de modo diferente. Algumas delas vão muito longe, oferecendo ilustrações impressionantes: in-

6. – Nossa tarefa final consistirá em substituir as definições tradicionais do verbo (I, II) por outra que apresenta novos resultados.

A unidade constituída por uma base[59] e pela característica que lhe pertence pode receber a denominação *sintagma*.

Se a característica for intensa, o sintagma em questão pode ser chamado *sintagmatema*[60]; em se tratando do conteúdo lingüístico, o sintagmatema é idêntico ao *nome*. A base de um sintagmatema – no caso, a base de um nome – pode compreender morfemas extensos convertidos (cf. 5), mas não – obviamente – morfemas extensos fundamentais.

Se a característica for extensa, o sintagma em questão pode ser chamado *nexo*; este termo, cômodo porque sem ambigüidade, pode ser substituído, tratando-se do conteúdo, por *proposição*, mais adequado, em francês, que "frase"; contudo, é mister compreender que a "frase nominal" é um tipo particular daquilo que chamamos aqui proposição (3). A base de um nexo – no caso, a base de uma proposição – pode compreender todas as espécies de morfemas convertidos; comportando nomes (sujeito, objeto, atributo, etc.), compreende também características nominais – portanto, morfemas intensos fundamentais.

Acrescentemos que as unidades de sintagmatemas podem ser chamadas *sintagmatias*, e as unidades de nexo, *nexias*. No plano do conteúdo lingüístico, a sintagmatia hipotática é a *junção*, e a nexia hipotática é a frase[61].

De modo geral, a solidariedade entre base e característica está longe de ser absoluta. Falando do conteúdo lingüístico, é particularmente importante ter em mente o fato de que a uma base pode faltar a característica. Essa base nua pode ser denominada *pseudo-sintagma*. Há pseudonomes e *pseudoproposições*; pseudonomes são, por exemplo, as preposições e as conjunções (verdadeiras, isto é, não providas de flexão), mas também o *verbo*

---

glês *merry-go-round*, "manejo de cavalo de pau"; outros exemplos, ver O. JESPERSEN, *A Modern English Grammar*, 6 (1942), pp. 120 e ss.

59. A expressão de uma base é um *tema*.

60. Não fazemos aqui senão repetir, para comodidade de nossa exposição, alguns termos que propusemos anteriormente. Comparar sobretudo pp. 169 e ss.

61. Consultar J. MAROUZEAU, *Lexique de la terminologie linguistique*, 2ª ed., Paris, 1943, *frase* e *proposição*. Marouzeau reconhece a possibilidade de falar de "proposições nominais" tanto quanto de "frases nominais". – Utilizamos o termo *frase* para designar a unidade da principal e da subordinada.

(considerado como base nua); – pseudoproposições são as *interjeições*.

Todo pseudo-sintagma tem o poder potencial de transformar-se em sintagma; essa possibilidade é utilizada de modo diferente pelas línguas; é, porém, utilizada com bastante freqüência. A transformação do pseudonome *verbo* em nome dá como resultado o *nome verbal* ou o *verbo infinito*.

Quando permanece como pseudonome, o verbo é comumente chamado *verbo finito*. Um verbo finito é solidário com a proposição *em certas condições bem determinadas* (e que não são as mesmas em todas as línguas). O que condiciona a sua presença na proposição é, no mais das vezes, o grau de *relevo*.

É esta *solidariedade condicionada do verbo com a proposição* que fornece o critério mediante o qual o verbo pode ser definido.

Em apoio de definições ulteriores, pode-se formular este fato da solidariedade, de molde a satisfazer a uma idéia tradicional, que contém certa dose de verdade: tal solidariedade manifesta-se por vezes pelo fato de que o verbo é o liame que serve para reunir sujeito e atributo. Gostaríamos de formular essa natureza do verbo definindo-o como uma *conjunção de proposição*. Expliquemo-nos.

Por *conectivo* entendemos uma grandeza que, sob determinadas condições, é solidário com unidades complexas num dado grau. Isto permite definir a *conjunção* como um pseudonome que desempenha o papel de conectivo. Dir-se-á por convenção, por exemplo, que a palavra latina *sed* é uma conjunção *de frase* ou *de período*; serve, com efeito, para reunir as partes de que se compõe uma frase ou um período complexo.

No mesmo sentido, e tendo em conta definições já dadas, pode-se definir o verbo como uma conjunção *de proposição*. Consegue-se assim compreender o seu papel de liame entre o sujeito e o atributo; nota-se, de outra parte, que a definição implica tão-somente que esses membros de proposição estejam necessariamente presentes.

Deste modo chegamos à nossa primeira definição de verbo:

Definição geral: É verbo uma conjunção de proposição. (VIII)

7. – Desde muito tempo ensinamos que as duas faces do signo lingüístico, a do conteúdo e a da expressão, são construídas segundo os mesmos princípios. A nosso ver, o estudo precedente servirá para confirmar essa tese. Só compreendendo a verdadeira estrutura do conteúdo da "frase nominal", tal como acreditamos

havê-la descoberto, é que a analogia do princípio estrutural do conteúdo com o da expressão se torna, de fato, evidente.

No plano da expressão, o sintagmatema é a *sílaba*, e a característica intensa é o grau de *acento*. A sílaba corresponde, então, ao nome; a sílaba é, se se quiser, o nome da expressão, e o nome é a sílaba do conteúdo. Analogamente, o acento é, se se quiser, a característica "nominal" da expressão, e a característica nominal é o acento do conteúdo. A variação dos graus de acentos de uma mesma base silábica é, se se quiser, a *declinação* da expressão. Como o conteúdo, também a expressão conhece os *nexos*; no plano da expressão, a característica extensa é a *modulação*. A modulação corresponde, pois, a esta característica tradicionalmente qualificada de "verbal"; é, se se quiser, a característica "verbal" da expressão, e a característica "verbal" é a modulação do conteúdo. A variação das modulações de uma mesma base nexual é, se se quiser, a *conjugação* da expressão. Ora, tal analogia torna-se particularmente evidente desde o momento em que se percebe que a característica dita "verbal" não é, na realidade, verbal, mas nexual; o que se deve dizer é característica de proposição, como se pode deduzir de nossa análise da "frase nominal". Feita essa análise, tudo é reposto em seu devido lugar, tudo se aclara, e facilmente se compreende que o conteúdo conhece caracteres extensos da mesma forma que a expressão, e da mesma natureza que os da expressão.

212

13. A NATUREZA DO PRONOME*
(1937)

Em seus famosos *Principes de linguistique psychologique*, P. van Ginneken demonstrou que as percepções e as representações não bastam para explicar a existência das categorias lingüísticas, e que estas (mais particularmente as "partes do discurso" constituídas pelas *flexibilia*) podem receber uma explicação acrescentando-se às percepções e às representações os diferentes fatos de *adesão* que as acompanham. Entre as diferenças de adesão (de assentimento, reconhecimento ou convicção da realidade de uma percepção ou de uma representação) que se observam e que permitem definir as diferenças das categorias lingüísticas, é a terceira, aquela entre a adesão *indicativa* e a adesão *significativa*, que nos propomos estudar brevemente aqui. É pela adesão significativa que P. van Ginneken definiu o *pronome*. No pronome não existe representação intuitiva; ele permanece apenas como uma

* *La nature du pronom*, nº 24 da bibliografia.

representação *in potentia*, uma *unanschauliche Vorstellung*; a redução dos detalhes da representação atinge zero. Por conseqüência, a adesão deixa de ser significativa e é reduzida a ser simplesmente indicativa.

Determinando assim a natureza do pronome, criou o mestre neerlandês uma fórmula que abarca de maneira global o que existe de verdadeiro em todas as definições tentadas desde a Antiguidade, definições quase sempre tateantes, por vezes contestadas, sempre incompletas, porque menos profundas. A definição do pronome como *nomem uicarium* (o ἀντωνυμία dos gregos), reproduzida constantemente sob diversos aspectos, determina, embora superficialmente, o emprego ao qual se presta naturalmente uma palavra com adesão indicativa, palavra por assim dizer sem "significação" propriamente dita e por conseguinte utilizável em todos os casos em que, por uma razão ou outra, não se trate de representar um objeto e a ele aderir significativamente. Os dois caracteres do pronome que foram em todos os tempos considerados fundamentais, o ἀναφορά e a δεῖξις, explicam-se facilmente pelo mesmo princípio. O fato de que o pronome comporta uma "significação" (mais precisamente, um emprego) particularmente variável, parecendo tomar emprestado todo o seu conteúdo ao contexto, fato que constitui a base, por exemplo, das teorias modernas estabelecidas por Noreen[1] e Jespersen[2], nada mais é que uma conseqüência do mesmo princípio fundamental. A teoria do *sarvanāman-* dos gramáticos hindus, retomada independentemente pelo gramático dinamarquês J. Kinch[3], a teoria da σημείωσις de Tyrannio, a definição pela *capacitas formarum* encontrada por Duns Scotus e adotada em nossos dias por Brøndal[4], tudo isso se explica e se unifica pela idéia fundamental da adesão indicativa. As particularidades do pronome explicam-se pelo fato evidente de que as palavras pertencentes a essa categoria não apresentam nenhum conteúdo significativo, nenhum conteúdo "semântico" no sentido tradicional desse termo. Uma simples observação dos fatos demonstra, efetivamente, que o único conteúdo positivo

---

1. *Vårt språk*, 5.280. *Einführung in die wissenschaftliche Betrachtung der Sprache*, pp. 251 e ss. (Halle, 1923).

2. Sobretudo, *Language*, 123 *(shifters)* (Londres, 1922). Mais tarde Jespersen emitiu uma opinião que se aproximava mais imediatamente da definição de P. van Ginneken: JESPERSEN, *Linguistica*, pp. 329 e ss. ("Pronouns are indicators") (Copenhague, 1933).

3. *Nogle Bemaerkninger i Anledning af en pataenkt dansk Sproglaere*, 6 (Ribe, 1854). *Dansk Sproglaere*, 8 (Ribe, 1856).

4. *Ordklasserne*, 24, 110 (Copenhague, 1928).

que se pode encontrar num pronome é aquele que se encontra de ordinário nos morfemas. O conteúdo positivo do pronome é puramente *morfemático*[5].

Isto permitirá dar, com base na definição semântica e psicológica oportunamente encontrada, uma definição intralingüística, isto é, puramente funcional, da categoria do pronome.

Do ponto de vista funcional, propusemos anteriormente[6] definir o pronome pela sua imobilidade em relação aos artigos (cf. ὁ δεῖνα, ἐγώ, cada qual com seu artigo [o último com o artigo zero] mas sem nenhum outro artigo possível) e pela sua faculdade de reger um termo conexo em relação aos artigos (cf. οὗτος ὁ ἀνήρ, *such a thing, mon ami*, sem nenhum artigo possível no termo regido). Não resta dúvida que essa particularidade morfológica do pronome trai um caráter funcional mais fundamental que está na base também da particularidade semântica que vem de ser mencionada. A definição morfológica que demos não indica um simples fato de defectivação; se assim fosse, ela reclamaria indevidamente o título de definição, pois existe um número de palavras que são defectivas em relação a certas categorias flexionais, sem que o sejam por isso em relação aos pronomes. Mas o fato morfológico indica que no pronome o artigo é *convertido*, vale dizer, absorvido pela própria base[7], abandonando seu papel flexional costumeiro. Isto se percebe já pelo fato de que os pronomes como οὗτος, ὅδε, ἐκεῖνος, ἑκάτερος, ἀμφώ muito embora eles próprios sejam munidos do artigo zero, impõem ao termo conexo o artigo definido, por uma recção que é em todos os pontos comparável a uma concordância costumeira. A conjugação objetiva do húngaro, devoluta por definição a um verbo com objeto "definido", é de rigor num verbo cujo objeto é um pronome com artigo zero, do mesmo modo que um verbo cujo objeto é munido do artigo definido. Mas a prova é fornecida pelo fato de que o conceito de artigo (de "determinação") que está incontestavelmente contido de maneira obrigatória nos pronomes considerados, não é devido a um fato de recção, não deve sua

---

5. É com razão que os pronomes eram designados *Formwörter* por K. F. BECKER (*Organism der Sprache*, pp. 130, 136 e ss. [Frankfurt, 1827]), e por K. W. L. HEYSE (*System der Sprachwissenschaft*, publ. por H. STEINTHAL, pp. 101 e ss. [Berlim, 1856]).

6. *Príncipes de grammaire générale*, pp. 331 e ss. (*Det Kgl. Dansk Videnskabernes Selskab, Historisk-filologiske Meddelelser*, 16, 1, 1928).

7. A *base* de uma palavra é igual à palavra menos os elementos flexionais (ou morfemas fundamentais; ver mais adiante). A *base* é o conteúdo do *tema*.

presença à ação selecionante de um termo conexo. É este fato que, de modo geral, permite distinguir o morfema fundamental (o morfema flexional ordinário) dos elementos que entram na base, quer se trate de morfemas convertidos ou de pleremas (elementos que comportam uma verdadeira significação "lexical"): é morfema um elemento que possui a faculdade de fazer parte de uma unidade selecionada; é plerema um elemento que não possui tal faculdade. Um morfema que conserve essa faculdade é chamado fundamental; desde que ele a abandone em condições determinadas, é, nessas condições, um morfema convertido[8]. Com efeito, é esta natureza geral do morfema que permite provar o caráter morfemático do artigo: em οὗτος ὁ ἀνήρ, o artigo ὁ é selecionado por οὗτος.

O conteúdo puramente morfemático do pronome explica-se, pois, naturalmente, pelo fato de que a base do pronome é constituída por morfemas convertidos. Porém, do fato que acaba de ser observado não se deve concluir que todos os morfemas que entram num pronome estejam no estado convertido. Em muitos casos são selecionados e por conseguinte fundamentais. Nos pronomes gregos há pouco examinados, o artigo é convertido, mas o caso, o número e o gênero permanecem fundamentais, porque selecionados pelo termo conexo. Nos pronomes pessoais, o artigo é convertido como em todo pronome ordinário (é, no caso, o artigo zero), mas a pessoa gramatical não o é – contrariamente ao que se poderia esperar –, uma vez que há entre o pronome e o verbo uma concordância bilateral, ou seja, seleção da pessoa do verbo pela do pronome e inversamente (ὡς καὶ ἡμεῖς λέγομεν καὶ ὑμεῖς ὁμολεῖε). Pode ainda acontecer que um mesmo morfema esteja presente num pronome ao mesmo tempo no estado convertido e no estado fundamental. É o que se observa para o morfema da terceira pessoa em ἐκεῖνος e em *ille*; esses pronomes entram num paradigma de pessoas convertidas com οὗτος, *hic* (primeira pessoa convertida) e *iste* (segunda pessoa convertida; o paradigma grego é defectivo), mas todos os pronomes que constituem este paradigma são da terceira pessoa fundamental (cf. τοῦτο ἔστι, *hoc est*).

Se até aqui tomamos emprestados nossos exemplos de preferência ao grego, é por razões puramente práticas, visto como essa língua apresenta ao mesmo tempo o artigo fundamental e o artigo convertido. Objetou-se à nossa definição morfológica do pronome que ela não parece válida senão para certos estados de

---

8. Para essa teoria, cf. p. 172.

língua. É um erro, porquanto as categorias morfemáticas são mais universais do que comumente se pensa. Se num estado de língua uma categoria morfemática pode ser realizada no estado fundamental sem o ser no estado convertido, o inverso é igualmente verdadeiro. Uma vez separado o caráter essencial do pronome, que é a causa de sua imobilidade com respeito aos artigos fundamentais, esse caráter será encontrado em qualquer estado de língua. Os pronomes demonstrativos e os pronomes indefinidos são em qualquer língua artigos convertidos, mesmo que a língua ignore os artigos fundamentais. Nas línguas desse tipo, a categoria dos artigos está presente por assim dizer *in potentia*, acantonada na base no estado convertido, mas prestes a surgir no estado fundamental a partir do momento em que a língua se transforme e as condições para tanto sejam favoráveis. Tal é o caso do latim (cf. também a oposição *alius:alter*). Tal é, aliás, o caso do próprio grego, pois o pronome indefinido τίς apresenta manifestamente um artigo indefinido no estado convertido, conquanto o grego antigo ignore o artigo indefinido fundamental. O que vale para as categorias vale também para cada morfema. É assim, ainda, que em toda língua o pronome interrogativo é a conversão do modo interrogativo, apesar de esse modo ser raramente realizado no estado fundamental (é-o em esquimó, por exemplo). Não seria possível imaginar outra explicação desse pronome.

De outra parte, numa língua que ignore os artigos fundamentais, seria ilegítimo colocar um artigo convertido em pronomes outros que aqueles cujo conteúdo o testemunham, isto é, nos pronomes diversos dos demonstrativos e indefinidos. Como nesses outros pronomes o índice fornecido por sua relação com os artigos fundamentais nos escapa, e como, em conseqüência, a hipótese do artigo convertido não pode ser provada, é mais prudente concluir que nos pronomes em questão (trata-se, por exemplo, dos pronomes pessoais do latim, em oposição aos do grego) os morfemas são todos fundamentais. Não quer isso dizer, ainda, que tais pronomes não sejam "palavras". Como eles encerram os morfemas de pessoa (e de diátese: pronome reflexivo) sem pertencer ao verbo e sem ser, eles mesmos, verbos[9], somos levados a concluir que são sintagmas do mesmo modo que as "palavras" ordinárias. Sua base deve portanto ser constituída, não por

---

9. Pessoa e diátese são categorias extensas que se concentram no verbo (ver pp. 174 e ss.). O pronome é um nome pelo fato de ser suscetível de morfemas de casos (fundamentais) *(Principes de grammaire générale*, pp. 316, 331).

morfemas convertidos, mas por um sincretismo de todos os pleremas nominais da língua. É assim que se deve explicar seu papel de *nomina uicaria*, a saber, o fato de que eles encerram todas as significações nominais possíveis, prestes a surgir alternativamente a título de variantes semânticas segundo as exigências do contexto. Por esse fato eles não ocupam nenhum lugar à parte: o sincretismo total de que falamos deve estar presente também nos demais pronomes, ao lado dos morfemas convertidos. Em ambos os casos, os detalhes da representação se reduzem a zero: abstração feita dos morfemas convertidos, o conteúdo da base pronominal é tudo e nada. Percebe-se, porém, que existem duas sortes de pronomes: além dos pronomes *endocêntricos* cuja base absorve um ou vários morfemas, e que são de regra em grego, há os pronomes *exocêntricos*, nos quais todos os morfemas permanecem fora da base, que são freqüentes em latim.

Os pronomes endocêntricos podem transformar-se em pronomes exocêntricos e depois, suprimindo o sincretismo da base, reduzir-se a puros morfemas. É isso o que se passa quando o demonstrativo *ille* se torna, em romance, um artigo fundamental. A passagem ao estado exocêntrico é um rearranjamento sistemático que se realiza por saltos. Mas a última fase da transformação é difícil de observar, dada a dificuldade que existe, em certos casos, para constatar o sincretismo no tema. A evolução pode então deter-se num estágio intermediário em que a unidade em apreço permite indiferentemente a interpretação como pronome ou como unidade puramente morfemática. Tal situação apresenta-se mais facilmente para os pronomes exocêntricos que não passam pela primeira fase da evolução. Assim é que o pronome pessoal *ego*, etc. veio a desempenhar em francês um papel indeciso. A definição do morfema, fundamental e convertido, nada sofre com isso. É somente a presença do sincretismo na base que deixa lugar a dúvidas.

Em decorrência desses fatos os pronomes exocêntricos são menos estáveis que os pronomes endocêntricos. Se a existência dos pronomes exocêntricos estiver excessivamente ameaçada, a língua pode reagir convertendo alguns de seus morfemas para transformá-los assim em pronomes endocêntricos. Parece que esse processo se observa em alguns fatos neerlandeses estudados por P. van Ginneken[10]: nessa língua, a concordância em gênero

---

10. *Grondbeginselen van de schrijfwijze der Nederlandsche taal*, pp. 142 e ss. (Hilversum, 1931).

parece ter sido abolida, ou seja, o gênero deixa de ser selecionado no pronome.

A categoria pronominal acima circunscrita não coincide com a categoria tradicional (que aliás apresenta limites extremamente flutuantes). Os numerais e os nomes próprios lhe pertencem, ocupando no interior da categoria um lugar funcional à parte, que não discutiremos aqui.

Devemos esperar encontrar o mesmo fenômeno no interior da categoria do verbo, tanto quanto na do nome. É preciso existir "provérbios", ou, visto que esse expediente terminológico nos é vedado, digamos, pronomes verbais do mesmo modo que os pronomes nominais. O próprio P. van Ginneken o apontou[11].

Se os pronomes nominais apresentam principalmente o artigo no estado convertido, é sobretudo o modo que é convertido nos pronomes verbais. São os verbos chamados "modais". Por vezes eles apresentam uma imobilidade com relação aos modos fundamentais comparável à dos pronomes pronominais com relação aos artigos fundamentais.

Entretanto, existem também pronomes verbais exocêntricos: é, em muitas línguas, o verbo "fazer"[12], que encerra num sincretismo total todas as significações verbais possíveis.

A categoria do particípio, que cavalga em equilíbrio entre a do verbo e a do nome, conhece também os pronomes. P. van Ginneken assinalou alguns tipos desses pronomes-particípios[13].

Os pronomes encontram-se em toda parte; nenhuma categoria lhes escapa. O gramático dinamarquês H. G. Wiwel disse com razão que o pronome constitui uma "categoria transversal"[14]. O pronome subdivide-se de maneira natural, segundo as categorias nas quais entra. Assim, como existem pronomes nominais, pronomes verbais e pronomes-particípios, existem também pronomes-substantivos, pronomes-adjetivos, pronomes-advérbios. Podem existir subcategorias funcionais, como o nome próprio no interior dos pronomes-substantivos. A preposição e a conjunção são advérbios endocêntricos, definidos respectivamente por suas

---

11. *Principes de linguistique psychologique*, 117. Ver também R. LENZ, *La oración y sus partes*², pp. 63, 238, 319-23 (Madri, 1925); G. v. d. GABELENTZ, *Die Sprachwissenschaft*², p. 101 (Leipzig, 1901). A idéia foi adotada por alguns gramáticos dinamarqueses (J. BYSKOV, *Dansk Sproglaere*³, p. 36 [Copenhague, 1923]; E. REHLING, *Dansk Grammatik*, pp. 40 e ss. [Copenhague, 1924]).
12. *Principes de linguistique psychologique*, 117.
13. *Principes de linguistique psychologique*, pp. 109-111.
14. *Synspunkter for dansk sproglaere*, pp. 236, 241 e ss. (Copenhague, 1901).

recções. A negação ordinária nada mais é que o modo negativo convertido.

O caráter morfemático do pronome explica suficientemente sua aparência individualista: em cada subcategoria (pessoais, interrogativos, etc.), há quase sempre apenas um pronome (*ego* e *tũ* não passam de duas formas paradigmáticas de um mesmo pronome). Por isso, o pronome se assimila ao morfema e afasta-se do plerema, do qual uma multidão inumerável está com muita freqüência enfeixado numa mesma categoria (substantivos, verbos, etc.). O supletivismo, particularmente freqüente no pronome, encontra no fato da conversão sua explicação natural. A conversão morfemática e o sincretismo na base confirmam, do ponto de vista funcional, intralingüístico, o fato semântico de que no pronome os detalhes da representação se reduzem a zero, e o fato psicológico de que o pronome apresenta a adesão indicativa.

14. SOBRE A INDEPENDÊNCIA DO EPÍTETO*
(1956)

Este trabalho é dedicado a ROMAN JAKOBSON
por ocasião de seu sexagésimo aniversário

Um problema geral da análise gramatical é suscitado pela dificuldade de determinar em que medida o conteúdo e a expressão caminham juntos na cadeia sintagmática. Exemplo dessa dificuldade é fornecido pela relação entre um termo primário e seus epítetos (adjetivos nominais e pronominais). A propósito de uma construção latina do tipo *opera uirōrum omnium bonōrum ueterum* (cf. Jespersen, *Language*, pp. 350 e ss.), pode-se indagar se o genitivo plural, quatro vezes expresso, caracteriza separadamente cada uma das bases nominais contidas em *uir, omnis, bonus* e *uetus*, ou se é suficiente considerá-lo caracterizando diretamente, sem a intervenção dos quatro sintagmas nominais, a junção inteira (complexa) que os encerra. Noutras palavras, pergunta-se aqui

'indépendance de l'épithète, nº 158 da bibliografia.

se a repetição é um fato resultante unicamente da expressão ou se, enquanto repetição, ela resulta igualmente do conteúdo. Por outro lado, a construção correspondente do inglês, *all good old men's works* põe a questão inversa de saber se o fato de o plural e o genitivo serem expressos apenas uma vez (em *men's*) obrigam à conclusão de que tais morfemas nada mais fazem que caracterizar a junção inteira, e se a ausência de repetição explícita impede que caracterizem cada um dos nomes encerrados na junção.

Uma terceira possibilidade pode ser previamente afastada: a de o genitivo plural de caracterizar somente o termo primário (*uirōrum*, *men's*) e os epítetos como bases nuas, desprovidas de caso e número. Tal interpretação deixaria de levar em conta o fato de que é o conjunto (a junção inteira), ou então a soma de suas partes (das bases nominais), que deve ser entendido como sendo o genitivo plural: se não tivermos em mente este fato, o sentido do enunciado ficaria distorcido.

Não obstante, as duas outras possibilidades permanecem, e permanecem separadas, dado que o conjunto não é igual à soma de suas partes.

Seguindo as fórmulas propostas por Jespersen, podem-se representar as bases nominais por a, b, c, o genitivo por x e o plural por n, o que permite obter:

Solução I: $anx + bnx + cnx$
Solução II: $(a + b + c)nx$,

colocando-se, para a solução, as bases nominais entre parênteses e os dois morfemas como fatores. A construção em que os morfemas caracterizam somente a junção, sem caracterizar as bases nominais, é então uma "fatoração" da característica.

Se se considerar apenas a expressão, o inglês moderno e o latim apresentam cada qual sua propria construção. Sejam a', b', c' os temas que exprimem as bases nominais, e x', n' os componentes que exprimem os morfemas: percebe-se de imediato que a expressão inglesa fatora $n'x'$, o que não ocorre com a expressão latina.

Todavia, para não afirmar levianamente que em casos desse gênero a expressão reflete o conteúdo, convém procurar critérios que permitam tomar uma decisão.

O problema é relevante por várias razões.

Primeiro, ele faz parte de um problema mais amplo, para o qual a sintagmática constantemente necessita de solução. Esse problema se faz sentir sempre que haja repetição ou omissão de um signo explícito. Mais particularmente: a teoria do acordo gramatical (a concordância) e o estudo comparativo dos sistemas de acordo reconhecidos nas diversas línguas requerem, antes de ser abordados, uma solução desse problema fundamental.

Vem depois um problema de tipologia geral, já que o inglês moderno e o latim representam, com toda a evidência, dois tipos lingüísticos diferentes, ou mesmo opostos, que não poderão ser definidos enquanto permanecer em suspenso o problema por nós assinalado. Seria desejável podermos dizer se se trata de simples diferença de expressão e de uso, ou de uma diferença mais profunda.

De resto, os dois tipos de que se trata não se confundem com o tipo "analítico" e um tipo "sintético": existem línguas, como o húngaro, que possuem sistema morfemático assaz complicado, favorecendo, todavia, a "fatoração" dos componentes (exceção feita ao demonstrativo, singularmente aparentado ao inglês): *ez - -ë-k-ben a magas fehér háza-k-ban*, "nestas grandes casas brancas", *in these tall white houses (inessif.*, com sufixo *-ban/-ben*; plural, com sufixo *-k-*).

Esse problema tipológico torna-se por sua vez problema evolutivo, porquanto o anglo-saxão apresenta ainda construções de tipo latino: *ealra godra ealdra manna weorc*; em conseqüência, o inglês, no curso de seu desenvolvimento, mudou de tipo. Seria desejável poder decidir se esta é uma simples mudança de expressão e de uso, ou uma mudança mais profunda. Os sufixos casuais do húngaro identificam-se em parte com temas nominais independentes; o sufixo *-ban/-ben* encontra-se em *benne-m*, "em mim", e remonta a um advérbio, *benn*, saído de um locativo uralino em *$*-n_2-$* (sem dúvida idêntico ao *essif.* finlandês e ao *superessif.* húngaro) do nome que subsiste sob a forma *bél* (tema *bele-*), que significa "interior, intestinos, vísceras". Logo importa indicar o papel exato desempenhado por esses elementos casuais no estado de língua moderno e decidir em que medida e sentido seriam funcionalmente comparáveis aos morfemas do latim, por exemplo.

Enfim, o problema afigura-se fundamental para uma teoria das "partes do discurso" fundada em critérios de flexão. Sobretudo para uma definição flexional do adjetivo, a solução do problema se revela indispensável.

Tal problema não permite uma solução completa, mas podemos entrever um princípio de explicação se tirarmos o devido partido dos casos em que a forma assumida pelo epíteto não seja inteiramente atribuível ao termo primário, sendo antes parcialmente exigida pelo próprio epíteto. Nessas condições, poder-se-á concluir que o epíteto possui um sistema próprio. Daqui se dará mais um passo adiante, generalizando na medida do possível, isto é, evitando cuidadosamente toda e qualquer descrição contraditória, bem como as conseqüências lógicas que se poderiam tirar desse casos evidentes.

As condições procuradas existem, já que o epíteto e o termo primário diferem pelo sistema particular que serve para definir sua classe de declinação.

Expliquemo-nos.

As tradicionalmente denominadas diversas declinações e diversas conjugações de uma língua, ou as classes de flexão (se tomarmos a palavra "flexão" em seu sentido mais amplo, sem distinguir flexão, aglutinação, etc.), são duas coisas diferentes, cuja distinção deve ser feita: 1.º) classes que podem ou não diferir, no plano da expressão, pela flexão própria (em sentido lato), desinências por exemplo, mas cuja diferença essencial é de ordem mais profunda, cada classe sendo definida mediante *sincretismos* próprios e, conseqüentemente, mediante um *sistema particular* (ver, do autor, *La catégorie des cas*, I, p. 81); exemplo típico nos é fornecido pelas diversas declinações do latim, que, pelos diversos sincretismos observados no sistema casual quando se passa de uma dessas declinações para outra, se limitam a sistemas casuais particulares; 2.º) classes que, sem diferir entre si por meio de sincretismos diferentes (nem, aliás, por meio de defectivação), caracterizam-se no plano da expressão por diferenças de flexão própria, desinências por exemplo; em indo-europeu comum, pode-se limitá-las, na maioria das vezes, a diferenças de tema; exemplo típico nos é fornecido pelas diversas conjugações do latim; propomos chamar essas classes do segundo tipo de *classes lexicais*, a fim de distingui-las claramente dos sistemas particulares.

Importa compreender que a diferença de expressão observada entre as classes lexicais pode ou não ser acompanhada de uma diferença de conteúdo (ver nossos *Principes de grammaire général*, p. 208). De maneira análoga, a diferença de conteúdo (e de expressão) observada entre os sistemas particulares, não é necessariamente de ordem apenas formal; pode, antes, ser ou não acompanhada de uma diferença semântica entre as classes em questão.

Isto posto, podemos entrever, para a solução de nosso problema, um índice utilizável nos casos em que o termo primário e seu epíteto exijam cada qual o seu sistema particular, de modo a tornar assimétrico o acordo gramatical. Seja a junção latina *cōnsul dēsignātus*; nela, o jogo de acordo se desenvolve da seguinte maneira:

	Singular		Plural	
termo primário	epíteto		termo primário	epíteto
nom. -0	nom. –*us*	}	nom./ac. –*ēs*	{ nom. –*ī*
ac. –*em*	ac. –*um*			ac. –*ōs*
dat. –*ī* abl. –*e* }	dat./abl. –*ō*		dat./abl. –*ibus*	dat./abl. –*īs*

O epíteto, aqui, atende às exigências da concordância, escolhendo, no sistema de formas casuais que lhe são próprias, aquela exigida pela forma casual do termo primário. Porém, só pode fazê-lo sob condição de não comprometer seu próprio sistema: atende, assim, ao dativo singular do termo primário por seu dativo-ablativo, no ablativo singular do termo primário por seu dativo-ablativo igualmente, no nominativo-acusativo plural do termo primário por seu nominativo ou acusativo segundo as recções que lhe são impostas pelo contexto mais amplo, transpondo os quadros da própria junção. O último fato é particularmente instrutivo, pois permite demonstrar que o epíteto não se reduz ao papel de mero escravo do termo primário, conservando, ao invés, "a faculdade de agir independentemente dele".

Assim estabelecidos, os fatos permitem concluir que o epíteto é provido de uma característica morfemática própria. Numa língua dessa estrutura, o epíteto não é uma base nua, mas um sintagma que, graças a tal fato, goza de uma independência relativa que lhe possibilita escolher livremente, embora em quadros que lhe são impostos de fora.

Como o acaso quis que o francês dispusesse dos termos *accord* e *concordance*, poder-se-ia aproveitar tal circunstância para reservar ao termo *concordance* a tarefa de designar o acordo assimétrico. Nas línguas que a conhecem, a concordância, assim concebida, permite resolver o nosso problema, e em favor da solução I. Sem ser específico dela, a concordância é um dos traços que caracterizam a estrutura do indo-europeu antigo e das línguas indo-européias, que a tal respeito permanecem arcaicas. Assim sendo, nada mais natural que recorrer ao indo-europeu para dele nos valermos, indo buscar nossos argumentos nessa família lingüística.

Impossível fazê-lo sem insistir num fato acidental que, em indo-europeu, vem em nosso apoio para fazer da concordância um argumento ainda mais notável. Trata-se de um fato amplamente conhecido, mas bem característico da estrutura própria do indo-europeu antigo e de um grande número de línguas indo-européias que conservam essa particularidade.

Ignora o indo-europeu antigo a distinção entre adjetivo e substantivo. No indo-europeu antigo não existe flexão propriamente adjetiva. À parte o pronome, todo nome indo-europeu, e toda classe de declinação, permite fazer função de termo primário; o tipo é fornecido pelo latim *bonus*, "o bom, aquele que é bom", *bona*, "aquela que é boa", *bonum*, "o bem"; *uīcīnus*, "o vizinho", *uīcīna*, "a vizinha", *uīcīnum*, "vizinhança"; identicamente, no plural temos *bonī*, *uīcīna*. Em muitos desses empregos não se vislumbra qualquer catálise possível. O sistema parece permitir em princípio a função de epíteto, sob o mesmo título, para todo nome e para toda classe de declinação; a tradição gramatical interpreta indevidamente grande parte desses exemplos como "aposições": *Ptolemaeus Cleopatraque rēgēs, Augustus imperātor, Maria uirgō minister dē tempulō, rēx dominus, senex puer, meretrīces seruolae sorōres;* βασιλεὺς ἀνήρ, βασιλεὺς ἄναξ. Entretanto, sempre é verdade que alguns nomes se prestam mais facilmente a tal emprego que outros, segundo as circunstâncias, o conteúdo semântico e os usos recebidos. Em vista disso, pode-se dizer que todas as declinações são por definição reservadas aos nomes com função de termos primários, sendo que alguns dentre eles ainda admitem a possibilidade de emprego de epítetos; nenhuma declinação existe reservada aos nomes com função de epítetos. Pode-se, certamente, fazer a mesma observação quanto à comparação; cf. o emprego de *māior, māiōrēs, māximus, senior*, ou de βασιλεύτερος βασιλεύτατος. (O indo-europeu, aqui, é em todos os pontos comparável ao húngaro, que admite comparativos como *szamara-bb, róká-bb, de szamár*, "asno", *róká*, "raposa". Ainda aqui, a comparação é reservada, pelo uso, a certos nomes; contudo, seria vão o desejo de qualificar adjetivos.

Fato notável: este estado de coisas subsiste em várias línguas européias. O alemão não conhece qualquer declinação nominal reservada aos nomes que exercem função de epítetos; o que nele existe é, ao contrário, uma declinação que é, por definição, substantiva e que, não obstante, se presta igualmente ao emprego do epíteto: é nessa classe que se acham nomes como *der Abgeordnete, der Beamte, das Deutsche, Gutes und Böses*. Também o russo não conhece senão declinações por definição substantivas, das quais uma se presta preferencialmente à função de epíteto, a saber, a de портно́й "alfaiate", золото́й "moeda de ouro, ducado", Толсто́й Толста́я, Богоро́дицкий, зло́тый "um *zloty*" (nome emprestado, não há dúvida, mas que se declina regularmente e com o qual podemos contar se nos situarmos num ponto de vista sincrônico); cf., também, o texto de um conto por demais conhecido: Слепо́й спроси́л зря́чаго ... Зря́чий сказа́л ... "O cego, vendo-o ali, pediu... Vendo-o ali, dizia..." A maior parte desses exemplos não é catalisável. (Exemplos desse gênero são mais freqüentes em tcheco, por exemplo.)

Tanto mais notável é este estado de coisas quanto as línguas em questão passaram por um período em que se criou um adjetivo distinto do substantivo: fizeram-no, evidentemente, para logo em seguida abandoná-lo; as causas dessas vicissitudes são discerníveis; contudo, não as mencionaremos aqui.

Em indo-europeu há uma classe de palavras que se caracterizam pela flexão de gênero. Todavia, essa classe não coincide com a dos nomes cujo uso favorece a função de epíteto: o latim oferece *deus dea, filius, filia*, e assim por diante; o alemão oferece der *Mündel*, "pupila", mas pode designar a pupila do sexo feminino por *die Mündel*. Os nomes que admitem flexão de gênero estão, com mais freqüência, reservados a declinações (formações de temas) que – fator importantíssimo – são ao mesmo tempo sistemas casuais particulares para cada um dos gêneros. Os sincretismos característicos de cada um desses sistemas são, assim, dominados pelos gêneros (e, de resto, são também dominados pelos números e pela classe de tema, o que para nosso argumento não tem muito interesse). Independentemente, em princípio, dessa particularidade, e sem levar em conta a flexão de gênero, é notório que o neutro domina sempre um sincretismo contraído pelo nominativo com o acusativo. O plural tem função análoga. Desse modo, de uma parte o neutro, de outra os nomes que admitem flexão, vão ainda mais longe do que a fazem outras classes de nomes indo-europeus comuns, tendência que se observa desde o princípio mas que não chega a vingar nas línguas do tipo relativamente antigo, e que consiste em reservar esta ou aquela classe de declinação, inclusive certos sistemas casuais específicos, a determinados gêneros gramaticais. O latim apresenta ainda nomes de gênero masculino pertencentes à primeira declinação (*nauta*, etc.) e nomes pertencentes à segunda declinação (*fagus*, "faia", etc.). Esta tendência está bem próxima de concretizar-se em escavo; mas, a exemplo do latim, o russo conserva temas em -*a* do gênero masculino (слугá , "criada", стáроста "prefeito de aldeia", etc.). Muitas línguas eslavas introduzem inovações diversas, a fim de aplainar esta irregularidade: a declinação muda de maneira a tornar essas palavras conformes com os masculinos ordinários em esloveno, polonês, tcheco, sorábio; tal tendência só se concretizou inteiramente em eslovaco. O servo-croata tende a aplainá-la, permitindo tratar essas palavras como femininas do ponto de vista sintático.

Tal particularidade indo-européia torna a independência do epíteto singularmente mais forte: para atender à sua maneira às exigências da concordância (que como se sabe é uma concordância em gênero, número e caso), o epíteto escolhe o gênero que lhe falta para depois escolher o sistema casual particular dominado por esse gênero, e finalmente, no interior desse sistema, a forma casual requerida. Exceção feita aos limites impostos pela concordância com o termo primário, a primeira dessas escolhas é totalmente livre, dependendo da noção que o sujeito falante deseja formular. Pode-se observar esse fato no tratamento dos nomes de animais conhecidos na gramática antiga como *communia* e *incerta* (quanto aos últimos, deve-se ter em mente certa participação entre os dois gêneros gramaticais, o que não impede de reconhecer que a escolha é livre e que o gênero pode ser escolhido para representar o sexo): *canis albus*, "cachorro branco", e *canis alba*, "cachorra branca", *canis rabiōsus*, "cachorro raivoso", *canis grauida*, "cachorra prenhe". Por outro lado, salvo nos raros casos em que o termo primário permite a livre escolha entre as três soluções (masculino, feminino, neutro), a concordância não cessa de funcionar e regula os limites da liberdade: *canis*, por exemplo, não admite um epíteto neutro. (A situação do atributo é diferente, uma vez que o atributo simples suprime a fronteira entre epíteto e o termo primário, deixando o caminho livre para uma construção, como a observada no famoso dito de Virgílio: *uarium et mūtābile semper fēmina*.)

Em circunstância em princípio análogas, uma situação particularmente complexa e interessante pode apresentar-se à observação: aquela em que dois sincretismos casuais, que não se preenchem mutuamente, fazem concordância:

sing. gen. *bon-ī*
  gen./dat. *naut-ae*
dat./abl. *bon-ō*
  abl. *naut-ā*

Em todos os casos até aqui tratados, os fatos de concordância, ou de acordo assimétrico, revelam claramente a independência do epíteto, e que lhe assegura liberdade para escolher à vontade, nos limites impostos pela concordância, a forma casual que lhe convém. Nas estruturas em que, da maneira indicada, a categoria do gênero entra em jogo, a mesma liberdade lhe é facultada. Ela pode tirar partido principalmente das construções em que o epíteto, sem intervenção do termo primário, faz sua escolha, ou segundo as exigências de recções que agem num contexto mais amplo que o da junção, ou segundo a noção de que o sujeito falante deseja exprimir (*cōnsulēs dēsignāti, cōnsulēs dēsignātōs, canis albus, canis alba*, e com a combinação dessas possibilidades, *canēs albī, canēs albōs, canēs albae, canēs albās; bonī nautae, bonō nautae*). Comparar, para o número, o inglês *that sheep, those sheep*.

Tratando-se de escolha relativamente livre, o argumento torna-se tanto mais convincente quanto a escolha é fácil de ser motivada do ponto de vista semântico. O caso mais notável é a escolha do gênero para indicar o sexo com os *communia* e os *incerta*. Sabe-se que noutros casos o gênero gramatical é difícil de ser motivado semanticamente. Sabe-se outrossim que o indo-europeu comum distingue um gênero animado (ou pessoal, ou superior) e um gênero inanimado (ou não-pessoal, ou inferior), e que o gênero animado se subdivide em gênero masculino e gênero feminino, cujo sentido é na maioria das vezes difícil de perceber.

O eslavo fornece, entretanto, uma situação particularmente notável para ilustrar nosso argumento.

Conservando em princípio o antigo sistema em que a distinção entre animado e inanimado perdera o sentido primitivo para tornar-se uma distinção mais arbitrária entre um não-neutro e um neutro (Roman Jakobson, *Charisteria Mathesio*, p. 79), o eslavo procede à introdução e ao acréscimo, no interior do masculino (e do plural), de uma distinção entre o animado e o inanimado, o pessoal e o não-pessoal, ou ambos. Isto constitui uma inovação dos antigos processos em muitos aspectos, sobretudo porque para operar essas novas distinções o eslavo recorre ao mesmo princípio utilizado pelo indo-europeu antigo para o gênero inanimado (e que se conserva, no eslavo, para o neutro), utilizando os sincretismos casuais e os sistemas casuais particulares como índices dos gêneros. À exceção do eslavo antigo onde a tendência apenas desponta vagamente, e do búlgaro e do eslavo macedônio, onde dela não restam senão traços, porquanto a declinação foi quase totalmente eliminada, todas as línguas eslavas manifestam essa tendência, cada qual à sua maneira, aliás. Para tratar desse princípio, bastará, aqui, citar o russo.

À parte o plural (onde o fato considerado se observa em todas as declinações), a declinação masculina, de um lado (do tipo муж , "homem", стол , "mesa"), e, de outro, o masculino da declinação pretensamente "adjetiva", *i.e.*, aquele que se presta mais facilmente à função de epíteto (do tipo добрый , "bom"), distinguem dois subsistemas casuais particulares, dos quais um, caracterizado por um sincretismo contraído pelo acusativo com o genitivo, é reservado ao subgênero animado, e o outro, caracterizado por um sincretismo contraído pelo acusativo com o nominativo, é reservado ao subgênero inanimado.

	masculino	
	animado	inanimado
nom.	добрый муж	
		nom./ac. добрый стол
ac./gen.	доброго мужа	
		gen. доброго стола́

Ora, desde que o termo primário é um tema em *-a* obtém-se:

nom.	добрая жена́	добрый ста́роста
	'a boa mulher'	'o bom prefeito'
ac.	до́брую жену́	доброго { ста́росту
gen.	до́брой жены́	{ ста́росты

Podem-se mesmo – coisa notável – acrescentar certas *communia*: голова́ , que, no sentido de "chefe", tem o epíteto no masculino, e no sentido de "cabeça", no feminino; гнедко́ , "cavalo branco", que é neutro mas admite também o epíteto no masculino, conforme o caso:

nom.	больша́я голова́	городско́й голова́
	'uma grande cabeça'	'chefe de cidade, prefeito'
ac.	большу́ю го́лову	городского́ { го́лову
gen.	большо́й головы́	{ головы́

nom.	ста́рое гнедко́	ста́рый { гнедко́
	'o velho cavalo baio'	
ac.		ста́рого { гнедка́
gen.	ста́рого гнедка́	

O princípio que esses fatos indicam (banal, de resto, para os eslavizantes) é, a nosso ver, particularmente notável, uma vez que a distinção dos novos subgêneros é tão bem motivada do ponto de vista semântico quanto, de um lado, a distinção entre o animado e o inanimado no indo-europeu comum, e, de outro, com maior razão, a distinção do masculino e do feminino para indicar a diferença dos sexos. O princípio adotado pelo eslavo está, pois, apto a ilustrar a escolha livre executada pelo epíteto e a corroborar a tese da independência do epíteto nas línguas com essa estrutura.

A explicação aqui considerada lembra, de um ponto de vista parcialmente diverso, a doutrina estabelecida por Meillet e utilizada principalmente por Gauthiot, da "autonomia da palavra no indo-europeu". (Ver, sobretudo, R. Gauthiot, *La fin de mot en indo-européen*, 1913, pp. 9 e ss.) Os argumentos invocados em favor dessa doutrina foram essencialmente, se não unicamente, de ordem fonética. Se insistirmos (como fez Meillet, até certo ponto) na "autonomia sintática e morfológica", parece desde já evidente que essa "autonomia" não é um traço particular do indo-europeu comum, primitivo ou antigo, mas que subsiste até nossos dias, tendo mesmo se tornado mais pronunciada em eslavo, em alemão – numa palavra, em todas as línguas indo-européias em que a tendência conservadora prevaleceu. E parece que a tendência conservadora foi mais forte do que se supôs.

Para todas essas línguas, a independência do epíteto parece desde já provada. O epíteto é um sintagma, provido de morfemas que servem para caracterizá-lo, e a unidade constituída pela junção não é uma entidade pura e simples, mas uma soma segundo a fórmula I: $anx + bnx + cnx$.

É verdade que, em última análise, a alternativa colocada pelas fórmulas de Jespersen se revela inexata: ela não esgota os fatos, uma vez que insiste exclusivamente na estrutura interna da junção e serve para dissimular as relações externas nas quais a junção está comprometida enquanto unidade (comparar a def. 74 de nossos *Prolegomena*, p. 86, com remissões). Para ser completo, e sem comprometer a álgebra adotada por Jespersen, poder-se-ia colocar, por exemplo:

$$(a^{nx} + b^{nx} + c^{nx}) + (nx^a + nx^b + nx^c),$$

onde + indica uma relação.

Finalmente, queremos insistir no fato de que, por mais manifesta que pareça, a independência é apenas relativa (no indo-europeu comum e posteriormente): ela age nos limites exatos que lhe são impostos pela concordância. A livre escolha de que falamos não se confunde, portanto, de modo algum com a *constructio ad sensum*; esta não reivindica os seus direitos senão em condições sintagmáticas mais amplas (predicado, pronome anafórico), mas não na junção.

Importa precaver-se contra um possível mal-entendido. Um *sincretismo total*, compreendendo todas as formas do paradigma, não se confunde com uma liberdade ilimitada. Um sincretismo total entre os três gêneros e todos os casos pode ser observado em latim no epíteto *nequam*, "incapaz, débil". Neste caso, o epíteto, à falta de outro melhor, nada mais faz que responder às exigências da concordância pela única forma possível. Não se vislumbra como possa ela fazer diversamente, e seria errôneo ver nisso uma infração à concordância.

Nada impede que um sincretismo total possa se generalizar numa língua e subsistir em certos sistemas particulares, por exemplo, em todos os sistemas particulares devolutos aos epítetos nominais, contanto que as formas sincretizadas permaneçam distintas em outras condições na mesma língua. Assim é que o inglês moderno favorece um sincretismo total das três pessoas gramaticais do verbo, salvo (parcialmente) no singular do presente do indicativo; ora, o que permite reconhecer aí um sincretismo, mesmo do ponto de vista sincrônico, é que as três formas permanecem distintas, porque comutáveis, em *am, are, is*.

A evolução do inglês favorece amplamente os sincretismos totais em matéria de morfologia. Tais sincretismos evolutivos permanecem como sincretismos sincrônicos enquanto a distinção for mantida noutro lugar no sistema de língua. Quer-nos parecer que esta consideração nos faculta generalizar a experiência feita para as outras línguas estudadas e presumir, como solução mais verossímil, que o epíteto inglês (e húngaro) representa um sincretismo total (expresso por zero) das formas casuais e dos números gramaticais que permanecem distintos no termo primário. A hipótese é ao mesmo tempo a mais simples e a mais coerente. Desse modo, parece que também o inglês e o húngaro conhecem a concordância: o fato, contudo, é que o epíteto satisfaz às exigências da concordância pela única forma de que esta dispõe: o sincretismo total expresso por zero. Para terminar: parece que, em todas as línguas aqui focalizadas, tudo fala em favor da solução I, e que a "fatoração" não passou de uma quimera, pois insistiu-se com demasiada exclusividade nos dados da expressão, sem dar ao conteúdo lingüístico a necessária atenção.

Adições
   Z. Harris (*Methods in Structural Linguistics*, 1951, pp. 165 e ss.) pronunciou-se a favor da solução II, mesmo para o tipo lingüístico representa-

do pelo latim. Tal hipótese parece ser refutada pelo argumento que aqui extraímos dos sincretismos.

O presente trabalho visa representar, em resumo, alguns resultados, até aqui inéditos, de uma série de estudos entabulados há anos no domínio da recção e do acordo do epíteto, que vimos propondo desde 1928 (*Principes de grammaire général*, p. 153); nossa argumentação pode ser considerada, se se quiser, como uma resposta tardia às observações feitas por Laziczius nos *Nyelvtudományi Közlemenyek*, p. 92 [em húngaro].

Parte de nossos argumentos e resultados foram encontrados, independentemente de nós, por Hans Sørensen em seus *Studies on Case in Russian*, 1957. As duas contribuições, porém, não se confundem: permanecem, antes, mutuamente complementares.

15. ANIMADO E INANIMADO, PESSOAL E NÃO-PESSOAL*
(1956)

O presente trabalho constitui uma preparação para o estudo comparativo e teórico do problema geral do gênero gramatical, principalmente das distinções entre o "animado" e o "inanimado"e entre o "pessoal" e o "não-pessoal", conhecidos sobretudo pelo eslavo mas encontráveis também alhures. Os princípios que devem dirigir tal estudo (natureza do fato semântico, comutação, participação, sistema sublógico) são estabelecidos fazendo-se a separação entre gêneros e numerativos (chinês, siamês, japonês, malaio). Para tanto, traça-se mais uma vez o histórico da questão, utilizando-se da forma dada à categoria estudada pelas diversas línguas do mundo; mencionam-se principalmente as línguas indo-européias, algumas línguas americanas, as do nordeste do Cáucaso, o semítico, o banto, o tâmul e o *santali*.

Atribui-se a evolução da categoria focalizada, para o indo-europeu e particularmente para o eslavo, ao concurso de uma tendência conservadora e de uma tendência à motivação (ou à manifestação ótima). Para certas línguas, mormente as da Europa Ocidental, fazem-se reservas quanto à existência de uma tendência à simplificação, a qual representa antes um dos

* *Animé et inanimé, personnel et non-personnel*, nº 157 da bibliografia.

aspectos assumidos pela tendência à motivação. A tal propósito, insiste-se na importância do papel desempenhado pelos pronomes (interrogativos e outros).

Demonstra-se enfim como a tendência à motivação conduz às línguas eslavas (porém a cada uma delas separadamente) com a reintrodução de antigas distinções indo-européias, graças sobretudo à utilização de sincretismos casuais. A etilogia dessas dominâncias morfológicas ficará por ser estudada.

Em princípio, todas as línguas eslavas admitem, na declinação, certa distinção, quer entre o "animado" e o "inanimado", quer entre o "pessoal" e o "não-pessoal"; em algumas línguas eslavas, as duas distinções se combinam. Existem línguas eslavas em que tais distinções se apresentam de modo bastante manifesto, ao passo que noutras não fazem senão despontar de maneira mais ou menos vaga. Parece, no entanto, que não existe uma só língua eslava onde as distinções desse tipo estejam totalmente ausentes. São elas, portanto, um traço particularmente característico do eslavo, sendo que a maneira peculiar pela qual este fato está organizado serve para caracterizar cada uma das línguas eslavas tomadas separadamente. Tal fato é de grande interesse, tanto do ponto de vista sincrônico quanto do ponto de vista evolutivo, e interessa não só à lingüística eslava como também à lingüística geral. Outrossim, o mesmo fato suscita um grande número de problemas difíceis de resolver e outros ainda insolúveis, merecendo assim ser considerado à luz das teorias e métodos que se estão processando na lingüística atual. As reflexões que vamos apresentar constituem apenas uma preparação para o estudo desses problemas.

Em sua forma típica, o gênero gramatical é uma categoria estritamente gramatical, ou antes, gramaticalizada, que resulta antes de mais nada da forma pura, do próprio esquema da língua; toma facilmente a aparência de uma categoria meramente mecânica e serve, segundo as regras da recção, a simples propósitos de concordância (cf. Meillet, *Introduction à l'étude comparative des langues indo-européens*, pp. 324 e ss. [citamos a 5ª edição, 1922]; J. Wackernagel, *Vorlesungen über Syntax*, II, p. 18). Neste caso extremo, o gênero gramatical pode chegar a tornar-se, na realidade ou na aparência, semanticamente imotivado, inteiramente arbitrário, desprovido de significação, ou ao menos de uma significação empiricamente verificável e objetivamente demonstrável. Assim é que – sem falar por enquanto do indo-europeu – para algumas línguas do nordeste do Cáucaso, que chegam a possuir até seis gêneros gramaticais, definidos por certos fatos de acordo gramatical, N. Trubetzkoy (em *Les langues de monde*, 1ª edição, 1924, pp. 328 e ss., 331) declara que, com exceção do "masculino" e do "feminino", os gêneros não coincidem com categorias semânticas determináveis (acrescentando, aliás, que "se em certas línguas se observa a tendência para racionalizar o sistema dos gêneros do ponto de vista semântico, a comparação dessas línguas entre si prova que isso não passa de uma inovação secundária"). O extremo oposto é representado pelas classes nominais no banto (desde que, consideradas gêneros gramaticais, e não vemos razão para fazê-lo, mormente sabendo-se que o regime da concordância permanece em princípio o mesmo): não se pode desconhecer, aqui, a evidente implicação de uma descrição, por vezes até mui concreta, dos objetos designados (humanos, animais, órgãos e utensílios, árvores, frutos, líquidos, etc.). Do ponto de vista semântico, tais classificações são perfeitamente comparáveis aos numerativos que certas línguas (chinês, siamês, japonês, malaio) acompanham obrigatoriamente toda combinação de um nome de número com um nome substantivo (mais precisamente, termo primário), atribuindo ao último sua classe semântica (objetos redondos, chatos, oblongos, etc.) (diz-se, por exemplo, "três animais cavalos", "três flores tulipas", "três coisas redondas anéis", etc.); porém, se a analogia semântica se mostra evidente, a analogia propriamente gramatical deixa por sua vez de existir, já que para os numerativos a recção de concordância não conta: os numerativos não exercem a função de morfemas – são semantemas, nomes comuns que entram em composição ou em justaposição com o nome classificado. Destarte, através das diversas línguas do mundo que os conhecem, os gêneros gramaticais se escalonam gradualmente de um extremo ao outro: do mínimo ao máximo de motivação semântica, das línguas do nordeste do Cáucaso, de um lado, ao banto, de outro, com uma infinidade de estágios intermediários.

Segue-se que a categoria do gênero coloca para o lingüista um dos problemas mais críticos de nossa disciplina: o da definição da substância semântica dos morfemas. A questão está em saber se se deve reconhecer ou não a existência de meros operadores sintáticos, de meros índices de construção desprovidos de significação – desprovidos, pois, de substância[1]. Estamos, aqui, em presença de uma dificuldade geral da morfologia. Tal dificuldade reside sobretudo no fato de que, se a resposta a essa questão for afirmativa, a prova de comutação estará votada ao fracasso: duas

---

1. Não se ganharia nada qualificando-os de *sinais* (ou qualificando suas expressões de sinais de uma categoria do conteúdo): sinais de quê?

grandezas que nunca possuem, seja em que condição for, a faculdade de se manifestar numa substância, deixam por isso mesmo de ser comutáveis. Por outro lado, se a resposta for negativa, isso parece implicar que, para salvar a prova de comutação, obter uma descrição exaustiva e levantar o inventário completo dos morfemas da língua submetida a exame, deve-se atribuir a esses morfemas uma substância semântica que se poderia subtrair à verificação empírica.

Não se trata de nada disso, no entanto. A questão não se coloca nesses termos; porém, é verdade que, diversamente formulada, ela subsiste, e que a resposta a ser dada é suscetível de desagradar aos espíritos que se apegam à confiança na existência possível de uma observação imediata sem teoria (implícita ou não). A exemplo de todos os paradoxos, o que se acaba de formular resulta de certas assunções implícitas. O paradoxo serve perfeitamente para ilustrar a natureza da substância e a relação entre substância e forma[2].

Como a substância seleciona a forma, segue-se logicamente que uma forma pode "existir", isto é, ser cientificamente reconhecível, ainda que não se encontre empiricamente uma substância na qual ela se manifeste. Além disso, a seleção ora mencionada implica também a possibilidade de substituir, para uma forma dada, uma grandeza de substância por outra, compreendendo a possibilidade de substituir a substância zero por uma substância explícita. Ademais, forma e substância são mutuamente complementares, o que implica logicamente a possibilidade constante de atribuir substância a uma forma. Esta é, se se quiser, e devemos confessá-lo francamente, uma operação arbitrária, mas legítima, dado que a relação entre a forma e a substância é sempre, por definição, arbitrária. Por outro lado, o arbitrário tem seus limites, pois existe uma afinidade bem definida entre certas formas e certos setores de substância. A substância que se deve atribuir à forma em questão não é, por conseqüência, de modo algum uma construção "no ar". Admitamos que seja uma construção; pois bem, toda definição semântica de uma forma do conteúdo é uma construção; cumpre, de uma vez por todas, livrarmo-nos da ilusão que consiste em acreditar na existência de fatos semânticos imediatamente observáveis, em nada importando o espírito do investigador. Não existe mais que uma diferença de grau entre os casos onde a construção parece ocorrer e aqueles onde ela parece

---

2. Sobre substância, forma e problemas conexos, ver nosso artigo "A estratificação da linguagem", às pp. 45 e ss).

subtrair-se à verificação. Pois há duas considerações que importa ter em mente: primeiro, a verificação não é (ou não o é senão excepcionalmente) de ordem física; trata-se antes de verificar uma apreciação que *pode* ser feita pelos sujeitos falantes (inclusive o investigador, diga-se de passagem); e, em segundo, o que se deve verificar não é (ou não é senão excepcionalmente) algo de "concreto" (sem falar da constante oscilação entre o relativamente concreto e o relativamente abstrato), mas um conceito, um termo genérico ou denominador comum. Portanto, queremos que isso seja uma construção; mas a construção deve ser edificada sobre alicerces de experiência tirados de um sistema de leis hipotéticas e empíricas fundadas numa comparação tão vasta quanto possível, no domínio da antropologia social, leis que enunciam as afinidades possíveis e mesmo, em determinadas condições, necessárias (aliás, cumpre não esquecer que entre o possível e o necessário se interpõe a ampla região, também graduada, do provável) entre certas formas e substâncias. É certo que ainda estamos longe de estabelecer tal sistema; essa disciplina acha-se ainda em seus primórdios; o máximo que se pôde fazer até agora foi delinear alguns contornos (o que se fez, por exemplo, aqui mesmo, pp. 174 e ss.), e é preciso confessar, sem dúvida, que a solução proposta para o gênero (e o número) – a que consiste em atribuir a essas categorias formais uma afinidade com a categoria semântica de *consistência* e, mais particularmente, à categoria do gênero principalmente uma afinidade com a oposição semântica entre *expansão* e *concentração* e entre *maciço* e *pontual* – deve ser considerada ainda sujeita a discussão. Não é menos verdade que o princípio metodológico vem a ser o que acabamos de indicar.

Nenhuma categoria lingüística se presta melhor que a do gênero gramatical a ilustrar a situação do descritor e, no caso, do semanticista; tal categoria apresenta, por assim dizer em resumo e ao mesmo tempo com particular intensidade, os problemas perante os quais ele se encontra. Cabe assinalar, de passagem, alguns dos fatos metodológicos que nessa ordem de idéias se separam do estudo do gênero gramatical:

1.º) As oposições entre os termos da categoria não estão submetidas à lei lógica da exclusão, mas sim à da participação (de que, aliás, a exclusão é uma variante) (cf., do autor, *La catégorie des cas*, pp. 98-104, sobretudo pp. 127 e ss.). Com efeito, as fórmulas que servem para etiquetar os termos de uma categoria são no mais das vezes de ordem sublógica; está na própria natureza das coisas que não se possa fazer de outro modo, e convém lembrar que, ao estabelecer tal sistema sublógico, fica implícito de uma vez por todas que esse sistema se concretiza mediante a transformação, em princípio, num sistema participativo. (É sabido, aliás, que um aspecto essencial desse fato foi descoberto e enfatizado por gramáticos russos, sendo depois precisado por Roman Jakobson – ver *Charisteria Mathesio*, pp. 74 e ss.) Eis por que toda terminologia construída sobre a exclusão lógica é, se tomada ao pé da letra, forçosamente aproximativa, e que oposições como "animado": "inanimado", "pessoal": "não-pessoal", "masculino": "feminino", etc. são, seja qual for, do ponto de vista intencional, a significação exata que se lhes atribui, simplificações falazes que só indiretamente correspondem à realização lingüística.

2.º) Outra circunstância vem juntar-se a isso: os fatos semânticos são, como sublinhamos acima, por definição fatos de apreciação, de avaliação, e não fatos "objetivos" passíveis de serem definidos fora de um quadro étnico, social e, por vezes, até mesmo psicológico. Desse modo, "animado" e "pessoal" querem dizer "tudo o que é, ou pode ser (em determinadas condições), concebido como animado, ou como pessoal". Por conseguinte, se, para o russo, se reconhece a categoria do "animado", deve-se entender, por exemplo, que essa categoria compreende, ou pode compreender, nomes como *pinók*, "golpe com o pé", *raz*, "golpe", *trepák* (nome de uma dança), *tuz*, "ás, no jogo de cartas" (mas também "pessoa importante, afetada"), *tumák*, "bofetada" (mas também "atum"), muito embora essas palavras tenham a declinação dos "animados" nas formas *dať komú pinká, razá,* "dar um pontapé em alguém", "bater em alguém", *pl'asáť trepaká,* "dançar o *trepák'*, *on pobíl moegó tuzá*, "ele cortou meu ás", *dať komú tumaká*, "esbofetear alguém" e apesar de, por exemplo, Dostoievski "personificar" de uma maneira análoga as bonecas ao dizer *xóčets'a emú razkazáť im pro tex kúkolok za steklóm*, "ela deseja lhes falar das pequenas bonecas expostas na exposição" (exemplo de Holger Pedersen, *Russisk grammmatik*, Copenhague, 1916, p. 127). De maneira análoga, em princípio, o polonês, que também distingue (no singular do masculino) o "animado" e o "inanimado", admite certas incursões em ambos os lados (*graċ poloneza,* "tocar uma *polonaise*", *tanczyċ walca,* "dançar uma valsa", onde os nomes em questão são tratados como nomes de seres animados[3]. Além disso, como aliás ocorre também no russo, cer-

---

3. É verdade que, entre essas construções, algumas há que permitem também, naturalmente, uma interpretação diferente: *poloneza, walca* podem ser não o acusativo-genitivo (do gênero animado), mas o genitivo (em con-

tas locuções congeladas, onde o nome de um ser animado é tratado como inanimado: russo, *výiti zámuž*, polonês, *iść za mąż*, "casar-se" (falando de uma mulher), literalmente "ir atrás de um homem" (ver, por exemplo, Grappin, *Grammaire de la langue polonaise*, p. 40). Fato similar acontece com o tcheco, por exemplo, que estabelece uma distinção em princípio análoga entre "animado" e "inanimado" e no entanto coloca na classe dos "animados" toda uma série de palavras que manifestamente designam objetos inanimados (ver, por exemplo, A. Mazon, *Grammaire de la langue tchèque*, p. 38). O mesmo acontece com a distinção entre o "pessoal" e o "não-pessoal" observada, por exemplo, no ucraniano, onde as designações de animais domésticos se distribuem entre as duas categorias: em polonês, língua que admite esta mesma distinção no masculino plural, a desinência -*owie*, característica dos nomes "pessoais", comporta certa nuança de respeito, submissão, deferência ou estima (ver, por exemplo, Grappin, p. 47), refletindo assim, mais ou menos vagamente, uma distinção de classes sociais, ou "superior" e "inferior", bem conhecida, e de resto mais bem estabelecida, em algumas outras línguas, como o iroquês (onde existe em princípio uma distinção entre uma classe "superior", que compreende principalmente as designações de homens, e uma classe "inferior", que compreende principalmente as designações de mulheres, animais e "coisas") e o japonês (sobretudo no pronome pessoal) (cf. também as formas de reverências do *nahuatl* [Steinthal-Misteli, *Charakteristik*, p. 135]); de modo geral, o princípio é o mesmo, embora varie consideravelmente de uma dessas línguas para outra. Este resumo, feito apenas no campo das línguas eslavas, é bastante reduzido e breve, e está longe de esgotar os fatos; se nosso plano não nos impedisse de entrar em detalhes, tais fatos poderiam revelar muitos traços curiosos e dignos de nota para aqueles que realmente desejam fazer uma análise semântica desses gêneros gramaticais, em cada uma das línguas, e situá-los num conjunto, tarefa que bem valeria a pena assumir um dia, visto que isso até agora não aconteceu na base que seria de desejar. Todavia, este esboço, rudimentar embora, já basta para elucidar o princípio, e isso de momento nos satisfaz. Os fatos que assinalamos, que poderiam facilmente ser multiplicados (no domínio do eslavo e em outros), admitem duas interpretações que sem dúvida se podem combinar: a da participação (1.º, acima) e a da avaliação "subjetiva" (2.º, acima). Cabe

seqüência, do gênero inanimado) (comparar o francês, *jouer du piano, dîner d' un bifteck*).

acrescentar, de resto, que com muita freqüência a avaliação, que utiliza a participação em princípio admitida, toma uma forma puramente estilística. Além disso, é possível afirmar que mesmo a classificação "subjetiva" de que falamos só raramente se funda nos caracteres físicos do objeto designado, estando no mais das vezes baseada no papel, na função, no rendimento, imaginado ou real, de tal objeto (cf. sobretudo H. Ammann, *Die menschliche Rede*, I, p. 92).

3.º) Na comunidade lingüística em questão, e no estado de língua considerado, a significação de uma categoria pode ter caído em desuso, a ponto de haver desaparecido da consciência dos sujeitos falantes. Assim é que se atribui muitas vezes, por hipótese, uma razão de ser pré-histórica ao "masculino" e ao "feminino" quando designam coisas inanimadas e das quais a divisão nos dois gêneros parece, no estado de língua testado e na comunidade que o pratica, completamente arbitrária (basta pensar nas línguas eslavas, no alemão, no francês). O mesmo se pode dizer, evidentemente, dos gêneros inteiramente gramaticalizados das línguas do nordeste do Cáucaso. De modo geral, sempre que estivermos em presença de gêneros mais ou menos mecânicos e gramaticalizados, a hipótese aqui indicada se impõe necessariamente, pois constitui a única explicação possível da origem do fato. Por outro lado – e é isso que quase sempre se tem a tendência de esquecer –, o sistema lingüístico, uma vez constituído e propagado através do tempo, impõe-se constantemente aos sujeitos falantes (cf., para os gêneros, Meillet, *Linguistique historique et linguistique générale*, I, p. 209), a ponto de uma sobrevivência poder ressurgir e ser objeto de uma reinterpretação; o fato de lua ser feminino em francês, masculino em alemão, e sol ser masculino em francês mas feminino em alemão, pode ser considerado, em seu estado atual, inteiramente arbitrário e imotivado, pura sobrevivência desnudada de sentido; tal fato se impõe constantemente ao espírito, e uma interpretação semântica dele está na iminência de surgir, não importa quando, na poesia e mesmo no pensamento de todos os dias; uma noção de personificação subsiste no estudo potencial e sempre pode ser utilizada. (Lembremos, a propósito, a exposição, muito pertinente e notável, de J. Baudouin de Courtenay, em *Prace filologiczne*, XIV, pp. 223-252). Portanto, só com expressas reservas se pode falar, nesses casos, de uma sobrevivência; tal interpretação só se justifica sob a condição de se acrescentar que o sistema lingüístico, ainda que desnudado de "razão" (ou antes, talvez, à força de ser desnudado de razão), sempre fala à imaginação e a dirige; não se deve dizer sobrevivência, e sim continuação, embora às vezes continuação em sentido potencial.

4.º) Para descrever a significação (porventura potencial, o que não quer dizer condenada a um estado latente absolutamente definitivo, como vimos), podem-se escolher diversos processos: ou enumerar as significações particulares (nos casos onde se faz possível constatá-las, enquanto possibilidades); ou concentrar-se num domínio onde a repartição das formas pareça particularmente fácil de motivar (o masculino e o feminino utilizados para designar os seres machos e fêmeas respectivamente, que admitem certa participação, constituem exemplo típico), considerando os demais empregos, aparentemente arbitrários, como representativos do estado latente, da ausência de manifestação, e as imaginações poéticas ou espontâneas como improvisações metafóricas; ou ainda estabelecer, por abstração, segundo o método acima esboçado, um "conceito" ou termo genérico que leve em conta, quanto possível (e, ainda aqui, exceção feita à participação), todas as significações particulares que se possam constatar como possíveis. O último processo afigura-se como o único satisfatório, por ser o único que concorda com o método geral da ciência. O termo genérico pode ser estabelecido, cumpre entendê-lo bem, sem implicar qualquer postulado de existência. Trata-se simplesmente de um método de descrição, através do qual se pode reunir e explicar o maior número possível de possibilidades particulares, reduzindo-as a uma fórmula geral.

A nosso ver, esses princípios possibilitam o estabelecimento de novas bases para o estudo semântico dos morfemas e, no caso, dos gêneros gramaticais, as quais permitirão o progresso desses estudos mediante a libertação de certas noções estéreis que só tendem a abandonar a partida por antecipação e a renunciar *a priori* a qualquer solução, como as noções de "sobrevivência", de "formas desnudadas de sentido e desprovidas de razão de ser", ou de "exceções arbitrárias". (Cf. nossos *Principes de grammaire générale*, pp. 165-171.)

Isso não impede, por outro lado, de distinguir, como fizemos acima, diversos graus de motivação, desde o *ótimo de manifestação* ou de correspondência entre forma e substância até o extremo oposto, onde o termo genérico parece permanecer como puro artifício de método, sujeito a discussão e submetido a dúvidas. Tal distinção é útil porque só ela permitirá explicar as tendências evolutivas: existem sempre duas tendências, que ao mesmo tempo se disputam a prioridade e se corroboram mutuamente: a *tendência conservadora* e a *tendência à motivação*, ou à manifestação ótima, à transparência semântica, ao equilíbrio óbvio entre forma e substância. No caso em que ambas ocorrem, essas duas tendências resultam numa "tendência para racionalizar o sistema", conforme Trubetzkoy constatou, precisamente para certas línguas do nordeste do Cáucaso. Esta tendência, como veremos, é observada no indo-europeu e, muito particularmente, em eslavo.

Os fatos eslavos constituem ponto de partida singularmente feliz para o estudo do gênero gramatical, porquanto as tendências gerais dessas línguas resultaram no restabelecimento de um ótimo relativo, que na verdade está longe de ser único do mundo, mas que é particularmente notável por encontrar-se no próprio seio da família indo-européia, que tem, como se sabe, do ponto de vista dos gêneros gramaticais, uma má reputação. De resto, aquilo que nossos métodos atuais permitirão extrair de um exame dos fatos eslavos não será mais que um prolongamento natural dos resultados obtidos a partir da tese de Meillet (*Recherches sur l'emploi du génitif-accusatif en vieux slave*, 1897; comparar também seus dois artigos datados de 1919 e 1921, em *Linguistique historique et linguistique général*, I, pp. 199-229, e seus artigos em *B.S.L.*, XXIII (1922), pp. 87-93, e XXXII (1931), pp. 1-28, e em *Rocznik slawistyczny*, IX (1921), pp. 18-23, e ainda *Le slave commun*, 1924, pp. 326-328, 352-353, 398-400), que repousa nas descobertas feitas pelas lingüísticas geral e comparada do século XIX. Sem dúvida valerá a pena insistir brevemente sobre o histórico de nosso problema, a fim de fazer justiça a nossos antecessores e também porque a história da lingüística, principalmente talvez a do século XIX, foi largamente falseada por um ensino demasiado exclusivo, praticado em certos centros universitários onde a lingüística se viu injustamente reduzida a mera lingüística do indo-europeu, feita constante e obstinadamente de forma isolada; essa pretensa lingüística, na realidade, esteve à parte do movimento lingüístico geral; no entanto, foi principalmente ela que assumiu a tarefa de escrever a história da lingüística[4], e não estaremos exagerando se dissermos que a história da lingüística terá de ser refeita do princípio ao fim.

Como, principalmente no indo-europeu (mas também, por exemplo, no semítico), "o gênero gramatical é uma das categorias gramaticais menos lógicas e mais inesperadas" (Meillet, *Linguis-*

---

4. Conhecemos unicamente uma história da lingüística que abarca o domínio inteiro, mas na realidade trata-se de um resumo, apesar de extremamente bem fundado: o de V. Thomsen, de 1902.

tique historique et linguistique général, p. 202), o gênero é sem sombra de dúvida a categoria morfemática que mais foi estudada e mais curiosidade despertou. Todavia, o primeiro ponto de partida foi dos mais infelizes.

As línguas mais bem conhecidas desde o princípio são, de um lado, o latim e o grego, e, de outro, o fino-ugriano e o semítico (foram estas duas famílias que permitiram estabelecer os primeiros princípios do método genético, mais tarde aplicados ao indo-europeu). É verdade que inicialmente se esteve bem informado sobre a morfologia (os morfemas e suas expressões), primeiro porque os sistemas gramaticais – tão bem conhecidos – do grego e do latim são relativamente complexos e de ordem tipicamente flexional, depois porque o que se chamava de "prova gramatical" do parentesco genético (formulado por Gyármathi, mas desde 1702 aplicado do mesmo modo para o semítico) servia para chamar a atenção para essa ordem de fatos. Contudo, o fino-ugriano se caracteriza, até o pronome pessoal, pela ausência total de gêneros gramaticais[5], e o semítico (o árabe e o hebraico inicialmente forneceram os materiais) oferece quanto aos gêneros um aspecto particularmente impenetrável, já que o masculino e o feminino permanecem à primeira vista semanticamente incompreensíveis em seu conjunto; o indo-europeu, finalmente (e no princípio foram o grego e o latim que absorveram todo o interesse), não se mostra mais favorável a uma primeira orientação, a despeito do fato de acrescentar ao masculino e ao feminino um neutro (que antes complica que simplifica as coisas) e de a teoria gramatical reconhecer desde a Antiguidade greco-latina um gênero comum que reunia numa certa medida o masculino e o feminino numa classe superior que se opunha logicamente ao neutro: Durante o tempo em que se esteve a par desses fatos inextricáveis, a teoria do gênero gramatical dificilmente se poderia constituir. Era mister, para tanto, que se conhecessem sistemas mais transparentes e mais facilmente abordáveis. Ora, na época inaugurada por Guilherme de Humboldt e seus contemporâneos, tais conhecimentos indispensáveis não tardaram a aparecer, a ser divulgados nas grandes obras de consulta e a ocupar um lugar de relevo nas discussões e pesquisas. Desse modo, os fatos colhidos logo vieram revelar a existência, no mundo lingüístico, de outras estruturas, além daquelas até então conhecidas, de outras estruturações

---

5. O caso especial (e que na história das pesquisas desempenhou apenas um papel bastante restrito) do pronome interrogativo será mencionado mais adiante.

possíveis da categoria do gênero, aparentemente menos abordáveis e ao mesmo tempo compatíveis, em princípio, com as grandes linhas de demarcação observáveis nas línguas do mundo antigo. Uma documentação, ainda que rudimentar, mas sobremodo notável e de primordial importância na época, já estava contida na segunda *Mithridate*, mormente no terceiro volume (1812-1816), que entre outras coisas trata das línguas americanas. A distinção do "animado" e do "inanimado" já fora assinalada em certas línguas americanas (desde 1810, ver H. E. Bindseil, *Abhandlungen zur allgemeinen vergleichenden Sprachlehre*, 1838, pp. 497-498, 503-504-533, com remissões). Mas, independentemente de tais desenvolvimentos, a mesma distinção foi constatada em eslavo e descrita no *Lehrgebäude der böhmischen Sprache*, de Josef Dobrovský (1809), e na *Pismenica serbskoga iezika*, de Vuk Stefanović Karadžić (1814), traduzida, como se sabe, em alemão (*Kleine serbische Grammatik*, 1824), por Jacob Grimm, que no prefácio, pp. XXXIX e ss., se vale dessa distinção tão característica do eslavo, comparando-a a certos fatos do velho e do médio alto-alemão, que na realidade indicam uma distinção entre o "pessoal" e o "não-pessoal" (diferença no masculino pessoal entre o nominativo e o acusativo, sincretismo entre esses dois casos, aliás) (ver Bindseil, pp. 503, 511). A distinção entre o "pessoal" e o "não-pessoal" havia também sido assinalada, ao que parece, para o polonês e o sorábio (Bindseil, pp. 511, 512-513, que se fundamenta nas gramáticas de Bandtke e de Seiler). Coisa curiosa: uma distinção análoga fora analisada para o árabe por Silvestre de Sacy (*Grammaire arabe*, I, 1810, pp. 261 e ss.): o fato é que no árabe clássico o plural (*pluralis fractus* e plural do feminino) de um nome substantivo que designa um objeto "não-pessoal" (ou inanimado) é na maioria das vezes seguido de um adjetivo epíteto (ou atributo) no feminino singular, ao passo que existe uma concordância entre o nome e seu epíteto (ou atributo) no plural, desde que o nome designe uma pessoa (ou um ser animado).

Essas contribuições foram posteriormente reunidas na primeira grande síntese da questão, a obra de Heinrich Ernst Bindseil *Über die verschiedenen Bezeichnungsweisen des Genus in den Sprachen (op. cit.*, 1838, pp. 493-660), obra que não deixa de impressionar um leitor moderno por sua erudição, pela vasta e cuidadosa documentação e pela profundidade de suas idéias. Os fatos relativos ao eslavo (russo, tcheco, polonês, sorábio) (sobretudo pp. 510-513), assim como as línguas americanas, e a um grande número de outras línguas são compilados, classificados e apreciados, e Bindseil consegue estabelecer uma teoria de conjunto baseada na distinção entre dois sistemas-tipos fundamentais: um sistema que distingue o animado e o inanimado (ou às vezes o pessoal e o não-pessoal), e outro que distingue o masculino e o feminino (com seus bem conhecidos satélites: o neutro e o gênero comum), podendo esses sistemas também se combinar, no caso em que o gênero animado admite os subgêneros masculino e feminino. À diferença de J. Grimm (*Deutsche Grammatik*, III, p. 359), e colocando-se ao lado de C. Poggel (*Das Verhältniss zwischen Form und Bedeutung in der Sprache*, 1833, pp. 39 e ss.), Bindseil refuta, para o masculino e o feminino, a idéia de uma generalização metafórica das noções sexuais, substituindo-a pela de um termo genérico voltado para avaliações adotadas na comunidade lingüística[6]. Com tais pontos de vista, Bindseil se mostra consideravelmente adiantado em relação a seu tempo; dentre os inúmeros autores que abordaram o gênero gramatical, muitos acataram o parecer de Grimm, com ele introduzindo, ao mesmo tempo, uma perspectiva evolutiva que se perde no nebuloso problema das "origens". À parte esses desvios do método, as idéias fundamentais da teoria de Bindseil, inclusive o lugar predominante atribuído à distinção entre o animado e o inanimado (e também à distinção entre pessoal e não-pessoal), encontram-se nas últimas fases, historicamente decisivas, da teoria do gênero gramatical do século XIX (como se Gustav Oppert, que aliás ainda adere às idéias de Grimm, *On the Classification of Languages*, 1879, e em Lucien Adam, que se opõe, *Du genre dans les diverses langues*, 1883, e ainda na *Internationale Zeitschrift für allgemeine Sprachwissenschaft*, II, 1884, pp. 218-221).

Mas em fins do século XIX, possuía-se um fundo comum de conhecimento bem maior que na época de Bindseil. Pode-se avaliá-lo pelo grande *Grundriss*, de Friedrich Müller, do qual a primeira parte do segundo volume, publicada em 1882, trata das línguas americanas, entre outras. Para nos atermos a estas últimas, podemos observar que foi assinalada a distinção do "animado" e do "inanimado" em algonquino (F. Müller, *op. cit.*, p. 194, cf. G. v. d. Gabelentz, *Die Sprachwissenschaft*, p. 390; o *Mithridate*, vol. 3, 3.ª parte, p. 381, já a utilizara para o *narraganset*, ver Bindseil, p. 504, que, na p. 533, também cita, baseado em Pickering, os fa-

---

6. Não somente pela rica documentação, mas também e sobretudo por essa atitude teórica, a obra de Bindseil é bem mais interessante e fundamental que a de seu contemporâneo J. N. MADVIG *(Om Kjønnet i Sprogene*, 1836 [tradução alemã em *Kleine philologische Schriften*, 1875, pp. 1 e ss.]), que em princípio só faz seguir as idéias de Grimm.

tos do *delaware*, e, na p. 503, baseado em Steeb, os do "albinaquense"), em *cherokee* (F. Müller, *op. cit.*, p. 227), em maia e em *kiče (ibid.*, p. 306), em *totonak (ibid.*, pp. 288 e ss., cf. G. v. d. Gabelentz, *loc. cit.*; também já no *Mithridate*, ver Bindseil, pp. 503 e ss.), em *mistek* (F. Müller, *op. cit.*, p. 298), em *sapotek (ibid.*, p. 302), em *tarask (ibid.*, p. 283, cf. G. v. d. Gabelentz, *loc. cit.*), em *páez (ibid.*, p. 356), em *junka* (família: *mucik (ibid.*, pp. 364 e ss.), etc.; assinalou-se a distinção do "pessoal" e do "não-pessoal" em *miskito (ibid.*, pp. 314 e ss.) e em *nahuatl (Mithridate*, ver Bindseil, p. 504; F. Müller, *op. cit.*, pp. 261, 269, cf. L. Adam, *Internationale Zeitschrit*, I, p. 220); para esta última língua, pode-se comparar diretamente a recente descrição de Whorf, em *Linguistic Structures of Native America*, 1946, p. 384, que na realidade não faz senão repetir a descrição clássica que se encontra resumida no *Grundriss* de F. Müller; assinalou-se, enfim, a combinação dessas duas distinções no grupo boliviano da família aruaque (*ibid.*, pp. 345 e ss.). A lista poderia ser completada com os fatos extraídos de outras línguas. Bindseil, p. 526, já apontara a oposição do "pessoal" e do "não-pessoal" em tâmul; em 1892, a distinção entre o "animado" e o "inanimado" operado pelo *santali* foi apontada por E. Heuman em sua descrição dessa língua, que, graças à iniciativa de V. Thomsen, foi publicado pela Academia Real da Dinamarca; G. v. d. Gabelentz pôde utilizá-la na segunda edição de sua obra. Portanto, na última metade do século XIX, e até certo ponto mesmo antes, a existência desses tipos de gênero gramatical era assaz conhecido de todos os lingüistas e não apresentavam nada de novo. (Para o histórico, aliás, ver o capítulo 1 da dissertação de J. P. B. de Josselin de Jong, 1913, e, do mesmo autor, *De oorsprong van het grammatisch geslacht, na Tijdschr. v. Ned. taal- en letterk.*, XXIX.)

Quando – com sua tese de 1897 e seus trabalhos posteriores (citados acima) – Meillet renovou o estudo dos gêneros gramaticais, em indo-europeu de modo geral e em eslavo em particular, o caminho estava, pois, bem preparado. Foi tirando as últimas conseqüências das experiências realizadas, conseqüências essas antes jamais tiradas, que Meillet pôde reinterpretar agudamente os fatos indo-europeus e revelar de um golpe a perspicácia do sistema. Sem querer, de forma alguma, trair as idéias do mestre desaparecido, permitimo-nos aqui traduzi-las em nossos próprios termos, a fim de situá-las no conjunto teórico e histórico que vimos de esboçar. A descoberta de Meillet é antes de tudo, a nosso ver, a descoberta do sistema sublógico do indo-europeu oculto por trás da mixórdia do uso. Esse sistema sublógico pode ser representado pelo seguinte gráfico (comparar também a exposição clara e didática feita por Meillet & Vendryes no *Traité de grammaire comparée des langues classiques*, 1924, pp. 488 e ss.):

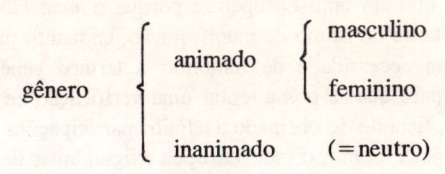

$$\text{gênero} \begin{cases} \text{animado} \begin{cases} \text{masculino} \\ \text{feminino} \end{cases} \\ \text{inanimado} \quad (=\text{neutro}) \end{cases}$$

Pode-se perceber facilmente a operação que permitiu estabelecer esse sistema sublógico[7]: a ele se chega concentrando-se previamente nos empregos cuja motivação parece óbvia (seres animados e objetos inanimados; sexo feminino e sexo masculino) para em seguida proceder ao exame dos outros casos que se apresentarem, os quais, por sua vez, devem ser motivados através das apreciações dos sujeitos falantes nas condições sociais consideradas ou supostas, admitindo-se, evidentemente, participações ("concepções de semicivilizados que eram as dos indo-europeus... aliás, obscurecidos antes da época dos mais antigos textos de cada língua", *Traité*, p. 492).

Não é difícil seguir essa operação, por assim dizer passo a passo, nas exposições de Meillet. Tendo presente o exame que fizemos sobre a história das pesquisas, percebe-se que, com o método adotado, Meillet retoma os estudos justamente ali onde H. E. Bindseil e Lucien Adam os haviam deixado, afastando as confusões advindas. É Meillet, no entanto, quem irá coroar esse desenvolvimento, conduzindo, mediante o artifício do método necessário, os fatos complexos do indo-europeu a um sistema sublógico que se adapta e se identifica com o da família *maia-kice*, por exemplo (já descrito no *Grundriss*, de F. Müller; comparar

---

7. O problema da configuração particular dos sistemas considerados, sublógicos e pré-lógicos, permanece fora dos quadros do presente artigo; não se discutirá aqui, portanto, se o sistema estabelecido por Meillet é o único possível, ou se existem outras configurações concebíveis. Assinalemos, contudo, que Roman Jakobson propôs o remanejamento seguinte (*Charisteria Mathesio*, p. 79), do qual conservaremos mais adiante alguns detalhes, mas que, aliás, é feito expressamente para levar em conta a correlação pré-lógica ou participativa entre o marcado e o não-marcado, tal qual ela se apresenta em russo:

$$\text{gênero...} \begin{cases} \text{neutro [marcado]} \\ \text{não-neutro} \begin{cases} \text{feminino [marcado]} \\ \text{masculino} \end{cases} \end{cases}$$

Alfred M. Tozzer, *A Maya Grammar*, 1921, pp. 32 e ss.; ao que parece, Meillet nunca apontou essa coincidência). Facilmente se explica por que tal sistema é mais prontamente reconhecido em *maia-kiče* que em indo-europeu: é porque o *maia-kiče* está bem menos distante do ótimo de manifestação, enquanto para o indo-europeu há necessidade de remontar a termos genéricos mais abstratos para que se possa tentar uma verificação na substância semântica, ficando-se obrigado a admitir participações demasiado extensas; neste ponto, o indo-europeu exigiu, antes de ser traduzido, análises mais sutis e de ordem mais conjetural que muitas línguas americanas. Assim é que para Bindseil – cujo método foi, aliás, considerado bom, como já vimos – havia uma barreira intransponível entre duas ordens de sistemas: as que distinguem o animado e o inanimado, o pessoal e o não-pessoal, de um lado, e, de outro, as que distinguem o masculino e o feminino com a eventual adição do neutro e do gênero comum; o grande feito de Meillet foi romper essa barreira, demonstrando a compatibilidade entre as duas ordens de sistemas, entre a oposição "animado" : "inanimado" e a oposição "masculino" : "feminino".

É sabido que uma comparação expressa e aprofundada entre tal sistema indo-europeu e a distinção entre o "animado" e o "inanimado" observada em diversas línguas da América do Norte, sobretudo na família algonquina, foi estabelecida por C. C. Uhlenbeck e seu aluno J. P. B. de Josselin de Jong (máxime em sua tese de 1913, *De waardeeringsonderscheiding van "levend" en "levenloos" in het Indogermaansch vergeleken met hetzelfde verschijnsel in enkele Algonkin-talen, Ethno-psychologische studie*). À parte os problemas conexos dos casos e das diáteses, trazidos à luz por Uhlenbeck com a ajuda dessas comparações, o resultado que se pode constatar para o gênero gramatical é principalmente a acentuada conformidade entre as duas famílias lingüísticas, que, de maneira curiosa e notável, se propaga até nos detalhes da manifestação: a repartição das noções nominais entre as duas classes de "animados" e "inanimados" é em grande parte idêntica. Esse resultado tão singularmente fascinante serve para corroborar os resultados obtidos por Meillet (comparar Meillet, *Linguistique historique et linguistique générale*, I, p. 217). De modo geral, a teoria do gênero gramatical fez poucos progressos decisivos a partir de então, sem embargo das críticas que se procuraram levantar (G. Royen, *Die nominalen Klassifikations-Systeme in den Sprachen der Erde*, 1929, apresenta alguns ajustes que podem ser de alguma valia, mas que, salvo engano, carecem da necessária clareza e generalidade.

Todavia, num ponto essencial, uma diferença existe entre o sistema algonquino e o do indo-europeu: a declinação nominal[8] do algonquino ignora a distinção entre um "masculino" e um "feminino" (C. C. Uhlenbeck, *Ontwerp van eene vergelijkende vormleer van eenige Algonkin-talen*, p. 1; *id., De vormen van het Blackfoot*, pp. 3 [= 176] e ss.), sendo que no indo-europeu não existe nenhum estágio identificável que não conheça esses dois "subgêneros". Pois o que a teoria de Meillet permite obter não se confunde com um "pré-indo-europeu" suposto[9]; trata-se, evidentemente, de um deslocamento, não na dimensão do tempo, mas na dimensão do abstrato (comparar para o princípio geral, nossas observações em *Mélanges offerts à M. Holger Pedersen*, p. 42).

Para os períodos esclarecidos por textos, o problema, entretanto, se coloca de outra maneira. O que nos ocupará, e que deixaremos para o fim, é o desenvolvimento ocorrido desde o indo-europeu reconstruído até os estados de língua modernos, principalmente no domínio eslavo, que a respeito dos gêneros gramaticais coloca problemas particularmente interessantes e instrutivos. Ainda aqui, são os resultados de Meillet que nos inspiram, e nada mais faremos que tirar deles as conseqüências que se nos afigurarem úteis do ponto de vista da morfemática geral e da semântica evolutiva.

Para considerar apenas o indo-europeu, tem-se a impressão de que a distinção entre o animado e o inanimado é o essencial, e

---

8. Faz-se abstração aqui do pronome anafórico (C. C. UHLENBECK, *Ontwerp*, p. 30) e do papel que a distinção entre o masculino e o feminino nesse pronome poderia ser chamada a representar numa nova teoria de conjunto.

9. O fato é desconhecido por J. LOHMANN, *Genus und Sexus*, 1932, p. 80, cuja exposição é a este respeito uma curiosa repetição da de Lucien Adam, *Intern. Zeitschrift f. allg. Sprachwisss.*, I, p. 220: "É infinitamente verossímil que a classificação sexual ariana tenha sido precedida por uma classificação vitalista... Os seres eram então divididos em animados e inanimados. Mais tarde... os seres animados ou vivos foram subdivididos em machos e fêmeas..." Aliás, o próprio Meillet disse: "... é necessário considerar os fatos de uma língua comum, o indo-europeu por exemplo, em si mesmos, sem ter que adivinhar a sua pré-história. O que interessa antes de mais nada não é saber como se constituíram os gêneros, mas determinar qual era, em indo-europeu comum, o seu valor. É com o estado das línguas indo-européias que ele opera, e não com os desenvolvimentos 'primitivos'. ... O estudioso tem como primeiro dever estabelecer os gêneros indo-europeus e atribuir-lhes, na medida do possível, um valor definido que concorde com o que se sabe das concepções indo-européias. Se se conseguir aproximar o indo-europeu das outras línguas, dar-se-á sem dúvida um passo a mais" (*B.S.L.*, XXXI, 3, p. II).

que os dois "subgêneros" do gênero "animado" apenas se lhe vêm juntar-se, como um anexo. Tal impressão, justificada sem dúvida para o indo-europeu comum, é contrariada de modo flagrante desde que se considere o seu desenvolvimento ulterior. Seguindo toda a curva desse desenvolvimento, constata-se que a tendência para manter ou restabelecer a distinção essencial entre o animado e o inanimado tende a desaparecer em todo o domínio indo-europeu, enquanto a distinção entre o masculino e o feminino é, em muitos casos, chamada a se desenvolver ou mesmo a sobrelevar a distinção entre o animado e o inanimado. O itálico, conservando durante muito tempo, com algumas restrições, a tripartição da categoria do gênero em masculino, feminino e neutro, acabou porém (na maioria dos falares românicos) por reconhecer apenas dois gêneros: o masculino e o feminino. O mesmo sucede com o celta, o báltico, o albanês (o pretenso "neutro" do albanês não é um neutro, mas um coletivo). Existem poucas línguas indo-européias que conservam o antigo sistema; apenas o grego poderia ser citado, de um lado, e certas línguas germânicas (máxime o islandês, o alemão e, até certo ponto, o neerlandês), de outro. Outras ainda o suprimem, em princípio, completamente: o inglês de um lado, a maioria das línguas indianas modernas do outro; além disso, o iraniano, pelo menos em parte, e o armênio clássico, menos antes da época histórica. Mas as repercussões do antigo sistema ocorrem, na maioria das vezes, quando ele se transforma num sistema de dois gêneros, o masculino e o feminino.

Este breve inventário só pode ser estabelecido, é verdade, com certas reservas: a declinação nominal é tomada no sentido restrito, fazendo-se abstração do pronome (que nos ocupará mais adiante); de resto, um "masculino" e um "feminino" que não se opõem a um "neutro" diferem do "masculino" e do "feminino" no tocante aos "subgêneros" do gênero "animado", pelo fato de ter absorvido o "inanimado"; esta última constatação, porém, não decorre do sistema sublógico. Uma rápida consideração, que abranja a configuração dos sistemas individuais em cada estado de língua e o papel desempenhado pelo pronome anafórico no sistema geral de cada uma das línguas e no regime das recções (compreendendo o acordo gramatical), impõe-se, é certo, mas ultrapassa por definição os quadros da presente exposição.

Há outrossim algumas línguas indo-européias que (seguindo-se toda a curva do seu desenvolvimento) não conservam nem o antigo sistema nem suas repercussões, tendendo antes a estabelecer uma organização nova. Devem-se aqui distinguir dois casos.

Um deles é representado pelo hitita, de um lado, e pelo escandinavo, de outro (abstração feita de certos fatos dialetais). Estes dois domínios introduzem, na declinação estritamente nominal, um regime fundado num sistema sublógico de dois termos, e somente de dois, que no entanto não constituem um "masculino" e um "feminino", mas sim um "gênero comum" (sem subdivisões fora do pronome) e um "gênero neutro". (As observações feitas por Holger Pedersen, *Hittitisch und die anderen indoeuropäichen Sprachen*, p. 19 *et passim*, principalmente no que concerne à atitude adotada em relação à doutrina de Meillet, apenas apresentam, a nosso ver, um valor exclusivamente diacrônico.)

O outro caso, que nos deve interessar de maneira toda especial, consiste na reintrodução da distinção entre o "animado" e o "inanimado" numa nova base, depois de havê-la abandonado a princípio. Tal caso se observa primeiro no indiano moderno: o antigo sistema de três gêneros subsiste em princípio, como se sabe, no indiano antigo e no indiano médio; subsiste, outrossim, no ramo ocidental do indiano moderno (marata, guzarate), e foi observado no *bhadrawahi* himalaiano (Jules Bloch, *L'indo-aryen du Véda aux temps modernes*, p. 150). Noutros casos foi completamente suprimido, conforme vimos. Mas o cingalês construiu um novo sistema de declinação, que entretanto repete de forma surpreendente o sistema do indo-europeu primitivo: um gênero "animado", subdividido em "masculino" e "feminino", e um gênero "inanimado" (Jules Bloch, *op. cit.*, p. 152). A seguir, o mesmo caso é observado em armênio: esta língua tinha inicialmente, na época clássica, como vimos, todas as distinções de gêneros. Contudo, o armênio oriental reintroduziu em nossos dias uma distinção entre o "animado" e o "inanimado" (ou entre o "pessoal" e o "não-pessoal") nos substantivos com artigo definido proposto (ver, por exemplo, A. Abeghian, *Neuarmenische Grammatik*, pp. 63 e 75). Tal distinção lembra o eslavo pela maneira particular como se efetua: o complemento direto está, para os "animados", no "dativo"; para os "inanimados", no "nominativo". Fora do eslavo, há um terceiro domínio onde o "animado" e o "inanimado" (ou o "pessoal" e o "não-pessoal") são reintroduzidos, inclusive por meios inteiramente análogos (sincretismo ou não entre o nominativo e o acusativo): referimo-nos ao tocariano (ver Holger Pedersen, *Tocharisch vom Gesichtspunkt der indoeuropäischen Sprachvergleichung*, pp. 44 e ss.). Acreditamos que esta enumeração esteja completa; hesitamos diante dos fatos pretensamente análogos invocados por Jules Bloch (*op. cit.*, p. 152) para o *kashmir* e o guzarate, que nos parecem de outra ordem.

Até aqui não distinguimos suficientemente, de um lado, os casos que acabamos de enumerar, e, de outro, a introdução dos gêneros "animado" e "inanimado" (e "pessoal" e "não-pessoal") em certas línguas indo-européias que conservam ao mesmo tempo, em parte ou totalmente, a repartição primitiva. Trata-se, é verdade, de um caso raro, porém importante, que não se confunde com os demais, conquanto apresente certas analogias com eles. Para evitar mal-entendidos, devemos dizer que não consideramos o espanhol um exemplo, muito embora Meillet o tenha invocado como tal *(Le slave commum*, p. 352; *Linguistique historique et linguistique générale*, I, p. 208). O fato espanhol consiste em que o complemento direto é introduzido pela preposição *a* quando se trata de designar algo humano, mas admite também um grande número de casos diferentes (basta consultar qualquer gramática de espanhol para constatar isso). De qualquer forma, não se trata, portanto, do "animado" e do "inanimado", mas antes do "pessoal" e do "não-pessoal"; essa é, porém, uma distinção extremamente vaga e que se afigura mais suscetível de uma definição de todo diversa. Convém acrescentar que se trata de uma preposição cujas funções de morfema casual são no mínimo suspeitas. Como bem afirmou Jules Bloch (*loc. cit.*), essa construção espanhola é comparável antes ao emprego das posposições em *kashmir*, o que equivale dizer que ela permanece inteiramente à parte.

Pode-se concluir que o caso por nós considerado – o da reintrodução do "animado" e do "inanimado" (às vezes combinados com a distinção do "pessoal" e do "não-pessoal") numa língua indo-européia que conserva ao mesmo tempo o princípio da repartição primitiva – é um caso raro. Melhor seria dizer: um caso único. Quem o apresenta é o eslavo.

Noutros domínios, a tendência observada em eslavo só se constata em condições raras e pouquíssimo conhecidas: pode-se aventar, todavia, o fato de que o sueco clássico distingue (ou pode distinguir), no adjetivo definido, entre duas desinências: -*a* (não muito acentuado) e -*e*, que designa unicamente uma pessoa masculina (o fato já consta em Bindseil, p. 500, o que é digno de nota). Mas, à parte esses casos esporádicos, o eslavo ocupa, para os gêneros gramaticais, um lugar único no interior da família indo-européia.

Todos esses fatos permitem concluir que no domínio inteiro do indo-europeu historicamente atestado se observam as duas tendências que previmos acima: a *tendência conservadora* e a *tendência à motivação*. Não obstante, nos detalhes a ação dessas duas tendências difere consideravelmente de um dialeto indo-europeu para outro, e não é fácil, nem sequer possível, indicar áreas geográficas extensas ou contínuas caracterizadas por um princípio de ação definido (neste ponto, a nosso ver, é que seria justificável emitir dúvidas quanto às hipóteses de Meillet, *B.S.L.*, XXXII, e em princípio estamos de acordo com Holger Pedersen, *Hittitisch, loc. cit.*). Isto não impede, outrossim, de atribuir a maior parte das ações a tendências comuns.

Em grego e em algumas línguas germânicas (entre as quais cumpre mencionar em primeiro lugar o islandês e o alemão), a tendência conservadora prevalece, a ponto de sobrelevar inteiramente a tendência à motivação. Aliás, a tendência conservadora predomina por muito tempo no indo-ariano e em itálico e celta, para citar apenas dialetos indo-europeus suficientemente comprovados para uma época recuada. Tudo se passa, pois, como se a tendência conservadora tivesse exigido muito tempo para ceder o lugar a uma reorganização.

Nos domínios em que a tendência à motivação conseguiu se impor, quase sempre ela consegue introduzir uma *reorganização* da categoria.

Tal organização pode assumir vários aspectos.

Um deles é a *simplificação*, que consiste em reduzir o número de termos da categoria a dois: ou masculino ou feminino (línguas românicas e celtas, albanês, leto-lituano), ou gênero comum e gênero neutro (hitita, escandinavo continental), ou ainda gênero animado e inanimado (armênio oriental moderno, tocariano). É interessante notar que as três reduções possíveis do sistema indo-europeu comum se realizaram dessa forma. Parece que, das três soluções, a solução gênero animado e gênero inanimado seja, do ponto de vista da motivação, a mais feliz, e a solução gênero masculino e gênero feminino, a menos feliz, uma vez que esta última permanece, do ponto de vista da manifestação, muito mais transparente, à parte as denominações do sexo. Quer dizer, a tendência à motivação obtém mais êxito em tocariano e em armênio oriental moderno que nos demais domínios, e obtém menos êxito, por ser menos forte, nas línguas românicas e celtas, em albanês e em leto-lituano. Aliás, acreditamos que a simplificação, a mera redução do número dos termos, nada mais é que um aspecto exterior do resultado obtido por meio da ação da tendência à motivação. Sem querer discutir aqui o problema geral da existência, em certos domínios, de uma *tendência à simplificação* (ver Meillet, *Linguistique historique et linguistique générale*, I, pp. 199 e ss.), estamos persuadidos de que a adoção de tal hipótese só leva ao desconhecimento das forças mais profundas e essenciais que produziram a simplificação; a crença numa tendência à simplificação é muitas vezes uma crença por demais simplista. Neste caso, no que concerne aos gêneros, parece mais justo atribuir as simplificações numéricas que acabam de ser mencionadas à tendência à motivação.

Poder-se-á objetar que o inglês moderno, o armênio clássico e grande parte das línguas indo-arianas recentes reduziram a simplificação a zero, abolindo completamente o gênero, e que tal fato somente poderia ser atribuído a uma tendência, porquanto abandonar uma categoria não significa motivá-la, mas renunciar a motivá-la. Objeção demasiado cômoda, essa. Para responder a ela, importa considerar uma classe nominal que até aqui deixamos deliberadamente em silêncio: o *pronome*.

Com efeito, se existe abandono, tal abandono não é completo. Ao contrário, as línguas que abandonam o gênero no nome (compreendendo o adjetivo, o artigo, etc.) conservam-no todavia nesta posição-chave que é o pronome, mormente o pronome anafórico, do ponto de vista das recções contraídas no plano do conteúdo. É mister reconhecer que os nomes aos quais se faz referência, em inglês moderno, por meio de *he, she* e *it*, são do masculino, do feminino e do neutro, respectivamente (mesmo levando-se em conta, como se fez necessário em qualquer lugar, participações e apreciações "subjetivas", de resto muito mais raras do que em indo-europeu comum). Assim sendo, se existe simplificação, é de uma simplificação de declinação que se deve falar, e não de uma verdadeira simplificação da categoria gramatical em questão e das recções que ela comporta. O jogo de expressão, de certo ponto de vista, tornou-se mais simples, mas a categoria que ele serve para exprimir subsiste. As últimas supressões, às quais a categoria foi forçada, resistem; foram, antes, reforçadas. Assim é que as línguas em questão, o inglês por exemplo, diferem ainda essencialmente de um tipo de língua que ignore a categoria do gênero.

A categoria do gênero gramatical foi feita quase sempre como se o pronome não existisse. Erro gravíssimo, pois nela o pronome deve desempenhar um papel essencial. Apenas Bindseil constitui uma verdadeira exceção: ele trata pacientemente do gênero no pronome, mesmo nas línguas que não conhecem o gênero senão no pronome. Uma retomada dos estudos de Bindseil em bases modernas revelaria muita coisa interessante e de primordial importância. Podem-se fazer principalmente duas observações: há, por certo, línguas que ignoram a distinção de gêneros mesmo no pronome propriamente anafórico; mas constitui problema delicado o saber em que medida tais línguas podem do mesmo modo diferenciar um gênero pessoal e um gênero não-pessoal – o finlandês oferece o anafórico *hän*, "ele, ela", mas também o demonstrativo *se*, "este", admitindo curiosas participações; de maneira análoga, mas não idêntica, o húngaro, que oferece *ö*, "ele, ela", sem distinção de masculino e feminino, usa com freqüência *az, ez* (pronome "demonstrativo"), para exprimir o não-pessoal.

Segunda observação: no pronome interrogativo, uma distinção entre o gênero animado e o gênero inanimado, ou entre o gênero pessoal e o gênero não-pessoal, está extremamente disseminado entre as línguas: a distinção entre os interrogativos "quem" e "que" é conhecida mesmo do finlandês, do húngaro, do chinês, do siamês, do georgiano, etc., assim como do armênio clássico por exemplo, isto é, até mesmo de quase todas as línguas que ignoram, no pronome anafórico, a distinção entre "ele" e "ela". Por outro lado, não é menos curioso que essa distinção no pronome interrogativo tenha sido abandonada em lituano, onde o nominativo *kàs*, acusativo, *ką̃*, é empregado indiferentemente no sentido de "quem" e "que"; o mesmo sucede no letoniano. Tais fatos nos parecem muito instrutivos em vários aspectos. Trazem à luz, de maneira particularmente nítida, as distinções entre o animado e o inanimado e entre o pessoal e o não-pessoal. E, uma vez observados, eles evitam para o lingüista o incômodo erro que consiste em afirmar levianamente, ou que uma categoria não existe ali onde ela existe, ou que há necessidades na língua ou uma "necessidade sentida" pelos sujeitos falantes de introduzir ou manter tal ou qual distinção. Isto é quase sempre um *deus ex machina*, uma hipótese não verificada, criada *ad hoc* e que permanece mal fundada.

Destarte, a "simplificação" não pode ser vista como um fator essencial ou independente, mas como um dos aspectos assumidos pelo resultado da tendência à motivação.

A tendência à motivação pode assim levar uma língua que abandonou o gênero na declinação estritamente nominal (mas que o conservou no pronome) a reintroduzir, após um lapso de longa duração, o mesmo princípio de sistema que o do indo-europeu comum. É o caso do cingalês. Atribui-se tal fato, por vezes, à ação de um substrato não ariano, "sem nada poder precisar" (Jules Bloch, *op. cit.*, p. 152); porém, vislumbra-se agora uma outra explicação: aquela pela qual a tendência à motivação abriu seu caminho com um atraso todo particular. Como se sabe, uma tendência pode permanecer durante muito tempo nas profundezas para surgir no momento em que os faros, externos ou internos, se lhe tornem favoráveis, e em que ela se pode nutrir de novos fatos.

Pois, se é verdade que o cingalês parece representar a esse respeito um caso extremo, e particularmente curioso, o desenvolvimento do gênero gramatical em indo-europeu fornece vários exemplos do aparecimento e reaparecimento da tendência à motivação depois de longos intervalos segundo a força relativa da tendência conservadora e segundo essa tendência se oponha à tendência à motivação ou a corrobore. Os casos mais impressionantes são oferecidos pelas línguas que introduzem sistemas novos, tais como o armênio oriental moderno, o hitita (e o escandinavo continental) e o tocariano. À medida que esses sistemas novos não se prendem em princípio ao mesmo sistema sublógico do indo-europeu comum (e, com efeito, todos eles o fazem, visto como o animado e o inanimado existem no indo-europeu, e a distinção entre o gênero comum e o neutro não é senão uma outra simplificação do sistema original, que consiste em opor exclusivamente o não-neutro ao neutro), tais casos não são fundamentalmente diversos do cingalês.

Tudo leva a crer que, em eslavo, um lapso de tempo considerável se intercala igualmente entre o sistema indo-europeu primitivo e as reorganizações que se observam nas línguas atestadas. É difícil saber em que medida se pode tirar proveito do eslavo antigo para atestar o interregno que previmos. O testemunho dos textos que possuímos faz pensar antes numa tendência que principia a surgir mas que não encontrou ainda suas bases, achando-se longe de um resultado. Até certo ponto, parece que a criação do adjetivo definido favorece a fusão do acusativo e do genitivo no singular do masculino animado (Meillet, *Le slave commum*, p. 353). De modo geral, não é raro que nas línguas a determinação (o artigo definido) desempenhe um papel mais ou menos decisivo na organização do gênero gramatical (Meillet já o assinalara); doutra parte, para o eslavo em geral, tal ação ainda não se pôde impor, pois o adjetivo "longo", provido, na origem, de uma determinação, torna-se bem cedo, e com freqüência, epíteto (oposto à forma "breve", que se torna predicativo), e, por razões diversas, não entrevemos essa ação direta e sensível sobre o gênero, da parte do artigo posposto ao substantivo, nas línguas e dialetos eslavos que o possuem.

Com a única exceção, de resto impressionante, do pronome interrogativo de gênero animado ou pessoal: *kŭ-to*, "quem", que substitui regularmente o acusativo pelo genitivo, enquanto o neutro, *čĭ-to*, "que", apresenta a fusão entre o acusativo e o nominativo, distinguindo com nitidez o genitivo desses dois casos fundidos, a tendência que nos ocupa não parece ter chegado a fixar regras sintáticas precisas. Isto parece indicar que o antigo eslavo representa justamente o começo da tendência; ignoramos, contudo, qual possa ter sido a extensão desse começo, porquanto o antigo eslavo, tal qual o conhecemos, está longe de representar o domínio eslavo inteiro (mesmo supondo-se que, na época em que o antigo eslavo é atestado, todos os seus dialetos eram mutuamente inteligíveis).

As línguas mais recentes que mais se aproximam do antigo eslavo atestado, e que podem ser consideradas sua continuação, isto é, o búlgaro e o eslavo macedônio, destruíram a flexão de casos ao ponto de tornar irreconhecíveis as distinções que nos interessam, pelo menos em certa medida. Todavia, pode-se constatar que, se em búlgaro ocorre a fusão total do nominativo e do acusativo em todas as declinações, tal regra já não vale para o singular do masculino em certas condições: o búlgaro opera, com efeito, nesse caso, uma distinção entre o nominativo e o caso oblíquo (que, sem preposição, pode ser chamado de acusativo). Na fase moderna, a distinção entre os dois casos só se impõe quando o nome no masculino singular é empregado em sentido definido: forma com artigo posposto, ou munida de um epíteto "determinante", ou nome próprio, etc. Na frase mais antiga, tal restrição não se faz na mesma medida. Torna-se bastante claro que a "determinação" (no sentido tradicional, compreendendo o artigo definido) desempenha o seu papel, o que lembra, evidentemente, o antigo eslavo. Uma vez que a classe dos nomes considerados "determinantes" compreende também os nomes próprios, etc., pode-se dizer que a distinção entre o nominativo e o caso oblíquo é, no singular do masculino, o sinal de um subgênero *pessoal* (Beaulieu & Mladenov, *Grammaire de la langue bulgare*, pp. 41 e ss., 117 e ss.). É preciso, sem dúvida, aduzir que, embora distintas em princípio nas condições indicadas, as duas formas casuais admitem uma participação entre elas, sobretudo em função de um princípio econômico segundo o qual a língua não permite repetições supérfluas no interior de uma só junção: temos, de acordo com essas regras: *vid ' áx Stojána* (ablativo), "vi Stoyan", *vid ' áx bráta* (ablativo) *vi Stojána* (ablativo), "vi vosso irmão Stoyan", *vid 'áx vášija* (ablativo) *brat* (nominativo) *Stoján* (nominativo), mesmo sentido.

Em eslavo macedônio, o sistema é mais bem equilibrado que no búlgaro, mas, em princípio, apresenta idêntica situação. Podemos concluir que essas línguas continuam uma tendência que começara a agir no eslavo antigo.

Mas o que sobretudo leva a concluir por um intervalo intercalado entre o eslavo comum e cada uma das línguas eslavas é o caminho diferente para realizar a tendência tomada por uma e outra.

Estudemos inicialmente *quais são as distinções* semânticas introduzidas pela tendência. Já sabemos que são a distinção entre o animado e o inanimado e a distinção entre o pessoal e o não-pessoal. Para fazer com que se compreenda bem o significado da introdução dessas distinções, acreditamos útil fazer desde já três observações.

De início, cumpre insistir ainda uma vez sobre a participação, não para repetir inutilmente o que já foi explicitado, mas para extrair-lhe desde já as conseqüências necessárias. A participação observada na realização dos dois opostos pode ser tal, que se torna difícil decidir se estamos em presença de uma ou de outra das duas distinções: distinção entre o animado e o inanimado, e entre o pessoal e o não-pessoal. Se, para dar um exemplo algo simplista, a fronteira que separa os dois opostos percorre, no uso que deles se faz, o reino animal de modo a dividi-lo em duas partes, podemos ou considerar a parte que é reunida às designações dos humanos (o gado, por exemplo), evidenciando uma "personificação", ou considerar a parte que delas se separa (os insetos, por exemplo), pertencente às "coisas" concebidas pela comunidade lingüística como "inanimadas". Em semelhante caso existe – não apenas participação, mas um verdadeiro deslizamento entre os dois princípios de distinções, a ponto de tornar a decisão ambígua e arbitrária. Mesmo para o indo-europeu comum, poderia haver hesitação, e com mais razão ainda, visto que só contamos com hipóteses para decidir se queremos crer que essas concepções dos "indo-europeus" comportavam ou não idéias de "personificação". No interior do eslavo, há, por outro lado, casos claros que só admitem uma das duas interpretações estudadas. Para o russo, por exemplo, não hesitamos em decidir pela distinção animado-inanimado, pois nessas línguas os humanos e os animais se alinham, em princípio, de um dos lados da fronteira, opondo-se bem claramente aos "objetos inanimados". O mesmo sucede com o tcheco, e com maior razão, já que a fronteira se acha mais afastada dos "animados" e atravessa o reino dos "objetos inanimados", dos quais um certo número é considerado "animado": diánte disso, evidentemente, a distinção "pessoal-não-pessoal" não é levada em consideração. Porém, há hesitação quanto ao ucraniano, de um lado, e o eslovaco, do outro. Um caso particularmente claro é constituído pelas línguas em que as duas distinções são reconhecidas ao mesmo tempo, ou separadamente, em condições diferentes, ou combinando-se num sistema de conjunto; ambas as distinções concorrem, com efeito, como duas distinções separadas e distintas em polonês e combinam-se num sistema de conjunto em sorábio. Em casos desse tipo, a separação entre as duas distinções é particularmente fácil de operar. A seguir, convém observar que, onde quer que se encontrem em eslavo, as duas distinções, entre animado e inanimado e entre pessoal e não-pessoal, vêm acrescentar-se às distinções reconhecidas pelo sistema herdado do indo-europeu comum, que, efetivamente, subsiste por toda parte dentro do domínio eslavo. Não existe língua eslava que não continue com fidelidade o antigo sistema composto do masculino, feminino e neutro, e que não continue a repousar sobre a antiga distinção fundamental e primeira entre o gênero animado e o inanimado. Em conseqüência, o eslavo nos apresenta um fato extremamente curioso: seja no interior do masculino, seja no interior do plural, conforme as circunstâncias que se apresentam em cada língua, *reintroduz-se* ainda uma vez a distinção entre o animado e o inanimado, ou a distinção bastante análoga entre o pessoal e o não-pessoal, ou se assinalam essas duas distinções ao mesmo tempo, separadas ou combinadas. É, se se quiser, uma inovação tipicamente reacionária: volta-se, por assim dizer, sobre os próprios passos para retomar ou recriar uma distinção que já se encontra noutro ponto do mesmo sistema. É assim que, em eslavo, e somente nele, as duas tendências concorrem: a tendência conservadora e a tendência à motivação unem seus esforços para uma *"racionalização do sistema"*. O ponto culminante desse esforço é observado em sorábio; para demonstrar, num breve exame, toda a curva do desenvolvimento e tudo o que ele comporta de essencial com respeito ao sistema inicial, podemos, com base no sistema estabelecido por Meillet para o indo-europeu comum, traçar o seguinte quadro do sistema sorábio:

gênero { "animado" = não neutro { masculino { animado { pessoal / não-pessoal / inanimado / feminino / inanimado = neutro[10]

Enfim, poder-se-ia perguntar se tal exuberância pode verdadeiramente ser atribuída ao que chamamos uma *tendência à*

10. Terminologia de Roman Jakobson (ver pp. 247, nota 7).

motivação. Seria, de fato, motivar o antigo sistema a cobrir-se de floreios, que só fazem complicar e não passam de sua réplica em ponto menor? Contudo, acreditamos haver previsto semelhante questão. Pouco importa que haja complicação ou simplificação numérica: só a racionalização importa aqui. Existe complicação numérica porque a tendência conservadora se opõe à revolução mais radical, que consistiria em suprimir as antigas distinções; então, a tendência conservadora reforça a tendência à motivação de maneira ativa, dirigindo seus movimentos. Em princípio, o antigo sistema subsiste, coagindo a tendência à motivação a seguir caminhos bem determinados. Por outro lado, a motivação se impôs devido à mudança de mentalidade desde o indo-europeu comum, de modo a tornar a antiga distinção entre animado e inanimado obscura, ou mesmo incompreensível; uma vez abandonadas as antigas concepções conscientes, as participações que elas comportavam terminaram por apresentar uma confusão inextricável; o arbitrário sobrepô-la à motivação possível. A antiga distinção herdada, entre o "animado" e o "inanimado", apresenta-se, com efeito, ao epíteto liberto das concepções de antanho, como uma distinção semanticamente opaca entre o "não-neutro" e o "neutro" (R. Jakobson, *Charisteria Mathesio*, p. 79). Eis por que a nova distinção introduzida no masculino ou no plural, entre o animado e o inanimado, não é mais, para os sujeitos falantes, a "mesma" que existe entre masculino-feminino, de um lado, e neutro de outro, não comportando o novo sistema nada de ilógico. Portanto, a nova distinção repete, em princípio, a antiga.

Feitas essas observações, indiquemos brevemente como as distinções se repartem entre as várias regiões do eslavo.

As novas distinções entre animado e inanimado introduziram-se em todas as línguas eslavas, exceto o búlgaro e o macedônio, onde é melhor dizer: distinção entre pessoal e não-pessoal. O detalhe da repartição dos dois "subgêneros" difere de uma língua para outra; apenas o princípio é idêntico. À distinção entre animado e inanimado vem juntar-se a distinção entre pessoal e não-pessoal em ucraniano, bielo-russo, polonês (compreendendo o cachube), eslovaco. A maneira pela qual essa distinção acrescida se efetua gramaticalmente difere largamente de uma língua para outra; mas o princípio permanece e permite definir uma associação de línguas muito particular, que não coincide com as famílias estabelecidas a partir de critérios genéticos: no interior do eslavo oriental, o ucraniano e o bielo-russo se apartam do russo; no interior do eslavo ocidental, o eslovaco se separa de seu parente mais próximo, o tcheco, para se aliar, em princípio, às línguas lequitas, entre as quais, aliás, o polonês se vincula ao eslovaco por meio de outros *isoglosses* (para o gênero pessoal em eslovaco, uma contribuição recente é fornecida por N. A. Kondrašov, "Kategorija ličnosti imen suščestvitel'nyx v slovackom jazyke" em *Slav'anskaja Filologija*, II, Moscou, 1954, pp. 38-67). Entretanto, as línguas em apreço (ucraniano, bielo-russo, polonês, cachube, eslovaco) são línguas vizinhas, que ocupam uma área geográfica contínua. Convém acrescentar, evidentemente, que o sorábio também conhece duas distinções, conforme vimos: entre animado e inanimado e entre pessoal e não-pessoal, o que significa que, em princípio, todas as línguas lequitas participam da dupla distinção; por outro lado, o sorábio se separa radicalmente de seu parente mais próximo, o tcheco. Mas o princípio reconhecido pelo sistema sorábio difere do de outras línguas pelo fato de as distinções serem aí combinadas, ao passo que nas demais línguas elas agem separadamente.

Desse esboço das distinções introduzidas no eslavo, passemos agora ao exame dos *meios* pelos quais se realizam, tratando em seguida das *condições* nas quais esses meios são utilizados. Ambas as questões caminham juntas, mas preferimos tratar primeiramente dos meios, fazendo abstração, na medida do possível, das condições.

São de duas espécies os *meios* utilizados: consistem, por um lado, numa escolha de *desinências* de caso e número, reservados ao gênero animado e ao inanimado, respectivamente (ou ao gênero pessoal e ao não-pessoal, respectivamente); consistem, por outro lado, em *sincretismos* no sistema dos casos. Ambos os meios se combinam voluntariamente numa mesma língua; não existe uma língua eslava que não utilize os sincretismos casuais, enquanto a escolha de desinências específicas é, em algumas línguas eslavas (mas não em todas), um acréscimo (portanto, utilizando a terminologia proposta, um meio que *especifica* o dos sincretismos casuais; *Prolegomena to a Theory of Language*, pp. 19, 22, 25).

O domínio exato das *desinências* de caso e número, reservadas a certos gêneros gramaticais, é com muita freqüência difícil de traçar, pois aí nos encontramos em presença de tendências mais gerais, que todavia permanecem algumas vezes vagas, devendo-se motivar e diferenciar as diversas classes de declinação por meio de desinências específicas, que freqüentemente ultrapassam a distinção de gêneros. É decerto duvidoso que a classe de nomes que, em ucraniano, tomam, para o locativo singular da declinação masculina, a desinência *-ovi (-evi, -èvi)* em vez de *-u* (-'u) e *-i* (-ï) possa ser considerada como representante óbvio do gênero animado. Em sorábio, na declinação correspondente, a desinência do locativo singular -*u* (por oposição às desinências -*y* e -*[j]e*) apresenta o mesmo problema. Pode-se, nos dois casos, supondo participações particulares que tornam a categoria mais ampla e admitindo que a categoria se entrecruze com uma outra, definida pelo tema, portanto por critérios de expressão, admitir em princípio que essa escolha de desinência representa a tendência à diferenciação dos dois gêneros. Em bielo-russo, onde as complicações são maiores, há condições muito particulares sob as quais uma desinência específica do locativo singular da declinação masculina se desprende para o gênero animado: referimo-nos aos temas em -*r*, -*š*, -*ž*, -*c*, -*č*: aqui, os inanimados têm -*u (kupéc*, "mercador", locativo *kupcú*), os animados têm -*y (nož*, "faca", locativo *nažý*). O eslovaco também apresenta casos ao mesmo tempo muito óbvios e muito dúbios a esse respeito; também aqui os fatos variam conforme os dialetos (os materiais foram reunidos por Kondrašov, *op. cit.*).

Para o genitivo singular da declinação masculina, o bielo-russo apresenta a desinência -*a (-'a)* (por oposição a -*u [-'u]*), que pode ser considerada reservada ao gênero animado, embora a categoria compreenda também as designações de objetos visíveis e os nomes dos meses; a mesma desinência se estende, em ucraniano, a uma categoria consideravelmente mais ampla. (Sabe-se que em russo a repartição dessas duas desinências para o genitivo singular exprime, na realidade, uma diferença *casual*: Roman Jakobson, *T.C.L.P.*, 6, pp. 277 e ss.; trata-se então, em russo, de uma diferenciação inteiramente diversa, alheia à distinção dos "subgêneros".)

O polonês e o tcheco são as línguas eslavas em que a diferenciação dos "subgêneros" por desinências é mais nítida. Em polonês, o gênero é, no genitivo singular da declinação masculina, caracterizado pela desinência -*a*, e o gênero inanimado pela desinência -*u*; há aqui, uma linha demarcatória muito mais evidente que no ucraniano e no bielo-russo. Na mesma declinação, o gênero pessoal é, no nominativo plural, caracterizado (em certa medida) pela desinência -*owie*, que comporta (já o vimos acima) ao mesmo tempo uma nuança de deferência ou de estima; é, todavia, um exemplo claro de uma desinência de caso e número reservada a um gênero, sobretudo pelo fato de o gênero pessoal ser caracterizado ao mesmo tempo por um sincretismo casual (entre o acusativo e o genitivo). O tcheco manifesta, na declinação masculina, uma predileção por certas desinências específicas do gênero animado: -*ovi*, no dativo-locativo singular, -*a* no genitivo singular (comparar com o polonês), *-ové* e *-i* no nominativo plural (em vez de *-u, -i* no dativo singular, *-e [-e], -i* no locativo singular, *-u* no genitivo singular, *-y [-e]* no nominativo plural). (Passamos em silêncio os detalhes; vimos acima, outrossim, que o domínio semântico abrangido pelo gênero "animado" é particularmente vasto em tcheco.)

Na totalidade dos casos observados, vê-se como uma tendência sabe aproveitar os materiais disponíveis para obter ou reforçar as distinções pretendidas; em seguida a um remanejamento das diversas declinações e principalmente à fusão dos antigos temas em **-o-* e em **-u-*, certo número de desinências tornaram-se sinônimas; a tendência lança mão dessa presa para distingui-las numa base nova.

Podemos acrescentar a essas observações que o búlgaro, o qual, como vimos, normalmente suprime a flexão casual, tendendo porém a estabelecer certa distinção entre um gênero pessoal e um gênero não-pessoal, conserva, em condições especiais, o dativo em *-u (-'u)* para o masculino, *-i* para o feminino, sobretudo nas locuções estratificadas e na poesia popular; ora, parece que as condições especiais que permitem o emprego desse dativo podem ser relacionadas com gênero "pessoal" (ver, para os fatos, Beaulieux & Mladenov, p. 64).

Outro expediente de que nos valemos para obter as distinções desejadas – expediente essencial – são os *sincretismos* contraídos pelo acusativo e pelo genitivo, de um lado, e pelo acusativo e pelo nominativo, de outro.

Tais sincretismos são utilizados para a distinção dos gêneros gramaticais recentemente estabelecidos em todo o domínio eslavo. Mesmo o antigo eslavo, conforme vimos, não escapa a esse processo, pois atém-se manifestamente à distinção entre o gênero pessoal e o não-pessoal no pronome interrogativo; nos nomes não-pronominais, o único fato que conta verdadeiramente é que, para o masculino animado (ou pessoal) no sentido definido, o genitivo invade o domínio do acusativo, o que, todavia, não deve ser interpretado como um sincretismo, mas como uma participação, provavelmente destinada a preparar-lhe o terreno. O búlgaro, que em todas as declinações normais suprimiu o genitivo, distingue, contudo, o nominativo e o acusativo no gênero pessoal. Para explicar esse fato, tornando-o equiparável aos encontrados noutras línguas eslavas, é preciso inverter essa regra, cujo lado essencial não é efetivamente a distinção do nominativo e do acusativo no gênero pessoal, mas o sincretismo desses dois casos no gênero não-pessoal. Desse modo, o búlgaro não escapa de maneira alguma à regra geral, antes testemunha-a manifestamente, sempre que lhe é possível. O mesmo sucede com o eslavo macedônio.

Nas demais línguas eslavas, os sincretismos de que falamos constituem um dos fatos mais conhecidos e notáveis dessa família lingüística. O princípio é universal em eslavo, mas o pormenor varia, mesmo aqui, de uma língua para outra.

Inicialmente, uma observação de princípio para demonstrar exatamente qual é a espécie de sincretismo de que se trata. Podemos distinguir dois tipos (em sentido amplo): os que consistem numa *fusão* total das duas unidades que contraem o sincretismo e os que consistem numa *implicação*, ou substituição (obrigatória) de uma das unidades por outra (ver pp. 97 e ss., e *Prolegomena*, pp. 57 e ss.)[11]. Acreditamos justificada (não apenas do ponto de vista evolutivo, mas também sincronicamente) a opinião tradicional segundo a qual os sincretismos casuais do eslavo, de que se trata no momento[12], são implicações: pode-se, de fato, mostrar que o sincretismo entre o nominativo e o acusativo, dominado pelos gêneros em questão, é uma substituição obrigatória do acusativo pelo nominativo, e que o sincretismo entre o acusativo e o genitivo, dominado pelos gêneros opostos, é uma substituição obrigatória do acusativo pelo genitivo. O problema não é desprovido de interesse, mas não é muito importante; não insistiremos mais nisso aqui; adiantamos a hipótese de passagem, visando justificar as expressões empregadas na seqüência de nossa exposição.

11. Como houve hesitação e mudança de terminologia, damos aqui, para evitar os mal-entendidos e facilitar a orientação, os equivalentes terminológicos de nossas quatro exposições: o do presente trabalho *(pres.)*, o de nosso artigo nos *T.C.L.P.*, 8, o dos *Prolegomena* (1953, em inglês) e o dos *Prolégomènes à une théorie du langage* (versão francesa):

pres. e *Prolégomènes*	*T.C.L.P.*, 8	*Prolegomena*
sincretismo	supressão	sincretismo
fusão	sincretismo (fusão)	coalescência
implicação	implicação (substituição)	implicação

12. Há, por outro lado, *fusão* nos casos em que, em russo por exemplo, o nominativo e o acusativo contraem um sincretismo dominado por: 1º) o plural dos substantivos em *-a*; 2º) o plural dos adjetivos *(nóvye, nóvyja)*; 3º) o neutro *(délo, déla)*.

Existindo substituição do acusativo pelo nominativo ou pelo genitivo, respectivamente, dizemos que *o acusativo implica respectivamente o nominativo e o genitivo, sob o domínio do gênero em questão.*

Empregando essa terminologia, pode-se então indicar que, em russo, em tcheco, em servo-croata e em esloveno, o acusativo implica o genitivo sob o domínio do gênero animado, e que nas mesmas línguas o acusativo implica o nominativo sob o domínio do gênero inanimado. Idênticas implicações são observadas em ucraniano, mas sob o domínio do gênero pessoal e do gênero não-pessoal, respectivamente. O polonês (e o cachube), assim como o bielo-russo, conhecem ambos os tipos de domínio para as implicações análogas; tal é, sem dúvida, também o caso do eslovaco. O sorábio, finalmente, organiza o todo num sistema único, reconhecendo as mesmas duas implicações sob os mesmos dois domínios, posto que de maneira mais complicada, porque o número vem juntar-se ao gênero como força dominante: com efeito, o acusativo implica o genitivo: 1.º) no masculino pessoal (sem relação com o número), e 2.º) no singular e dual do masculino não-pessoal, ao passo que o acusativo implica o nominativo, primeiro no plural do masculino não-pessoal, e segundo no masculino inanimado (sem relação com o número). (Em contrapartida, o adjetivo, em baixo-sorábio, apresenta uma fusão total do nominativo e do acusativo, sem relação com o gênero.)

Examinemos, por último, *em que condições* se afetuam as distinções desejadas, ou, noutras palavras, que fatores *presidem* à escolha das desinências e as implicações que visam o alvo indicado. Somente após estudarmos isso é que poderemos abordar a questão de saber por que as implicações casuais caminham como acabamos de constatar.

Sabe-se que os novos gêneros – animado e inanimado, pessoal e não-pessoal – são fatores dominantes. Mas eles não agem sem o concurso constante de outros fatores, que, de um lado, dependem do número, e, de outro, do gênero masculino, entremeado de uma ação da classe de declinação.

Aquilo a que, tradicionalmente, chamamos as diversas declinações e as diversas conjugações de uma língua, ou as classes de flexão, são duas coisas que cumpre distinguir: 1.º) as classes onde cada uma é definida por *sincretismos* próprios, que se relacionam, conseqüentemente, com *sistemas particulares (La catégorie des cas,* I, p. 81); exemplo típico é fornecido pelas diversas "declinações" do latim, que, devido aos diversos sincretismos do sistema casual observados na passagem de uma dessas "declinações" para outra, são, na realidade, sistemas casuais particulares; 2.º) as classes que não se distinguem pelos sincretısmos (nem pelas defectivações), mas, da parte da expressão, unicamente por diferenças de flexão própria, por exemplo desinências; no indo-europeu, pode-se ligá-las com mais freqüência a diferenças de tema ou de formação do tema; exemplo típico é fornecido pelas "conjugações" do latim.

Propomos chamar *classes lexicais* às classes desse último tipo. Elas podem ser ou não motivadas, o que equivale a dizer que a diferença observada entre elas na expressão pode ou não ser acompanhada de uma diferença de conteúdo (ver, do autor, *Principes de grammaire générale*, p. 208). Observa-se, muitas vezes, uma tendência para motivá-los, nos casos em que elas parecem arbitrárias ou semanticamente opacas.

No domínio em que a tendência geral à motivação é relativamente forte, ela pode também apossar-se dos sistemas particulares.

À parte certos fatos bem claros, entre os quais convém assinalar sobretudo o famoso sincretismo do nominativo e do acusativo sob o domínio do gênero inanimado (ou do neutro), tudo leva a crer que o indo-europeu comum evita os sistemas casuais particulares, mas que, por outro lado, favorece as classes lexicais na declinação, que apresentam sobretudo os diversos temas nominais. Tais classes, na maioria das vezes, apresentam-se mal motivadas.

Isto ocasionou, em eslavo, duas ordens de conseqüências, atribuíveis ambas à tendência à motivação. Elas aparecem igualmente em outros domínios do indo-europeu, variando segundo as circunstâncias.

O primeiro fato consiste na introdução de sincretismos casuais que podem transformar as classes lexicais em sistemas particulares. Aqui, a transformação geral do sistema casual, que se manifesta sempre no indo-europeu, ocorre a par das classes lexicais. A transformação do sistema casual é, de certo ponto de vista, uma simplificação; mas a introdução dos sistemas particulares, que constitui o essencial do movimento, complica, e ainda aqui acreditamos ser um expediente muito fácil e superficial o recurso a uma "tendência à simplificação".

Já no antigo eslavo, para só observar as declinações nãopronominais e regulares, o jogo dos sincretismos casuais varia de uma declinação para outra, a ponto de tornar o conjunto do sistema de declinações quase tão complicado como o do latim, por exemplo. Isso é notável sobretudo porque o antigo eslavo não introduzirá ainda os sincretismos destinados a caracterizar mais tarde os novos gêneros gramaticais. Ele é notável também devido ao fato de o antigo eslavo pertencer ao eslavo meridional, o qual não elabora os sincretismos casuais na mesma medida que os outros ramos do eslavo. É característico do eslavo meridional o fato de regularizar e uniformizar a declinação; isto, porém, só se observa numa época mais recente, e o antigo eslavo não traz sua marca senão na circunstância de não se aventurar muito longe nas complicações. O búlgaro e o eslavo macedônio, ao contrário, levam a extremos esse movimento, suprimindo a maior parte das antigas flexões e introduzindo construções analíticas. O esloveno e, ainda mais, o servo-croata, conservando o sistema casual do eslavo comum, tende a admitir apenas uns poucos sistemas casuais particulares. Com exclusão somente do russo, onde o número deles não é muito elevado, a organização dos sistemas particulares vai, nas outras línguas eslavas, se complicando sempre. O tcheco foi, por certo, delas todas, a que levou mais longe a diversidade dos sincretismos casuais e dos sistemas particulares.

Essa transformação das classes lexicais em sistemas particulares pode ser atribuída a um esforço com vistas a dar uma motivação gramatical a tais classes.

A segunda conseqüência extraída pelo eslavo do grande número de classes mal motivadas desde o início consiste em dar-lhes ainda outra motivação gramatical – que é, ao mesmo tempo, uma motivação semântica: sabe-se que o eslavo tende a restabelecer as classes sobre uma base nova, motivando-as pelo gênero gramatical, e a obter uma declinação masculina, uma declinação feminina e uma declinação neutra, enquanto no indo-europeu comum a relação entre os gêneros e as classes lexicais é, em princípio, arbitrária (Meillet, *Le slave commum*, p. 327). Tal movimento não se completou, inteiramente, muito embora em servo-croata se tenha aproximado bastante do seu alvo.

Esta última circunstância é a razão pela qual, nos nomes substantivos, o gênero e o número não bastam, como fatores dominantes, para a escolha de desinências específicas e de implicações casuais específicas que se prestem à distinção dos gêneros novos: impõe-se considerar também a classe de declinação.

Assim, em russo, as implicações casuais que se prestam a distinguir o gênero animado e o gênero inanimado são dominadas pelo plural, de um lado (sem consideração para com o gênero: masculino, feminino ou neutro), e, de outro, pelo masculino (sem consideração para com o número: singular ou plural), mas não sem consideração para com a classe de declinação: a dominância do masculino só atua na declinação "masculina" (temas em consoante e do gênero masculino) e não, por exemplo, quando se trata de um tema em -*a*, mesmo sendo do gênero masculino: *slugá*, "doméstico" (masculino) flexiona-se exatamente como *žená*, "mulher", distinguindo no singular o nominativo, o acusativo e o genitivo, e distinguindo no plural o nominativo-acusativo (dois casos que se sincretizam sob a dominância do plural feminino, e sempre nos temas em -*a*, sem que se leve em conta o gênero inanimado) e o genitivo. Mas a tendência à motivação e à regularização manifesta-se, neste ponto, em inúmeras línguas eslavas. Se o servo-croata flexiona igualmente tanto os nomes do tipo *slugá* como os do tipo *žená*, o esloveno admite ambas as possibilidades: desinências "femininas" (com a distinção entre os casos em questão) e desinências "masculinas" (com os sincretismos indicadores do animado e do inanimado). Em polonês, em tcheco e em sorábio, tais palavras em -*a* do gênero masculino flexionam o plural a partir da declinação "masculina," (acusativo-genitivo, polonês, *sługów*, tcheco, *sluhů*), mas o singular (e em sorábio o dual), a partir da declinação "feminina" (sem os sincretismos para os gêneros novos). Ajuntemos, para não ser excessivamente sumários, que o tcheco introduz no dativo-locativo singular a desinência da declinação "masculina": *sluhovi*.

Só o eslavo permite a consecução integral dessa tendência, flexionando os masculinos em -*a* a partir da declinação masculina, tanto no singular quanto no plural, e com os sincretismos adquiridos pelo gênero pessoal: singular-nominativo, *sluha*, acusativo-genitivo, *sluhu*, instr., *sluhom*, dativo-locativo, *sluhovi*, plural-nominativo, *sluhovia*, acusativo-genitivo, *sluhov*, instr., *sluhami*, dativo, *sluhom*, locativo, *sluhoch*.

Considerado uma classe lexical de desinências específicas, esse paradigma representa um amálgama de duas classes de declinações, mas, enquanto sistema casual particular (do gênero animado), ele é, manifestamente e em todos os aspectos, "masculino". É então o eslovaco, e só ele, que coroa esse desenvolvimento.

Permanece o princípio segundo o qual o masculino só domina os sincretismos casuais particulares dos gêneros novos na declinação "masculina", de sorte que os masculinos em -*a*, por exemplo, ficam de fora.

Tudo isso vigora enquanto só considerarmos o nome substantivo isolado. Nossa exposição não seria completa, mesmo no essencial, sem tais indicações.

Entretanto, como o gênero gramatical se define pela recção,

antes de tudo, e isso vigora tanto para os gêneros novos quanto para os que o eslavo herdou do indo-europeu comum, surge uma situação ao mesmo tempo mais real e mais simples desde que se considere, não o substantivo isolado, mas a junção composta de um termo primário e de um adjetivo-epíteto que lhe pertença. Num caso assim, sabemos que o processo normal do eslavo é o refletido pelo russo, por exemplo, como a palavra *slugá* é masculina, o adjetivo-epíteto é colocado no masculino, da mesma forma que é representado por um pronome anafórico no masculino (afinal, são apenas esses fatos que indicam estar o substantivo no masculino); e o adjetivo-epíteto admite as implicações que indicam os novos gêneros, no caso o gênero: *vérnyĭ slugá*, "doméstico fiel", acusativo, *vérnogo slugú*, genitivo, *vérnogo slugí*; o mesmo quanto às remissões anafóricas em *kogó-to slýšno*, "escuta-se alguém"; o genitivo *kogó* indica que se trata de um objeto pertencente à categoria dos animados. (Acrescentemos que o servo-croata admite também o adjetivo no feminino com *slugá*, etc. O esloveno, por outro lado, introduz o genitivo de objeto quando o adjetivo funciona como termo primário.)

Desse modo, o substantivo "isolado" (ou seja, sem recção de concordância, a qual, ademais, pode por sua vez ser explícita ou encatalisável) posto de lado, pode-se fazer abstração da classe de declinação e considerar em cada língua e conforme as circunstâncias, o gênero e o número como os únicos fatores a dominar os sincretismos que nos interessam.

Em russo, a distinção entre o animado e o inanimado, por meio dos sincretismos casuais, efetua-se sob a dominância do masculino, por um lado (sem consideração para com o número), e do plural, por outro (sem consideração para com os gêneros: masculino, feminino ou neutro). Aqui, pois, masculino e plural concorrem para dominar a distinção, sem, no entanto, se combinar. O mesmo ocorre na distinção do pessoal e do não-pessoal em ucraniano. Em sórbio, segundo as regras acima indicadas, o masculino e os números (singular, dual e plural) agem em conjunto, combinando-se para a distinção entre pessoal e não-pessoal; para caracterizar o inanimado, só o masculino é levado em conta, de vez que, aqui, o acusativo implica o nominativo em todos os números. Entre os gêneros herdados, é quase sempre o masculino que domina. O feminino pode ser juntado para a escolha de distinções particulares, como é o caso do dativo em *-i* do búlgaro (ver acima); na realidade, aqui é o gênero não-pessoal que, sem consideração para com os gêneros: masculino, feminino, neutro –, domina o sincretismo segundo o qual o dativo implica o acusativo. O plural efetua essa mesma dominância sem consideração para com os gêneros, antigos ou novos. Trata-se de um desvio da regra normal observada pelo eslavo.

O tcheco ocupa lugar um tanto à parte e bastante curioso. Nessa língua, o masculino combina-se com os números para efetuar as pretendidas implicações casuais, o que, em princípio, nada tem de inesperado. Todavia, enquanto – seguindo o processo eslavo, que pode ser tido como normal – o acusativo implica o genitivo sob a dominância do masculino singular *(já) znám toho chudého muže*, "conheço esse pobre homem", o masculino plural *inanimado* domina um sincretismo segundo o qual *o nominativo implica o acusativo*: o masculino plural animado distingue nominativo em *-i* (adjetivo: *-í*) e acusativo em *-y* (adjetivo: *-é*), ao passo que, sob a dominância do gênero inanimado, o acusativo *(-y, -é)* representa o nominativo-acusativo. Percebe-se que a implicação pode, em condições particulares, tomar rumo inverso.

Enquanto em tcheco os dois tipos de sincretismos se repartem pelos dois números (o acusativo implica o genitivo sob a dominância do masculino animado somente no singular; o acusativo implica o nominativo sob a dominância do masculino animado somente no singular; o nominativo implica o acusativo sob a dominância do masculino inanimado somente no plural), o eslovaco se comporta de maneira diversa: nessa língua, o pessoal (ou o animado) é caracterizado pelo fato de o acusativo implicar o genitivo no masculino sem consideração para com o número (então: *[já] znám tých chudobných mužov*, "conheço esses pobres homens"; comparar o tcheco: *[já] znám ty chudé mužy*).

O bielo-russo distingue o pessoal e o não-pessoal pelo sincretismo ordinário, mas só no plural, sem consideração para com os três gêneros; distingue ele o animado e o inanimado, por sincretismos ordinários, somente no masculino singular.

O polonês distingue o animado e o inanimado somente no masculino singular, e o pessoal e o não-pessoal somente no masculino plural.

O servo-croata e o esloveno distinguem o animado e o inanimado somente no masculino singular.

Para terminar, recordemos que o búlgaro e o eslavo macedônio sincretizam o nominativo e o oblíquo sempre, salvo no masculino singular pessoal (e "definido").

Essas indicações bastam para demonstrar em que medida as línguas eslavas diferem entre si, possuindo, em princípio, a mesma tendência. Trata-se de uma tendência única, mas de evoluções distintas.

Afigura-se bastante natural que os novos gêneros se combinem com os antigos a fim de dominar os sincretismos desejados. Não se necessitam de longas reflexões para admitir que a combinação do gênero e do número não é menos natural: com efeito, o gênero e o número, onde existam, caminham lado a lado nas línguas, e há fortes indícios para presumir que o gênero e o número só fazem, em última análise, uma categoria morfemática. Eles possuem quase sempre as mesmas recções, e não parece muito temerário atribuir-lhes uma zona semântica comum (cf. p. 175). Reconhecido este fato, e fazendo tábula rasa dos preconceitos herdados da gramática tradicional, parece oportuno constatar, por exemplo, que o alemão moderno possui quatro morfemas simplesmente nessa categoria de conjunto: o masculino, o feminino, o neutro e o plural (aos quais, para sermos completos, cumpre ajuntar o coletivo: *die Lande, die Worte*).

O fato conhecido como "polaridade" na gramática semítica e que consiste, por exemplo, em um substantivo masculino no singular tornar-se feminino no plural, e vice-versa, presta-se incontestavelmente em corroborar nossa hipótese, em cujo apoio, evidentemente, vêm os fatos eslavos aqui assinalados.

Não é de estranhar, também, que a categoria dos casos entre em jogo. Utilizando os sincretismos casuais tornados possíveis pelas disposições do sistema reconhecido pelo próprio esquema da língua, satisfaz-se ao mesmo tempo a tendência à reorganização do sistema casual e a tendência observada para os gêneros. Não se poderia imaginar processo mais econômico.

Resta, por fim, a questão de saber por que, no interior de cada categoria – gêneros e números de um lado, casos de outro –, a língua prefere certas formas como dominantes ou como sincretizadas. Entretanto, tudo o que podemos fazer é preparar esse problema mediante observações gerais; este só poderá ser resolvido pelo exame profundo da estrutura e da configuração das categorias em questão nas línguas visadas, o que ultrapassa os limites do presente estudo.

Contemplando os fatos do ponto de vista da gramática tradicional, podemos constatar que, nas categorias do animado e do inanimado, do pessoal e do não-pessoal, do plural e do singular, os dois termos opostos apresentam idêntica faculdade de dominância (na categoria do número pode-se, para o sorábio, acrescentar o dual); e que, por outro lado, entre os três gêneros antigos, é sobretudo o masculino que domina. Afinal de contas, só este último fato é que requer explicação.

Tentaram-se muitas. Recordou-se (Meillet, *Le slave com-*

mum, p. 352) que o sincretismo outrora estabelecido entre o nominativo e o acusativo no masculino e no neutro foi particularmente prejudicial à distinção do sujeito e do complemento, que assume significativa importância para as designações dos seres animados. Já afirmamos que a "necessidade sentida" pelos sujeitos falantes é um fator que deve ser invocado cautelosamente; elas sempre sabem esquivar-se, sem introduzir modificações nos próprios sistemas; Roman Jakobson esclareceu que, em russo, a ordem das palavras é livre, mas deixa de sê-lo a partir do momento em que se impõe a distinção do sujeito e do complemento (*T.C.L.P.*, 6, p. 245, com nota).

Recorreu-se também a "explicações" mais fantasiosas, como, por exemplo, à hipótese segundo a qual a dominância do masculino para distinguir o animado e o inanimado seria atribuível às condições particulares de uma sociedade patriarcal (W. K. Mathews, *The Structure and Development of Russian*, 1953, p. 47).

Cremos que a explicação se encontra alhures. A eleição do masculino para essa tarefa não é de forma alguma atribuível à *tendência*, mas antes a certas *disposições* inerentes ao próprio sistema dos gêneros gramaticais, disposições essas que dependem da configuração intrínseca desse mesmo sistema (cf., para o princípio, *La catégorie des cas*, I, p. 109). Ora, para poder reconhecer a configuração intrínseca da categoria do gênero em cada língua, é preciso, já o dissemos, estudá-la em relação com o número, bem como fundamentar a descrição numa teoria de conjunto das configurações possíveis dos sistemas lingüísticos, o que constitui uma tarefa começada, mas ainda não completada pela lingüística moderna.

ABREVIATURAS USADAS NA BIBLIOGRAFIA

AL = *Acta Linguistica (Copenhague)*
BCLC = *Bulletin du Cercle Linguistique de Copenhague*
IJAL = *International Journal of American Linguistics*
KDVS = Det Kongelige Danske Videnskabernes Selskab (Academia Real de Ciências e Letras da Dinamarca)
KDVS, Oversigt = *Det Kongelige Danske Videnskabernes Selskab, Oversigt over Selskabets Virksomhed* [Anuário da Academia Real de Ciências e Letras da Dinamarca)
TCLC = *Travaux du Cercle Linguistique de Copenhague*
TCLP = *Travaux du Cercle Linguistique de Prague*

A ordem cronológica seguida na bibliografia é a da data efetiva das publicações. A data nominal é dada após o título de uma publicação sempre que ela difira da data verdadeira.

BIBLIOGRAFIA DAS PUBLICAÇÕES
DE LOUIS HJELMSLEV

1922

1. Indtryk fra Litauen. I: *Ydre linjer.* II: *Indre liv. [Impressões da Lituânia.* I: Linhas exteriores. II: Vida interior.]
   Gads danske Magasin, pp. 409-416, 456, 464

1923

2. Otto Jespersens vaerk om sproget. [A obra de Otto Jerpersen sobre a linguagem.]
   Tilskueren, pp. 48-58.

1929

3. Principes de Grammaire Générale.
   KDVS *Hist.-filol. Medd.* XVI, i, 1928, 363 p. in-8°
   Um resumo em alemão desta obra, redigida pelo autor, foi publicado nas *Acta Philologica Scandinavica*, IV, 1929, pp. 291-292.
   Cf. n° 21, 167.

1932

4. Estudos Bálticos. [Tese de doutoramento.] (Copenhague.) xij-272 p. in-8º.
5. Rasmus Rask, *Udvalgte Afhandlinger I*. Udg. ... ved Louis Hjelmslev med Indledning af Holger Pedersen. [Rasmus Rask, obras escolhidas I. Publ. ... por Louis Hjelmslev com uma introdução de Holger Pedersen.] (Copenhague.) Ivj-329 p. in-8º.
Cf. nº 6, 8, 14.
6. Rasmus Rask, Ausgewählte Abhandlungen, I. Herausgegeben ... von Louis Hjelmslev mit einer Einleitung von Holger Pedersen. (Copenhague.) lxiv-329 p. in-8º.
Cf. nº 5, 9, 29.
7. [Autobiografia em dinamarquês.]
Festskrift udg. af Kφbenhavns Universitet (novembro), pp. 149-150.
8. Rasmus Rask, Udvalgte Afhandlinger, II. Udg. ... ved Louis Hjelmslev med Indledning af Holger Pedersen. [Rasmus Rask, obras escolhidas, II. Publ. (Copenhague, 1932-33.) iv-379 p. in-8º.
Cf. nº 5, 9, 14.
9. Rasmus Rask, Ausgewählte Abhandlungen, II. Herausgegeben ... von Louis Hjelmslev mit einer Einleitung von Holger Pedersen. (Copenhague, 1932-33.) iv-379 p. in-8º.
Cf. nº 6, 8, 29.
10. Rasmus Rask og Sverige 1812-1818 belyst ved hans breve til A. A. Afzelius. [Relações de Rasmus Rask com a Suécia ilustradas por suas cartas a A. A. Afzelius.]
Nordisk Tidsskrift, IX, 6, pp. 445-456.

1934

11. Grundlaget for dansk grammatik. I anledning af to nyere arbejder. [Fundamentos da gramática dinamarquesa. A propósito de dois trabalhos recentes.]
Selskab for nordiske Filologi, Aarsberetning for 1933, pp. 2-3.

1935

12. [Resenha em alemão de: Otto Jespersen: *Tanker og studier*. 1932.]
Indogermanische Forschungen, 53, pp. 135-136.
13. LA CATÉGORIE DES CAS. (Estudo de Gramática Geral, I)
Acta Jutlandica, VII, i. xij-i84 p. in-8º.
Cf. nº 26.
14. Rasmus Rask, Udvalgte Afhandlinger, III. Udg. ... ved Louis Hjelmslev med indledning af Holger Pedersen. [Rasmus Rask, obras escolhidas, III. Publ. ... por Louis Hjelmslev com uma introdução de Holger Pedersen.] (Copenhague, 1932-35.) xvij-403 p. in-8º.
Cf. nº 5, 8, 29.
15. [Intervenções em dinamarquês.] *BCLC*, I, pp. 2, 3, 6, 7, 8, 9-10, 15-16.
16. Den sprogvidenskabelige tydning af Setre-kammens *mauna*. [L'interprétation linguistique du *mauna* du peigne de Setre]. [Com um resumo em francês.]
Aarbφger for nordisk Oldkyndighed og Historie, 1935, pp. 275-280.

17. Synspunkter for dansk fonetik. [Pontos de vista sobre a fonética dinamarquesa.]
    Selskab for nordisk Filologi, Aarsberetning for 1935, pp. 6-8.
18. Essai d'une théorie des morphèmes.
    IVe Congrès International de Linguistes, Résumés des communications, pp. 39-42. (Copenhague)
    Cf. n° 35.
19. Sprog og tanke. [A linguagem e o pensamento.]
    Sprog og Kultur, V, I, pp. 24-33.
20. Estudos de lingüística estrutural realizados no âmbito do Círculo Lingüístico de Copenhague (em colaboração com H. J. Uldall).
    BCLC, 2, pp. 13-15.
21. Kinōhanjuron no kiso-zuke. [Fundamentos da teoria das categorias funcionais.] = Hideo Kobayashi: Gengokenkyūmondaihen [Livro de problemas de estudos lingüísticos], pp. 193-235. [s.l.]
    Tradução japonesa feita por Hideo Kobayashi, de n° 3, capítulo V.

1937

22. On the Principles of Phonematics.
    Proceedings of the Second International Congress of Phonetic Sciences, 1935, pp. 49-54 (Cambridge).
23. Quelques réflexions sur le système phonique de l'indo-européen.
    Mélanges linguistiques offerts à M. Holger Pedersen, Acta Jutlandica, IX, I, pp. 34-44.
24. La nature du pronom.
    Mélanges de linguistique et de philologie offerts à J. van Ginneken, pp. 51-58.
    = aqui nesta obra, pp. 211-218.
25. Accent, intonation, quantité.
    Studi Baltici, 6, pp. 1-57.
26. LA CATÉGORIE DES CAS. Étude de grammaire générale II., *Acta Jutlandica*, IX, 2. viij-78 p. in-8°.
    Cf. n° 13.
27. Indledning til sprogvidenskaben. Forelaesning ved tiltraedelsen af professoratet i sammenlignende sprogvidenskab ved Kobenhavns universitet den 14. september 1937. [Introdução à lingüística. Aula inaugural dada a 14 de setembro de 1937 por ocasião da sucessão na cátedra de lingüística comparada na Universidade de Copenhague.] (Copenhague.) 30 p. in-12°
    Tradução inglesa, aqui mesmo, pp. 15-27.
28. A silabação em eslavo.
    Belićev zbornik, pp. 315-324. (Belgrado.)
29. Rasmus Rask, Ausgewählte Abhandlungen, III. Herausgegeben ... von Louis Hjelmslev mit einer Einleitung von Holger Pedersen. (Copenhague, 1932-37). xviij-426 p. in-8°.
    Cf. n° 6, 9, 14.

1938

30. Rasmus Rask, jeho život a dílo. (Přednáška proslovená v Ústavu skandinavském a nizozemském v Praze 22. řijna, 1937). Rasmus Rask, sa

vie et son oeuvre. (Conferência feita no Instituto Escandinavo e Neerlandês de Praga em 22 de outubro de 1937).]
Slovo a slovesnost, 4, pp. 65-72.
31. Jazyková forma a substance (Přednáška proslovená v Pražském Linguistickém Kroužku, 25. října 1937). [Forma e substância da língua (Conferência feita no Círculo Lingüístico de Praga, em outubro de 1937.]
Ibid., p. 128.
32. Neue Wege der Experimentalphonetik.
Nordisk Tidsskrift for Tale og Stemme, 2, pp. 153-194.
33. Über die Beziehungen der Phonetik zur Sprachwissenschaft. (Vortrag gehalten in der Deutschen Gesellschaft für Phonetik, Berlin, den 21. April 1938.)
Archiv für vergleichende. Phonetik, 2, pp. 129-134, 211-222.
34. [Intervenções em francês.]
Actes du IVe Congrès International de Linguistes 1936, p. 139. (Copenhague.)
35. Essai d'une théorie des morphèmes.
Ibid., pp. 140-151. Com discussão, pp. 164-165.
Cf. n? 18.
= aqui nesta obra, pp. 169-182.
36. Études sur la notion de parenté linguistique. Première étude: Relations de parenté des langues créoles.
Revne des études indo-européennes, 2, pp. 271-286.
37. La estructure des oppositions dans la langue.
Onzième Congrès International de Psychologie, Paris, 25-31 juillet 1937, Rapports et comptes rendus, pp. 241-242. (Paris.)

1939

38. [Intervenção em alemão.]
Proceedings of the Third International Congress of Phonetic Sciences, Ghent, 1938 pp. 66. (Grand.)
39. The Syllable as a Structural Unit.
Ibid., pp. 266-272.
40. N. S. Trubetzkoy. [Em alemão.]
Archiv f. vgl. Phonetik, 3, pp. 55-60 [Necrologia.]
41. Ny experimentalfonetik. [Nova fonética experimental.]
Nordisk Tidsskrift for Tale og Stemme, 3, pp. 76-94.
42. Forme et substance linguistiques.
BCLC, 4, 3-4.
43. [Análise em francês de: C. C. Uhlenbeck: *Oer-Indogermaansch en Oer-Indogermanen*, 1935].
Ibid., pp. 7-9.
44. [Intervenções em francês e em alemão.]
Ibid., pp. 2-3, 6, 11, 15-16.
45. Caractères grammaticaux des langues créoles.
Congrès International des Sciences Anthropologiques et Ethnologiques. Compte rendu de la Deuxième Session Copenhague, 1938, p. 373. (Copenhague.)
46. [Intervenção em inglês.]
ibid., p. 374.

47. La structure morphologique (types de système).
   Vme Congrès International des Linguistes, Rapports, pp. 66-93. (Bruges.)
   = aqui nesta obra, pp. 127-153.
48. Le caractère linéaire du signifiant.
   Vme Congrès International des Linguistes, Résumés des communications, pp. 25-26. (Bruges.)
49. [Editorial (em francês) de Viggo Bröndal.]
   AL, I, pp. 1-2.
50. La notion de rection.
   ibid., pp. 10-32.
   = aqui nesta obra, pp. 155-167.
51. Edward Sapir. [Em inglês.]
   ibid., pp. 76-77. [Necrologia.]
52. [Nota em francês sobre: S. C. Boyanus e N. B. Jopson: *Spoken Russian, A Practical Course*, 1939.]
   ibid., p. 142.
53. [Nota em francês sobre: Witold Doroszewski: *Pokrewieństwo językowe w świetle faktów dialektycznych*. [O parentesco das línguas visto através dos fatos dialeais.] Extrato de *Sprawozdanie komisji językowej Towarzystwa naukowego Warszawskiego* XXXI, II, 1, 1938.]
   ibid., p. 142.
54. [Nota em francês sobre: André Martinet: *La phonologie. Le français moderne*, VI (1938), pp. 131-146, M. Grammont: *La néophonologie*, *ibid.*, pp. 205-211, André Martinet: *La phonologie synchronique et diachronique*.
   Revne des cours et conférences XL (1939), p. 323-340.]
55. [Nota em francês sobre: *Questionnaire phonologique pour servir à l'étude des parlers de France* [Paris 1939].]
56. [Nota em francês sobre: C. Racoviţă: *L'article en russe. Bulletin linguistique publié par A. Rosetti*, VI (1938), pp. 90-138.]
   ibid., p. 144.
57. Note sur les oppositions supprimables.
   TCLP, 8, pp. 51-57.
   = aqui nesta obra, pp. 93-100.
58. Kurt Wulff. 4. september 1881 – 4. maj 1939. [Em dinamarquês.]
   Fesstkrift udg. *af Københavns Universitet* (novembre), pp. 115-121. [Necrologia.]

1940

59. [Nota em francês sobre: P. Chantraine: *Remarques sur les rapports entre les modes et les aspects en grec. B.S.L.*, XL, 1 (1939), pp. 69-79.]
   AL, I, 1939, p. 206.
60. [Nota em francês sobre: *Conférences de L'Institut de Linguistique de l'Université de Paris*, V, 1937. (*Revue des Cours et Conférences*, 1937-38.)
   ibid., p. 206.
61. [Nota em francês sobre: H. L. Koppelman: *Sprachmischung und Urverwandtschaft. Album Philologicum Prof. Th. Baader* [1939], pp. 15-26.]
   ibid., p. 207.

281

62. [Nota em francês sobre: A. Mirambel: *Remarques de syntaxe néogrecque: L'emploi de l'article défini. B.S.L.*, XL, 1 (1939), pp. 62-68.]
ibid., p. 207.

63. [Nota em francês sobre: Rolf Pipping: *Sprak och stil.* [Língua e estilo.] Extratos de *Finsk Tidskrift*, 1938, nºs. 10 et 11 (Helsingfors).]
ibid., pp. 207-208.

64. [Nota em francês sobre: A. Sommerfelt: *Les formes de la pensée et l'évolution des catégories de la grammaire. Journal de Psychologie*, 1938, pp. 170-184.]
ibid., p. 208.

65. [Nota em francês sobre: J. Vendryes: *La position linguistique du celtique. The Sir John Rhys Memorial Lecture, British Academy*, 1937. Extrato de *Proceedings of the British Academy*, XXIII.]
ibid., p. 208.

66. [Nota em francês sobre: E. Zwirner: *Langue et langage en phonométrie. Mélanges Émile Boisacq*, II, 1938, pp. 391-394.]
ibid., p. 208.

1941

67. De grammatiske kategorier. [As categorias gramaticais.]
Translatøren, 3, pp. 8-16.

68. [Intervenções.]
BCLC, 5, pp. 3, 7, 8, 14.

69. Phonétique expérimentale.
ibid., pp. 10-11.

70. Kurt Wulff. [Em francês com bibliografia.]
ibid., pp. 23-28. [Necrologia.]

71. Breve fra og til Rasmus Rask. I: 1805-1819. II: 1820-1832. Udg. ... ved Louis Hjelmslev [Correspondências de Rasmus Rask. I: 1805-1819. II: 1820-1832. Publ. ... por Louis Hjelmslev.] (Copenhague.) 2 vols., in-8º, xvj-459 + xij-402 p.

72. Et par sprogteoretiske betragtninger. [Algumas considerações lingüísticas de ordem teórica.]
Årbog for nordisk målstroev, 4, pp. 81-88.

73. [Resenhas em francês de: A. W. de Croot: *Taalkunde. Scientia, Handboek voor wetenschap, kunst en godsdienst*, I, 1938, pp. 239-284. – –: *Zur Grundlegung der Morphologie und der Syntax. Algemeen Nederlands tijdschrift voor wijsbegeerte en psychologie*, XXXII (1938), pp. 145-174.
– –: *Wort und Wortstruktur.* Extratos de *Neophilologus*, XXIV, 1939.
– –: *De structuur van het Nederlands.* Extratos de *Nieuwe taalgids*, XXXIII, 1939.]
AL, II, 1940-41, pp. 61-62.

74. [Resenha em alemão de: Wilhelm Keller: *Der Sinnbegriff als Kategorie der Geisteswissenschaften*, I, 1937.]
ibid., pp. 62-63.

75. [Resenha em francês de: L'udovít Novák: *Základná jednotka gramatického systému a jazyková typologia.* [O elemento fundamental do sistema gramatical e a tipologia lingüística.] Extratos de *Sborník Matice Slovenskej*, XIV (1936), nº. 1-2, *časť prvá: Jazykoveda* (Turčiansky

Svätý Martin).]; *ibid.*, pp. 63-64.
76. Resenha em francês de: L'udovít Novák: K *základným otázkam štrukturálnej jazykovedy*. [Sobre os problemas fundamentais da lingüística estrutural.] Extratos do Sborník Matice Slovenskej, XV (1937), nº 1, *časť prvá: Jazykoveda* (Turčiansky Svätý Martin).]
ibid., pp. 64-65.
77. [Resenha em francês de: Edward Sapir: *Glottalized consonants in Navaho, Nootka, and Kwakiutl (with a note on Indo-European)*. Language, XIV (1938), pp. 248-274.]
ibid., p. 66.
78. [Nota em francês sobre: L'udovít Novák: *Quelques remarques sur le système phonologique de hongrois*. Extratos dos Estudos Húngaros, anos 1936-37.]
79. [Nota em francês sobre: E. A. Speiser: *The Pitfalls of Polarity*. Language, XIV (1938), pp. 187-202.]
ibid., p. 68.
80. [Nota em francês sobre: C. C. Uhlenbeck: *Grammatische invloed van het Algonkinsch op het Wiyot en het Yurok*. Medd. d. k. Nederl. Akad. v. Wetensch., afd. Letterkunde, n.r. deel 2 nº 3, 1939. pp. 41-49.]
ibid., p. 68.
81. [Nota em francês sobre: B. L. Whorf: *Some Verbal Categories in Hopi*. Language, XIV (1938), pp. 275-286.]
ibid., p. 68.
82. N. van Wijk. [Em francês.]
ibid., pp. 108-110 [Necrologia.]
83. [Resenha em francês de: *Mélanges linguistiques offerts à Charles Bally*, 1939.]
ibid., pp. 111-116.
84. [Resenha em inglês de: Paul Christophersen: *The Articles*, 1939.]
ibid., pp. 116-117.
85. [Resenha em francês de: Louis H. Gray: *Foundations of Language*, 1939.]
ibid., pp. 122-126.]
86. [Nota em inglês sobre: Paul Ariste: *Hüu murrete häälikud*. Com um sumário, pp. 272-274: *The Sounds of the Hüumaa Dialects*. Acta et Commentationes Universitatis Tartuensis (Dorpatensis) B XLVII, 1, 1939.]
ibid., pp. 130-131.
87. [Nota em francês sobre: C. Battisti: *Fonetica generale*, 1938.]
ibid., p. 131.
88. [Nota em francês sobre: N. Bøgholm: *English Speech from a Historical Point of View*, 1939.]
ibid., p. 131.
89. [Nota em inglês sobre: Alf Brahde: *Engelske Verber og Adverbier*. (Verbos e advérbios em inglês.) 1938.]
ibid., p. 131.
90. [Nota em inglês sobre: Jørgen Jørgensen: *Imperatives and Logic*. Erkenntnis, VII (1939), pp. 288-296.
–: *Reflexions on Logic and Language*. The Journal of Unified Science (Erkenntnis) VIII (1939), pp. 218-228.
–: *Empiricism and Unity of Science*. Ibid., IX (1940), pp. 181-188.]
ibid., p. 134.

91. [Nota em francês sobre: Ivan Lekov: *Osnovi na fonetičnata i fonologična sistema na săvremennija bălgarski knižoven ezik*. Extraído do *Anuário da Universidade de Sofia*, Faculdade hist.-pilol., XXXV, 2 (1939). Resumo em alemão (pp. 17-18): *Grundzüge des phonetischen und phonologischen Systems der neubulgarischen Schriftsprache*.]
   ibid., pp. 134-135.

92. [Nota em francês sobre: Iv. Lekov: *Projavi na fonologična svrăxstaratelnosť v razvoja na bălgarskija, polskija i českija ezik. Spisanie na Bălg. Akademija na naukitě* 1939, pp. 85-106. Resumo em francês (pp. 105-106): *Manifestations d'un zèle exagéré phonologique dans le développement des langues bulgare, polonaise et tchèque*.]
   ibid., p. 135.

93. [Nota em inglês sobre: Ida C. Ward: *The Phonetics of English*, 3º ed., 1939.]
   ibid., p. 135.

94. [Intervenção.]
   BCLC, 6, pp. 6, 12.

95. Conectivo e "vogal temática" em húngaro.
   ibid., pp. 12-13.

96. "Akustik sprogaestetik". ["Estética acústica da língua".]
   Nordisk Tidsskrift for Tale og Stemme, V, 5.

97. Sprogslaegtskab. Résumé af foredrag i Translatørforeningen, 17.10.41. [Parentesco das línguas. Resumo de uma conferência feita na Associação dos Tradutores a 17 de outubro de 1941.]
   Translatøren, 4, pp. 11-16, 30-32.

98. Vilhelm Thomsen. Foredrag paa Kobenhavns universitet 26 de janeiro de 1942. [Vilhelm Thomsen. Conferência proferida na Universidade de Copenhague a 26 de janeiro de 1942.]
   Gads danske Magasin, pp. 136-147.

1943

99. Langue et parole.
    Cahiers F. de Saussure, 2, pp. 29-44.
    = aqui nesta obra, pp. 79-91.

100. OMKRING SPROGTEORIENS GRUNDLAEGGELSE. [Autor da função da teoria da linguagem.]
    Festskrift undg. af Kφbenhavns Universitet (novembro), pp. 1-113.
    Publicado ao mesmo tempo separadamente, Copenhague, 115 p. in-8º.
    Cf. nº 147.

101. Sproget [A linguagem.]
    Danmark og Verdenskulturen. En Samling Radioforedrag, pp. 71-85.

102. Soren Peter Cortsen. [Biografia em dinamarquês.]
    Salmonsen Leksikon-Tidsskrift, 3, col. 582-583.

103. Sigmund Feist. [Biografia em dinamarquês.]
    ibid., col. 592-593.

104. Eduard Schwyzer. [Biografia em dinamarquês.]
    ibid., col. 610-11.

105. Karl Verner. [Biografia, revista em dinamarquês.]
    Biografisk Leksikon, 25, pp. 350-352.]

106. Kurt Wulff. [Biografia em dinamarquês.]
 ibid. 26, pp. 352-355.

1944

107. H. C. Andersen: Kejserens nye Klaeder (Os novos trajes dos imperadores) paa femogtyve Sprog, (em vinte e cinco línguas) udgivet af publicado por Louis Hjelmslev & Axel Sandal. (Copenhague.) 184 p. in-8º.
108. Sprogbygning og sprogbrug. [Esquema e emprego da língua.]
 Selskab for nordisk filologi. Aarsberetning for 1943, pp. 6-8.
109. Moderne sprogtaenkning. [Concepções modernas da língua.]
 Videnskaben i dag, pp. 419-443. (Copenhague.)
110. Andreas Blinkenberg. [Biografia em dinamarquês.]
 Biografisk Leksikon, 27, pp. 84-85.
111. *Soren Peter Cortsen*. [Biografia em dinamarquês.]
 ibid., p. 158.
112. Kaare Grønbech. [Biografia em dinamarquês.]
 ibid., pp. 233-234.
113. Nogle Mejeriord i sprogvidenskabelig Belysning. [Alguns termos de leiteria sob o aspecto lingüístico.]
 Nordisk Mejeri-Tidsskrift, 10, pp. 185-189, 201-202.

1945

114. Otto Jespersen. [Em francês.]
 AL, III, pp. 119-130. [Necrologia].
115. Internationale ord. [Vocábulos internacionais.]
 Translatøren, 7, pp. 50-54.
116. Kaj Barr. [Biografia em dinamarquês.]
 Salmonsen Leksikon-Tidsskrift, 5, col. 257.
117. Louis Gauchat. [Biografia em dinamarquês.]
 ibid., col. 265-266.
118. Jeans Holt. [Biografia em dinamarquês.]
 ibid., col. 266-267.

1946

119. Giulio Bertoni. [Biografia em dinamarquês.]
 Salmonsen Leksikon-Tidsskrift, 6, col. 712-713.
120. Renward Brandstetter. [Biografia em dinamarquês.]
 ibid., col. 714.
121. Norbert Jokl. [Biografia em dinamarquês.]
 ibid., col. 769.
122. [Intervenções em francês e em inglês.]
 BCLC, 7, pp. 3, 4, 5, 9, 11, 15-16, 17.
123. Os graus de comparação.
 ibid., p. 14.

1947

124. A dissimilação de aspiração.
 Revue des Études Indo-Européennes, IV, pp. 69-76.

125. Problémy sémantiky. [Os problemas da semântica.] [Conferência dada no Círculo Lingüístico de Bratislava, a 30 de maio de 1947.]
Slovo a tvar, I, pp. 63-64.

1948

126. Sprog og system. – Verbet og nominalsaetningen. [Língua e sistema – *O verbo e a frase nominal.] [Resumo em dinamarquês de duas comunicações apresentadas à Academia em 1º de novembro de 1946.]
KDVS, Oversigt... 1946-1947, p. 32.
*Cf. nº 129.

127. Sprogets grundstruktur belyst ved simple modeller. [A estrutura fundamental da língua, esclarecida por alguns modelos simples.] [Resumo em dinamarquês de uma comunicação apresentada à Academia a 25 de abril.]
ibid., p. 55.
Cf. nº 128, 145.

128. Structural Analysis of Language.
Studia Linguistica, I, pp. 69-78.
Versão inglesa de nº 145.
Cf. nº 127.
= aqui nesta obra, pp. 35-44.

129. Le verbe et la phrase nominale.
Mélanges de philologie, de littérature et d' histoire anciennes offerts à J. Marouzeau, pp. 253-281.
Cf. nº 126.
= aqui nesta obra, pp. 183-210.

130. [Editorial em francês.]
AL, IV, 1944, p. v-xj.
= aqui nesta obra, pp, 29-34.

131. Kr. Sandfeld [Em francês.]
ibid., pp. 136-139. [Necrologia.]

132. [Resenha em francês de: Björn Collinder: *Introduktion i sprakvetenskapen*. (Introdução à lingüística.) 1941.]
ibid., pp. 140-141.

133. [Resenha em francês de: Georges Gougenheim: *Système grammatical de la langue française*, 1938.]
ibid., pp. 141-143.

134. La comparaison en linguistique structurale. [A propósito de J. Vendryes: *La comparaison en linguistique. Bull. de la Soc. de Ling. de Paris*, XLII, 1, pp. 1-16, 1946.]
ibid., pp. 144-147. [Crônica.]

135. Les méthodes structurales et leur application éventuelle sur les sciences historiques. [Resumo de uma conferência dada na Sociedade Dinamarquesa de Estudos Antigos e Medievais, a 13 de abril de 1945.]
Classica et Medialvalia, IX, 1947, p. 272.

1949

136. Rasmus Rask, 1787-1832. [Biografia em dinamarquês.]
Store danske personligheder, II, pp. 174-185.

137. Forelobige underscgelser til en sammenlignende sprogtypologi.
[Pesquisas provisórias para uma tipologia comparada das línguas.]
[Resumo em dinamarquês de uma comunicação apresentada à Academia em 11 de março de 1949.]
KDVS, Oversigt ... 1948-1949, pp. 45-46.

1950

138. Sixième Congrès International de Linguistes, Paris 1948.
AL, V, 1945-49, pp. 56-60.
Resposta a Borgström e Frei [A propósito do l'*Editorial* de *Acta Linguistica* IV.]
139. Det indo-europaeiske grundsprog. [A língua-mãe indo-européia.]
Translatøren, 12, pp. 18-25.
140. Rôle structural de l'orde des mots.
Journal de psychologie normale et pathologique, 43º ano, pp. 54-58.
141. Semantikkens grundproblem. [O problema fundamental da semântica.] [Resumo em dinamarquês de uma comunicação apresentada à Academia a 28 de abril de 1950.]
KDVS, Oversigt ... 1949-1950, p. 50.

1951

142. [Intervenções.]
Actes de la Conférence européenne de sémantique (Nice, 26-31 mars 1951) organisée par E. Benveniste avec la participation de... L. Hjelmslev... (passim). [Ronéographié.] Paris.
143. Grundtraek af det danske udtrykssystem med saerligt henblik på stødet. [Traços fundamentais do sistema de expressão do dinamarquês, encarado especialmente do ponto de vista do movimento da glote.]
[Conferências dadas na Sociedade de Filologia Nórdica em 23 e 30 de novembro de 1948.]
Selskab for nordisk filologi, Aarsberetning 1948-49-50, pp. 12-24.
144. Commentaires sur la vie et l'oeuvre de Rasmus Rask.
Conférences de l'Institut de Linguistique de l'Université de Paris, X, pp. 143-157.

1952

145. [Método da análise estrutural em lingüística.]
AL, VI, 1950-51, pp. 57-67.
Versão russa de nº 128.
Cf. nº 127.
146. Giulio Bertoni. [Em francês.]
ibid., pp. 94-95. [Necrologia.]

1953

147. PROLEGOMENA TO A THEORY OF LANGUAGE. Tradução de Francis J. Whitfield.

Suppl. to *IJAL*, XIX, 1. Indiana Univ. Publ. *in Anthropology and Linguistics*. *Memoir 7 of the IJAL*. iv-92 p. in-8º.
Cf. nº 100.

148. Principes de linguistique génétique. [Resumo em dinamarquês de uma comunicação apresentada à Academia a 27 de fevereiro de 1953.]
KDVS, Oversigt... 1952-1953, p. 47.

149. Sprogets indholdsform som samfundsfaktor. Tale ved universitets årsfest 26. november 1953. [A forma do conteúdo lingüístico como fato social. Discurso pronunciado na festa de aniversário da Universidade de Copenhague a 26 de novembro de 1953.]
Det Danske Magasin, 2º ano, pp. 1-7.
Tradução inglesa aqui mesmo, pp. 101-107.

1954

150. ALMINDELIG FONETIK. [Fonética geral.]
Nordisk laerebog for talepaedagoger I, pp. 233-307. (Copenhague.)

151. Menneskeracerne og sprogene. [Raça e língua.]
Arv, race og kultur, pp. 83-103. (Copenhague.)

152. Holger Pedersen. 7. april 1867, 25. oktober 1953. Tale i Videnskabernes Selskab, møde den 12. marts 1954. [Elogio (em dinamarquês) a Holger Pedersen proferido na Academia Real de Ciências e de Letras da Dinamarca a 12 de amarço de 1954.]
KDVS, Oversigt, 1953-1954, pp. 97-115.

153. La stratification du langage.
Word 10, pp. 163-188.
= aqui nesta obra, pp. 45-77.

154. Holger Pedersen. 7 april 1867, 25. oktober 1953. [Em dinamarquês.]
Festskrift udg. af Københavns Universitet (novembro), pp. 95-106.
[Necrologia.]

1956

155. Études de phonétique dialectale dans le domaine letto-lituanien.
Scando-Slavica, II, pp. 62-86.

156. Om numerus og genus [Número e gênero gramatical.]
Festskrift til Christen Moller, pp. 167-190.

157. Animé et inanimé, personnel et non-personnel.
Travaux de l'Institut de Linguistique, I, pp. 155-199. (Paris.)
= aqui nesta obra, pp. 233-272.

158. Sur l'indépendance de l'épithète.
KDVS, Hist.-Filol. Medd., 36,5. 16p. in-8º.
Um resumo em dinamarquês deste trabalho encontra-se em *KDVS, Oversigt...* 1956-1957, p. 41.
= aqui nesta obra, pp. 219-231.

1957

159. Dans quelle mesure les significations des mots peuvent-elles être considérées comme formant une structure?
Reports for the Eighth International Congress of Linguists, Oslo, 5-9 August 1957, II, pp. 268-286. (Oslo.)

Reproduzido do *Proceedings of the VIII International Congress of Linguists*, pp. 636-654 (Oslo 1958.)
= aqui nesta obra, pp. 109-125.

160. Études ougriennes. I. Thème et suffixation. II. Le système de l'expression. [Resumo em dinamarquês de um trabalho apresentado à Academia a 15 de fevereiro de 1957.]
KDVS, Oversigt... 1956-1957, p. 51.

161. (Louis Hjelmslev & H. J. Uldall: Outline of Glossematics. A Study in the Methodology of the Humanities with Special Reference to Linguistics. Part I: General Theory by H. J. Uldall.)
TCLC, X, 1, vj-90 p. in-8º.
Com exceção do prefácio esta primeira parte (que constitui tudo o que apareceu até agora deste trabalho conjunto de Louis Hjelmslev e H. J. Uldall) foi redigido inteiramente por H. J. Uldall.
Este trabalho foi apresentado em 1936, uma mostra provisória com algumas páginas de exemplo, distribuído aos membros do VI Congresso Internacional de Linguístas e que não foi posto à venda (12 p. in-8º, Copenhague-Aarhus-Londres).

1958

162. Essai d'une critique de la méthode dite glotto-chronologique.
Proceedings of the Thirty-Second International Congress of Americanists, Copenhage, 8-14 August 1956, pp. 658-666. (Copenhague.)

163. [Alocução.]
Acta Congressus Madvigiani, Proceedings of the Second International Congress of Classical Studies, Actes du Deuxième Congrès International des Études Classiques [Copenhague, 1954] I, 1957, pp. 31-33. (Copenhague.)

164. Introduction à la discussion générale des problèmes relatifs à la phonologie des langues mortes, en l'espèce du grec et du latin.
ibid., I, pp. 101-113.

165. [Intervenções em francês.]
Proceedings of the VIII International Congress of Linguists, Oslo, 1957, pp. 143-144, 196-197, 666-704.

166. Vote of Thanks. [Discurso pronunciado por ocasião da recepção oferecida pelo governo norueguês.]
ibid., pp. 595-597. (Oslo.)

167. Ippanbunpō no genri. Kobayashi Hideo yaku. [Tradução japonesa de nº 3 feita por Hideo Kobayashi.] Tóquio, xij-330 p. in-8º.

VARIA

(Vulgarização, informação, efemérides, etc.)

1. [Sobre o Congresso em Nyborg da Confederação Internacional dos Estudantes.]
   Ekstra-Bladet, 18.8.1925. [Crônica.]
2. Aandsarbejdernes Internationale. [Sobre o Instituto Internacional de Cooperação Intelectual da Sociedade das Nações.]
   ibid., 19.10.1925. [Crônica.]
3. Intellektuelt samarbejde. Dets organisation og dets betydning. Indtryk fra insitituttet i Paris. [Cooperação intelectual. Organização e importância. Impressões do Instituto de Paris isto é, do Instituto Internacional de Cooperação Intelectual da Sociedade das Nações.]
   Quod Felix, 3º ano, nº 9-10, 8-23 de fevereiro de 1928.
4. Verdens forste Sprogforskerkongres [O I Congresso Internacional de Lingüistas.]
   Nationaltidende – Dagens Nyheder, 12.5.1928. [Crônica.]
5. Vor Sprogaets Forhistorie. [Pré-história de nossa família de línguas.]
   Gry, 1928.
6. Det litauiske Folk og dets Sprog. [O povo lituano e sua língua.]
   Gry, 1928, nº 37, pp. 289-296.
   Texto idêntico ao nº 7.
7. Det litauiske Folk og dets Sprog. [O povo lituano e sua língua.]
   Copenhague, 1930, 16 p. in-16º.
   Texto idêntico ao nº 6.

291

8. Det humanistike Fakultet. [Sobre a Faculdade de Letras da Universidade de Aarhus.]
   Den jyske Akademiker, 7º ano, nº 8, 12 de junho de 1936.
9. Ny dansk-fransk Ordbog. [Novo dicionário dinamarquês e francês.]
   [Resenha de: A. Blinkenberg & M. Thiele: *Dansk-fransk Ordbog*, 1937.]
   Politiken, 10.3.1938. [Crônica.]
10. Vilhelm Thomsen.
    Aarhuus Stiftstidende, 25.1.1942. [Crônica.]
11. Vilhelm Thomsen.
    Berlingske Tidende, 25.1.1942.
12. Johannes V. Jensens nye Bog. [Nouveau livre de Johannes V. Jensen.]
    [Resenha de: Johannes V. Jensen: *Om Sproget og Undervisningen*. (Sobre a língua e o ensino.) 1942]
    Politiken, 4.4.1942. [Crônica.]
13. Den nysproglige almendannelse. [A civilização geral no ensino dos liceus dinamarqueses, seção das línguas vivas.]
    Gymnasieskolen, XXV, 1942, pp. 352-355.
14. Sprogvidenskab. [A lingüística.]
    Danmarks Kultur ved Aar 1940, VII, pp. 174-187. (Copenhague, 1943.)
15. Dansk Sprog og Kultur som Eksportvare. [Sobre um curso de língua e civilização dinamarquesas gravado em discos e lançado por *Det Danske Selskab* (Sociedade Dinamarquesa).]
    Nationaltidende, 10.1.1943. [Crônica.]
16. Zarathushtra og Danmark. [Resenha dos *Codices Avestici et Pahlavici Bibliothecae Universitatis Hafniensis*, 12 vols. de fac-símiles, 1931-1944.]
    Politiken, 5.8.1944. [Crônica.]
17. [Le voyage de Rasmus Rask en Islande.] [Em dinamarqûes.]
    N.E. Weis: *Hvor Minderne taler, Peter Schannongs Vaerk*, pp. 116-119. (Copenhague 1944.)
18. V. Thomsen. [Em dinamarqûes.]
    ibid., pp. 160-162.
19. Videnskabsmand og Bohême. [Homem de saber e boêmio.] [Sobre Karl Verner.]
    Aarhuus Stiftstidende, 7.3.1946. [Crônica.]
20. V. Thomsen. [Em dinamarquês.]
    Danmark, 5, 1945, pp. 241-244.
21. Estland, Letland og Litauen. [A Estônia, a Letônia e a Lituânia.]
    Frit Danmark, 5º ano, 1946, nº 19, p. 7 e pp. 10-11.
22. Knut Hagberg: Saedernes Bog. Dansk Udgave ved Louis Hjelmslev. [Knut Hagberg: O livro dos mores. Edição dinamarquesa por Louis Hjelmslev.] Copenhague, 1947, 570 p. in-8º.
23. Alfabetets gåder. [Os enigmas do alfabeto.] [Por erro de impressão atribuído a Hjelmslev.]
    Arkitekten, LI, 1949, p. 116.
24. Alfabetets gåder. Afsluttende svar. [Os enigmas do alfabeto. Resposta final.]
    ibid., p. 135.
25. Skal vor nordiske arv tvangsudleveres? [Sobre os manuscritos norrenos em Copenhague.]
    Politiken, 8.12.1952. [Crônica.]

26. Nu kom den dansk-engelske ordlob. [Resenha de: H. Vinterberg & C. A. Bodelsen: *Dansk-engelsk ordbog*, I, 1954.]
ibid., 8.10.1954. [Crônica.]
Além dos artigos acima citados, Hjelmslev escreveu para diversos jornais dinamarqueses: *Aarhuus Stiftstidende*, 23.9.1934 (sobre Alan S. C. Ross)
Berlingske Aftenavis, 10.9.1940 (sobre esperanto)
Politiken, 28.4.1931 (sobre Lucien Lévy-Bruhl), 15.2.1938 (sobre Georg Gerullis), 19.10.1938 (sobre Jerzy Kurytowicz), 26.3 e 5.4.1942 (a propósito de um curso de leitura elementar de K. Schmidt-Phiseldeck: *Laer mig at laese* [Ensina-me a ler] [1942]; breve intervenção sobre o mesmo assunto no periódico *Folkeskolen*, 30.4.1942, pp. 302-303), 30.3.1943 (sobre Sigmund Feist), 12.11.1946 (sobre Alf Sommerfelt), 27.11.1956 (sobre H. Vinterberg & C. A. Bodelsen: *Dansk-engelske ordbog*, II).

LINGÜÍSTICA NA PERSPECTIVA

BABEL & ANTIBABEL – Paulo Rónai (D020)
LINGÜÍSTICA, POÉTICA, CINEMA – Roman Jakobson (D022)
SINTAXE E SEMÂNTICA NA GRAMÁTICA TRANSFORMACIONAL - A. Bonomi e G. Usberti (D129)
ENSAIOS LINGÜÍSTICOS – Louis Hjelmslev (D159)
A LINGÜÍSTICA ESTRUTURAL – Giulio C. Lepschy (E005)
INTRODUÇÃO À GRAMÁTICA GERATIVA – Nicolas Ruwet (E031)
PROLEGÔMENOS A UMA TEORIA DA LINGUAGEM – Louis Hjelmslev (E043)
A LINGUAGEM – E. Sapir (E072)
CÍRCULO LINGÜÍSTICO DE PRAGA – Org. J. Guinsburg (EL17)
EM BUSCA DAS LINGUAGENS PERDIDAS – Anita Salmoni (EL22)
DICIONÁRIO ENCICLOPÉDICO DAS CIÊNCIAS DA LINGUAGEM – O. Ducrot e T. Todorov (LSC)

IMPRESSÃO E ACABAMENTO
BANDEIRANTE
S.A. GRÁFICA E EDITORA
FONE: (011) 452-3444